Erhard Busek • **Lebensbilder**

Erhard Busek

Lebensbilder

www.kremayr-scheriau.at

ISBN 978-3-218-00931-7

Copyright © 2014 by Verlag Kremayr & Scheriau GmbH & Co. KG, Wien

Alle Rechte vorbehalten

Schutzumschlaggestaltung: Sophie Gudenus

unter Verwendung eines Fotos von Manca Juvan

Typografische Gestaltung: Birgit Mayer, Extraplan

Druck und Bindung: CPI Moravia Books, Pohořelice

Inhalt

Einleitung

„Hiersein ist herrlich." Rilke, Duineser Elegien

An sich ist es zunächst erfreulich, wenn man von wohlmeinenden Menschen aufgefordert wird, seine Erinnerungen zu schreiben, aber in mir hat sich immer etwas dagegen gesträubt. Zum einen haben mich nur wenige Memoiren österreichischer Politiker überzeugt, weil sie entweder uferlos breit angelegt oder mehr oder weniger das Produkt eines Ghostwriters waren. Dazu kommt, dass man sich an vieles nicht mehr erinnert und auch das eigene Leben für nicht so wichtig nimmt, als dass es wert wäre, aufgezeichnet zu werden. Andererseits hat mich aber eine gewisse Sehnsucht erfasst, angesichts der gegenwärtigen gewaltigen Umbrüche, aber auch der sich verändernden Welt, die ich, zum Ende meines Lebensbogens kommend, erlebe, manches festzuhalten, das mir wichtig ist.

Ich bin 1941 geboren, mitten im Zweiten Weltkrieg, mein Vater war zur Wehrmacht eingezogen worden und mein geliebtes Österreich hat es für die sieben Jahre des tausendjährigen Reiches nicht gegeben. Ich erlebe heute eine junge Generation, der dieser historische Bogen vom Zweiten Weltkrieg über das Wiedererstehen Österreichs hin zur Unabhängigkeit, zur Randlage am Eisernen Vorhang bis hin zur Integration in das im Werden begriffene Europa nichts sagt. So habe ich mich entschlossen, Geschichte in Geschichten zu erzählen, die ein wenig sichtbar machen sollen, wie ich die Entwicklung in der Zeit gesehen habe, was mir begegnet ist und woran ich erinnern möchte.

Was ich hier schreibe, ist äußerst subjektiv und das Ergebnis eines Interviews mit mir selbst. Das gesprochene Wort wird sich daher im Duktus mancher Sätze, in der nicht immer konsequent angewendeten Consecutio temporum und in einigen verwendeten Ausdrücken wiederfinden. Sich zu erinnern bedeutet letztlich, etwas in die Gegenwart zu holen, mit allen Empfindungen.

Natürlich gibt es geschichtliche Ereignisse, die sich entsprechend dokumentieren lassen, aber Fakten und Jahreszahlen allein machen eine Welt nicht vollständig sichtbar. Dazu gehören Geschichten, die erzählt werden, und Anekdoten, die genauso einen Überblick geben und etwas Farbe in das Geschehen bringen. Eine wirkliche Objektivierung gibt es eigentlich nicht. Nicht nur die Art des Berichtes, sondern auch die unterschiedliche Perzeption bringt immer ein subjektives Element hinein.

Sensationen oder Enthüllungen habe ich nicht zu bieten. Ich hatte mir beim Schreiben dieses Berichts vorgenommen, manche Dinge zu erzählen, wie ich sie gesehen und erlebt habe, auch Personen zu beschreiben, wie sie von mir wahrgenommen wurden. Der Leser wird die Systematik vermissen, ich halte sie nicht für notwendig. Auch muss man Erinnerungslücken einkalkulieren, nicht nur als Ergebnis des zunehmenden Alters, sondern wohl auch aufgrund der Tatsache, dass zum Erinnern auch das Vergessen gehört.

Persönlich neige ich dazu, das Vergessen als ein Geschenk zu betrachten, wenn nicht sogar als eine Gnade für die jeweils Betroffenen, wie Berthold Viertel meinte. Um nicht missverstanden zu werden: Erinnerungskultur und der Kampf dem Vergessen sind heute Elemente, die immer wieder als „political correctness" eingefordert werden. Das halte ich auch für völlig richtig, beide zielen jedoch nicht auf das Vergessen des Einzelnen ab, sondern auf jenes innerhalb unseres Geschichtsbewusstseins. Was ich möchte, ist schlicht das Gefühl vermitteln, dass mir Gott, meine Mitmenschen, die Zeitereignisse, letztlich die Erfahrung, eine Welt geschenkt haben, in der ich gern zu Hause bin und, so lange es geht, auch sein möchte. Man sollte das vorliegende Produkt daher als eine Erzählung über einzelne Ereignisse betrachten, die mich bleibend fasziniert haben, in denen es mir geschenkt war, an Veränderungen teilzunehmen, oft meinen Sehnsüchten und Auffassungen folgend, wobei ich mir nicht einbilde, dabei grandiose Erfolge erzielt zu haben, sondern schon sehr zufrieden war, ein Mitwirkender mit vertretbaren Ergebnissen zu sein.

Je länger ich in der Politik tätig bin – von der kommunalen Ebene bis zur nationalen und europäischen Politik, in der „civil society" oder in allen möglichen anderen Aufgaben, die ich mit Vergnügen wahrgenommen habe, desto mehr ist mir zu Bewusstsein gekommen, dass das Leben eigentlich ein Fest ist. Zeit- und Lebensabschnitte werden immer von Festen begleitet. Mit Sicherheit haben diese die Aufgabe, unser Erinnerungsvermögen zu stärken, Feste behält man im Gedächtnis, quasi als Video über das Leben. Dadurch entsteht eine höhere Ebene des Seins, die uns davon abhält, nur unseren menschlichen Funktionen nachzukommen. Bei Festen werden wir uns inne, dass unser Leben dieses „bloß Materielle" zwar zur Grundlage hat, im Feiern jedoch sagen wir bewusst und dankbar Ja zu dieser Bedingtheit unseres Daseins, während uns gleichzeitig bewusst wird, dass unser Leben nicht vollständig aufgeht in diesem bloß Materiellen, sondern dass ein höherer Anspruch an unser Menschsein gestellt ist, und dass wir selbst höhere Ansprüche an uns selbst und an unsere Lebensziele haben.

Ein Fest ist daher etwas zutiefst Menschliches, oder besser gesagt: etwas höchst Menschliches. Tiere feiern keine Feste. Nur Menschen können das, weil nur Menschen lachen können, sich erinnern können, sich ihrer Vergangenheit und Zukunft vergewissern können, sich des Ablaufs der Zeit bewusst sein können. Ein Fest ist etwas Geistiges, eine Kulturgabe des Menschen. Ein Fest ist ein Ja zur Welt, ein Ja zum Leben; es ist eine utopische und dennoch reale Vorwegnahme einer besseren Welt, und gleichzeitig ein dankbares Ja zu unserem Dasein hier und jetzt.

Wo ist meine Heimat?

Bei aller im Leben zunehmenden Erfahrung darüber, wie viele Welten es gibt, in denen man zu Hause ist oder die einen prägen, gibt es doch so etwas Ähnliches wie eine Nabelschnur. Das Wort trifft in erster Linie auf Eltern und Familie zu, gilt aber auch für das Milieu, das einen prägt, wobei auch das einem Zeitenwandel unterworfen ist. Ein Problem meiner Generation, die den Missbrauch des Wortes „Heimat" erleben musste, ist es, damit auf die richtige Weise umzugehen. In der Welt, in die ich hineingeboren wurde und in der ich erstmals so etwas wie ein Bewusstsein entwickelte, war die Beziehung zur Heimat Österreich sehr stark. Das war auch verständlich, denn die Familie, aus der ich komme, samt allen Ahnen mütterlicher- und väterlicherseits, fühlte sich in Österreich und Wien beheimatet. Als Konsequenz des Missbrauches des Wortes „Heimat" in der Nazi-Zeit wurde man in der Öffentlichkeit ängstlich, es überhaupt zu verwenden. Man verkennt dabei aber, dass vor dieser schändlichen Umwertung des Begriffes Heimat damit ein ganz normales Gefühl beschrieben wurde. Eine Schwierigkeit mag auch sein, dass es in anderen Sprachen, soweit ich weiß, keine passende Übersetzung gibt. Aber alle, die entweder internationalistisch oder soziologisch denken, auch jene, die so wie ich ganz selbstverständlich sagen, dass sie Europäer sind, haben ein Gefühl der Nähe zu jenem Raum, in dem sie aufgewachsen sind und der sie durch verschiedenste Elemente geprägt hat.

„Das, was man ist, wird man durch Paris." (Jean-Jacques Rousseau, Confessions) Das gilt nicht nur für die französische Hauptstadt, sondern für alle unsere Orte. Ich kann mir schon vorstellen, dass im heutigen Zeitalter der Mobilität eine Vielseitigkeit entsteht, wie sie in Diplomatenfamilien üblich ist, wie sie auch bei der Wanderung durch die Wirtschaftswelt von heute entstehen kann oder aber dadurch, dass die politischen Verhältnisse einen zur Emigration gezwungen haben. Für mich muss ich bekennen: Ich bin Österreicher und Wiener – ohne das in irgendeiner Weise abzustufen. Dabei nimmt man vieles mit, was durchaus widersprüchlich ist, aber trotzdem ist es ein Nebeneinander, das jeweils prägend wirkt, aber nicht unbedingt in einen Konflikt münden muss.

Natürlich sind die Ereignisse der Geschichte durch all die Zeiten nicht spurlos an unserer Stadt und unserem Land vorübergegangen. Sie haben tiefe Narben im Antlitz Wiens, Österreichs und in den Seelen ihrer Bewohner hinterlassen. Jeder von uns trägt seine Erfahrungen und die seiner Familie sein Leben lang mit. Jörg Haider hat mir das ins Bewusstsein gerufen, als er meine aus seiner Sicht evidente tschechische Abstammung als Grund dafür nannte, dass ich für die Erweiterung der EU durch unsere Nachbarn eingetreten bin. Offensichtlich hat er damit eine „Ausbürgerung" aus Österreich und eine Verletzung unserer Interessen durch mich gemeint.

Eine Kindheit und Jugend in Wien

Wie ist es wirklich? Vielen wird es so gehen wie mir: Meine Vorfahren sind von irgendwoher in das Zentrum des alten Reiches gekommen. Die einen, mütterlicherseits, sind schon seit mehr als zwei Jahrhunderten da, sie kamen aus dem bayrischen Raum und versuchten sich als Gewerbetreibende „am Grund", als bürgerliche Fragner (Zimmermeister), bis sie schließlich im Baufach landeten. Sie waren allesamt gut katholisch. Bei den väterlichen Vorfahren verhielt es sich in vielerlei Hinsicht anders: Erst der Urgroßvater betrat diese Stadt, aus jenem Teil Schlesiens kommend, den Friedrich II. von Preußen Maria Theresia gelassen hatte. Der übertriebenen Neugier der Ahnenforscher des Dritten Reiches verdanke ich das Wissen, dass die Buseks eigentlich nicht so echt böhmisch sind, wie der Name klingt. Sie schrieben sich nämlich früher Buseck und kamen ursprünglich aus Hessen, aus dem Busecktal bei Gießen. Sie sind von dort unter die tolerantere Habsburgerkrone gezogen. Diese Toleranz erzeugte eigenartige Konfessionssitten: Da die Männer der Familie Busek evangelisch waren und die Frauen aus dem katholischen Österreich kamen, wurden alle Söhne nach dem Augsburger Bekenntnis getauft, die Töchter aber folgten dem Glauben der Mutter – ein pragmatisches Toleranzedikt gut österreichischer Prägung. Diese familiäre Erfahrung teile ich mit einem polnischen Politiker – Jerzy Buzek –, dessen Familie auch aus der Stadt kommt, über die meine Ahnen nach Wien gekommen sind: Teschen, heute geteilt in Český Těšín (Tschechische Republik) und Cieszyn (Polen). Er ist evangelisch, seine Schwestern katholisch – den gleichen Traditionen wie meine Familie folgend. Wahrscheinlich sind wir entfernt verwandt. Schreibfehler in Geburtsurkunden sind über Jahrhunderte selbstverständlich.

Erblicher Gleichklang bestand hingegen bei beiden Familienzweigen in beruflichen Fragen. Mein Urgroßonkel war Polier beim Rathausbau, der Urgroßvater baute das „Eisgrübl"-Haus hinter der Peterskirche, der Großvater stockte das Hotel Imperial auf und mein Vater schließlich hat beim Erbauer der Lueger-Kirche, Max Hegele, gelernt. Wenn alle Mitglieder der Familie zusammenkamen, gab es immer eine schreckliche Fachsimpelei über Wandstärken, Grundaushübe, Eisenarmierungen, unverständliche Flächenwidmungen und sinnlose Vorschriften der Bauordnung. Sämtliche Nachkommen der Familie haben sich ebenfalls dem Bauen verschrieben, ich betrachte mich da nicht als Ausnahme, denn schließlich wollte ich mit anderen gemeinsam an Wien weiterbauen. Zu den Baudenkmälern dieser Stadt habe ich daher eine enge Verbindung, nicht nur der Vorfahren wegen, sondern auch aufgrund der beruflichen Erfahrung meines Vaters als Leiter der Bauabteilung beim Fürsten Liechtenstein. Hier habe ich aus nächster Nähe miterlebt, was es heißt, historische Bausubstanz zu erhalten, Kriegseinwirkungen zu beseitigen und alte Mauern zu revitalisieren. Wer heute ein denkmalgeschütztes Haus hat, ist kein stolzer Besitzer und gedankenloser Nutznießer, sondern jemand, der ganz kräftig etwas dafür leisten muss, dass unsere eigene Geschichte in Zeugnissen erhalten bleibt.

Wie schwer das ist, zeigt ein Gang durch die Straßen und Gassen meiner Kindheit im neunten Wiener Gemeindebezirk, durch Liechtenthal – so wurde es früher geschrieben. Das Bild, das es heute bietet, in „aufgelockerter Bauweise" mit viel zu hohen Gemeindebauten, ist längst nicht mehr jener Grund, der früher Anlass für Lieder und Gedichte war und ein Heimatgefühl vermittelte. Verloren steht die Pfarrkirche da, die ihr Aussehen Ferdinand Hetzendorf von Hohenberg, dem Erbauer der Gloriette, verdankt, verloren steht auch das alte Pfarrhaus da, das noch einen Hauch jenes Charakters hat, den „Liechtenthal" bis zum Ende der Fünfzigerjahre zeigte. Es soll damit nicht jenen einstöckigen Häusern das Wort geredet werden, die nicht über die notwendigen sanitären Anlagen verfügten und in denen das Wasser in den Mauern bis zum ersten Stock stand, statt aus der Leitung zu rinnen – Revitalisierung müsste ja keine brutale Neugestaltung sein. Aber die gewachsenen sozialen Strukturen dieses Viertels sind dahin. Die Menschen, die mit mir ihre Kindheit und Jugend dort verbracht haben, sind in andere Stadtgebiete gezogen, kommen aber heute noch öfter zusammen, um sich im alten Gesellenhaus, das inzwischen von der Kolpingfamilie renoviert wurde, an dieses Liechtenthal zu erinnern. Längst steht auch das Haus „Zum blauen Einhorn" nicht mehr, das Heimito von Doderer liebevoll in seiner „Strudlhofstiege" beschreibt. Es hat einer Begradigung der Liechtensteinstraße weichen müssen. Offenbar zur Erinnerung ist dort eine Verkehrsampel angebracht worden, die den Verkehr jetzt genauso behindert wie früher das vorgebaute Haus. Neu muss nicht immer besser sein. Aber prägend war das alles für mich.

Ich erinnere mich an meine Kindheit: Schon als Vierjähriger wurde ich darauf trainiert, die Warnsignale aus dem Radio zu erkennen, mit denen anfliegende Bomberverbände angekündigt wurden. Wie Momentaufnahmen stehen Bombentrichter vor mir, abgestürzte Flugzeugteile hinter dem Burgtheater und schließlich der Einmarsch der Roten Armee. Die Sowjets hielten den 9. Bezirk bis August 1945 besetzt und zogen sich dann über die Friedensbrücke in den 20. Bezirk zurück. Wir waren auf der besseren Seite in Wien zu Hause, denn nach den Beschlüssen der Alliierten waren es die amerikanischen GIs, die die Kontrolle übernahmen. Zehn Jahre lang war gerade diese Brücke über den Donaukanal kein Punkt des Friedens. Zuerst waren da die Sperren, dann die USIA-Läden drüben, die Produkte von Firmen aus „deutschem Eigentum" – jetzt in kommunistischer Hand – zu billigen Preisen marktschreierisch den Bewohnern des 9. Bezirks anboten, die in der amerikanischen Zone lebten. Es war eine eigentümliche Internationalität, in der ich damals zu Hause war. Die Amerikaner trafen mit dem Zug aus Salzburg über die Donauuferbahn am Franz-Josefs-Bahnhof ein – ich glaube, es war der „Mozart-Express" – und überraschten die Kinder mit Kaugummi und der Tatsache, dass es auch Menschen mit dunkler Hautfarbe unter den Soldaten gab.

Schließlich kamen noch die Schweden dazu, die im Gartenpalais Liechtenstein, das später sehr lange das „Bauzentrum" gewesen ist, den Sitz ihrer Hilfsaktion „Rädda barnen" (Rettet das Kind) aufschlugen. Wir können uns im Zeitalter des Überflusses kaum mehr an die damalige Not erinnern. Nur Anekdoten sind mir geblieben. Als im Januar 1946 Militär-LKWs der Schweden einrollten, wollten sie uns und den Mitbewohnern des Hauses übrig gebliebenen Kakao zum Verfüttern an die Schweine geben. Es war selbstverständlich, dass wir uns selbst als Ersatz für die nicht vorhandenen Haustiere verstanden und dass dann allen übel wurde, weil unser Verdauungsapparat den fettreichen Kakao nicht mehr gewöhnt war. Nachkriegszeit und Kriegsfolgen waren prägend für mich, in vielem wurzle ich in diesem Ambiente.

Im Übrigen erinnere ich mich noch, dass die Kindheit meiner Mutter für uns ein Glücksfall war. Sie kam nach den Folgeerscheinungen des Ersten Weltkriegs, nämlich dem Hunger, in einer Aktion als „Wiener Kind" nach Schweden, genauer gesagt nach Helsingborg, zu einer Familie, bei der sie fast zwei Jahre blieb. Dort wurde sie nicht nur aufgefüttert, sondern ging auch zur Schule und lernte Schwedisch,

14

das sie bis zu ihrem Lebensende leidlich beherrschte. Anlässlich ihres 70. Geburtstags 1975 unternahmen wir eine für damalige Verhältnisse abenteuerliche Reise mit meinem Auto, die uns über Prag (damals erschreckend kommunistisch dominiert), durch Dresden (schrecklich die immer noch sichtbaren Folgen des Bombardements von 1945), über West- und Ostberlin nach Travemünde führte, wo uns ein Fährboot nach „Sverige" brachte. Da ich auf diesen Strecken auch heute noch unterwegs bin, erinnere ich mich an die Fährnisse, etwa an der tschechoslowakischen Grenze zur DDR. Ein forscher Volksarmist wollte, dass meine Eltern aussteigen, damit er die rückwärtige Sitzbank des Autos entfernen könne. Es regnete aber in Strömen und meine Mutter hatte nicht die Absicht, sich diesem Wetter auszusetzen. Zu meinem Schrecken schrie sie den Uniformierten an, dass sie dazu nicht bereit sei und er sich überhaupt besser benehmen solle, denn sie könnte bereits seine Großmutter sein. Ich rechnete mit einem Aufenthalt in einem DDR-Kotter, aber die Verhaltensweise meiner Mutter hatte Erfolg. Schroff teilte der Volksarmist ihr und meinem Vater mit, dass sie sitzen bleiben und verschwinden sollten. Das war Lebenserfahrung: Mein Vater bemerkte dazu trocken, dass man in einer Diktatur die Akteure unterer Ebene immer am besten anschreit, das seien sie gewöhnt.

Zeitgeschichte habe ich unter anderem von meiner Mutter erfahren, die nicht nur als Dolmetscherin tätig war, sondern in Verhandlungen mit der schwedischen Armee auch die Verteilung einer Unmenge von Kleidungsstücken an die Bewohner des Grätzels erreichte. Sie eröffnete auch einen beachtlichen Handel mit Objekten der Wehrmacht. Es gab eine eigene Preistabelle für Fliegerdolche, Eiserne Kreuze, sonstige Orden und Auszeichnungen und alles, was deren Träger verständlicherweise gegen Lebensmittel eintauschen wollten. Die Währung waren Lebensmittel, was die schwedischen Partner meiner Mutter nicht wirklich verstanden.

Mein Vater wiederum, der als Jugendlicher den Ersten Weltkrieg und dessen Folgen erlebt hatte, erklärte mir, was ein „Umbruch" wirklich bedeutete. Nicht die politischen Veränderungen an den Spitzen der jeweiligen Staaten waren entscheidend, sondern die massiven Konsequenzen für das Leben der Bürgerinnen und Bürger.

Es waren nicht immer Militärs und Besatzungsmächte oder gar politische Veränderungen, die mehr als problematische Eigenschaften mancher Bürger und Bürgerinnen ans Tageslicht brachten. In der Zeit des Vakuums im Übergang von einer Macht zur anderen kamen auch kriminelle Seiten zum Vorschein. Ein Beispiel: Mein Vater bekam in seiner Eigenschaft als Verwalter der Liechtenstein'schen Güter von den neuen Behörden einen Amtsschein, dank dem er Hausdurchsuchungen durchführen konnte, um Objekte sicherzustellen, die aus dem Palais Liechtenstein, aber auch aus anderen Büros und Haushalten verschwunden waren. In einem der durchsuchten Haushalte fand er meinen Kinderwagen vor. Von der Hausfrau wurde ihm auf seine Frage hin sofort mitgeteilt, dass sie diesen Kinderwagen persönlich von Ing. Busek erhalten habe, der Name war nämlich auf den Boden dieses Fahrzeugs gestempelt. Zur Überraschung besagter Frau teilte mein Vater ihr mit, dass er selber dieser Ing. Busek sei und sich nicht erinnern könne, ihr je dieses Stück übergeben zu haben. Natürlich gab sie es ohne zu zögern zurück.

Die Wiener sind auch mit dieser Zeit fertig geworden und haben sich an den Wiederaufbau gemacht. Kaum erinnert man sich noch an die Lücken in den Häuserzeilen, die inzwischen längst geschlossen sind. Die Stadt wurde in relativ kurzer Zeit renoviert, die Entwicklung ging weiter. Fuhren wir als Zehnjährige noch mit der offenen 39er-Straßenbahn in die Krottenbachstraße zum Realgymnasium, so verkehrte zur Zeit meiner Matura bereits der moderne Großtriebwagen. Heute sind manche Linien verschwunden – wie der F, der in einer abenteuerlichen Kurve von der Währinger Straße an der Votivkirche vorbei in den Ring einbog. Die Eltern erzählten noch vom 15er, der durch die Lazarettgasse fuhr, und von anderen Linien, die längst der Vergangenheit angehören. Herzmanovsky wäre zu ergänzen: Es können nicht nur Eisenbahnzüge hinter Leoben, sondern auch Straßenbahnen in Wien versickern …

Wien ist mir in der Zeit meines Heranwachsens wie eine Landschaft vorgekommen. In der Volksschule haben wir noch die Teile des 9. Bezirks gelernt: Liechtenthal, Thurygrund, Rossau, Althan, Alservorstadt, Himmelpfortgrund und Michelbeuern. Ich fühlte mich als Liechtenthaler, obwohl ich ins „Ausland", in den Himmelpfortgrund, zur Volksschule ging; ich fühlte mich als „Alsergrundler", obwohl ich später ins Döblinger Gymnasium fuhr. Es gab da ein Gefühl der näheren Heimat, das in den neuen Siedlungsgebieten vielfach nicht mehr aufkommen kann – wie lieblos werden heute neben alte Ortskerne in der Donaustadt oder im 23. Bezirk Neubauten gestellt! Anlässlich einer Kulturwanderung durch das alte Oberlaa konnte ich erkennen, dass das dort vorhandene Lokalbewusstsein den Neu-Ansiedlern ebenfalls ein Heimatgefühl bringen könnte, wenn es nur gemeinsam aktiviert würde. Mein Großvater war noch so stolz, auf Briefe den Namen seines Wohnhauses, „Erzgebirgerhof", zu schreiben, obwohl es nur ein hässlicher Häuserzwilling des 19. Jahrhunderts und er ein einfacher Mieter am Inneren Gürtel im 7. Bezirk war. Namen geben wir neuen Häusern auch heute, meistens von Politikern, an die sich bald niemand mehr erinnert – die Gemeinschaft und das Lokalbewusstsein aber müssen wir erst nachliefern.

So bin ich in diese Stadt Stufe um Stufe hineingewachsen, vom Grund in den Bezirk, dann mit Studium und Beruf über die Grenzen hinaus in die Zentren des öffentlichen Lebens der Stadt, später durch meine politische Tätigkeit über die Stadt hinaus, dann wieder in sie hinein. Das alles erwähne ich nicht, um nachzuweisen, dass ich ein Wiener bin. Der echte Wiener weist sich nicht durch Abstammung, Geburtsort und Aufenthaltsdauer aus, auch nicht durch eine bestimmte Färbung der Sprache und schon gar nicht durch einen elitären Stolz auf seine Kultur. Es ist vielmehr das Bewusstsein, hier zu Hause zu sein und mit dem Zuhause auch leben zu wollen. Für mich als Wiener Bürger ist diese Stadt ein Credo geworden, ein Auftrag zu Lebensform und Gestaltung.

Was Heimat bedeutet

Das wirft aber auch die Frage auf, was man als seine Heimat betrachtet. Was sind die Einflüsse, die generell eine Rolle spielen? Ich bin nicht unbedingt ein Anhänger einer radikalen Milieutheorie, es wird eine Mischung verschiedener Elemente sein, die uns alle prägt. Dabei sind positive wie negative Erfahrungen entscheidend. Man bleibt ja nicht derselbe, als der man geboren wurde. Die eigene Entwicklung, jene der Zeit und der Landschaft, in der man zu Hause ist, spielen eine ganz entscheidende Rolle.

Heimat ist zunächst einmal ein Gefühl von Bindung, eine Sehnsucht der Menschen. Heimat – das ist das Sicherheit verbürgende Wissen, sich auszukennen, im buchstäblichen und metaphorischen Sinn vertraut zu sein mit den Sitten und den Lebensstilen, den Symbolen und Verständigungszeichen, zu wissen, dass man mit vielen anderen in einer gemeinsamen Welt lebt, dass man die „Klänge der Heimat" wiedererkennt und sich an den Nuancen der Sprache orientieren kann. In der Heimat lebt man in vertrauten Räumen, die Identität geben, mit Bauten, die – weil man ihre Bedeutung kennt, die über ihre Funktion hinausgeht – zu einem sprechen, mit geliebten Speisen, die man immer schon gerne gegessen hat. Heimat geben aber vor allem Menschen – Menschen, mit denen wir Gefühle, Erfahrungen, Alltagshandlungen, das Leben teilen. Wenn wir das Gefühl des Gemeinsamen und Vertrauten im Leben verlieren, versteinern und erkalten wir. Die Einsamkeit lässt uns verstummen. Wir brauchen etwas, vieles sogar, das wir teilen können. Wir brauchen es fast so sehr wie die Atemluft. Erst das, was wir mit den anderen teilen, macht Heimat.

Heimat ist ein Gut, ein Wert. Am Schicksal der Flüchtlinge wird klar, dass Heimat nicht nur ein sentimentaler Begriff ist, der angeblich nichts mit Politik zu tun hat, sondern dass Heimat auch etwas Handfestes ist, ein Gut und auch ein Recht. Vielfältige Heimatverluste durch ethnische Säuberungen und regionale Kriege sind im Europa von heute wieder zu einer erschreckenden und beschämenden Wirklichkeit geworden. Die Heimatsuche und die Heimatfindung werden zu einem vielschichtigen friedenspolitischen, ökonomischen und menschlichen Problem. Man muss kein großer Prophet sein, um darauf hinzuweisen, dass infolge der Migrationszüge unserer Zeit die Fragestellung noch vielfältiger und naturgemäß schwieriger wird. Nicht allein politische Ereignisse wie etwa die letzten Balkankriege, der „Arabische Frühling" und der Hunger in der Welt führen zu verstärkter Migration, sie ist auch ein Ergebnis unserer erhöhten Mobilität und der individuellen Freiheit, sich den Ort auszusuchen, an dem man leben will. Wenn man sich aber dafür entschieden hat, an einem bestimmten Ort leben zu wollen, heißt das noch lange nicht, dass man dort auch „zu Hause" ist. Aus diesem leidvollen Prozess wird klar: Heimat muss gewährt werden. Heimat geben können aber nur jene, die sie auch für sich selbst suchen und sie dann mit anderen zu teilen vermögen.

Wer um die Unverwechselbarkeit, Einzigartigkeit, Besonderheit der eigenen Heimat weiß, wird nicht nur mehr für sie sorgen, er wird auch die Heimaten der anderen mehr achten und nicht ängstlich, sondern neugierig und höflich auf Fremdes reagieren. Er hat einen Sinn für die „Klänge der Heimat" anderer Menschen. „Wo Bindung ist, ist Verantwortung", meinte einmal Karin Brandauer.

Jeder von uns wächst in mehrere Heimaten hinein, die im Bewusstsein später zu einer Heimat verschmelzen. Meine Eltern haben es mir ermöglicht, durch die „Sommerfrische" – wer kennt das Wort noch – in Tirol eine zweite Heimat in Alpbach zu finden. Heimat ist mehr als der bloße Herkunftsnachweis, Heimat erwirbt man sich. Als Jugendlicher, als Student habe ich diese verschiedenen Landschaften miteinander verbunden und allmählich eine Gesamtansicht von Heimat gewonnen, als emotionale und historische Erfahrung.

So wurden mir die unterschiedlichen Landschaften der Bundesländer ebenso zur Heimat wie das geschichtliche Wachsen der Zweiten Republik, von ihrer Wiedererstehung bis zur Mitgliedschaft in der Europäischen Union. Wir übersehen als Zeitgenossen leicht, dass sich Österreich seit dem Staatsvertrag grundlegend geändert hat. Aus dem Land, das nach den großen Kriegen alles daran gesetzt hat, nicht besonders aufzufallen, ist eine Gemeinschaft von Menschen gewachsen, die auf sich stolz sein kann. Ich meine nicht den Wohlstand und die so oft zitierten kulturellen Leistungen, sondern das Bestehen in vielen Herausforderungen. So war Österreich in den Jahren 1956, als sowjetische Truppen den ungarischen Aufstand niederschlugen, und 1968, im Jahr der Invasion des Warschauer Paktes in der Tschechoslowakei, ein couragierter und geforderter Nachbar. Auch gegenüber den Ereignissen im Polen der Achtzigerjahre und unmittelbar betroffen vom Krieg im ehemaligen Jugoslawien ist Österreich von seinem selbstbewussten Kurs des Einsatzes für die Sicherung der Menschenrechte und für die nachbarschaftliche Hilfe nicht abgerückt. So hat sich Österreich in diesem Teil Europas eine Stellung erworben, die für die Stabilität und Sicherheit in dieser Region unverzichtbar geworden war. Mir kommen jedoch Zweifel, ob das heute noch gilt. Unser „Naher Osten" wird als „Ferne" verstanden, Nächstenliebe wird zur Fernstenliebe. Österreichs historische Entscheidung für die Mitgliedschaft in der Europäischen Union war eine Entscheidung mit weitreichenden Folgen für die Orientierung unseres Landes, verbunden mit der Option, ein guter Anwalt und Dolmetscher der östlichen Nachbarstaaten zu sein. Das alles sind Qualitätsveränderungen unserer Republik, die einstmals 1918 als „Staat, den keiner wollte" begann.

Bindung wächst also aus dem wichtigen, aber vielfach auch missverstandenen Bedürfnis nach Verwurzelung der menschlichen Seele. Die Philosophin Simone Weil hat das noch vor dem Ausbruch des Zweiten Weltkrieges in dunkler Vorahnung so beschrieben: „Ein menschliches Wesen hat eine Wurzel durch seine wirklich aktive und natürliche Teilhabe an einer Gemeinschaft, die gewisse Schätze der Vergangenheit und gewisse Ahnungen der Zukunft lebendig hält."

Für meine Generation gibt es natürlich auch Schätze der Erfahrung aus der Geschichte, nicht nur aus der offensichtlichen europäischen Zukunft, die wir haben. Als sich mein Vater aus beruflichen Gründen um den „großen Arier-Nachweis" bewerben musste, wurde er auf den „Schreibfehler" aufmerksam gemacht, dass im Namen Busek das „c", früher Buseck, fehle. Der Beamte machte ihm Vorwürfe, dass der Name nicht richtig geschrieben sei, was aufgrund der Dokumente klar ersichtlich war. Mein Vater, ein Pragmatiker, erklärte dem Vertreter des Regimes, wenn er unbedingt wolle, könne er es ja ändern. Die Antwort war für die Zeit typisch und schmerzlich: „Seien Sie froh, dass Sie kein Jud' sind." Damit wurde auch meiner Familie klar, was Abstammung bedeutet. Im Alsergrund, insbesondere in der Rossau, haben viele Juden gelebt. Das hatte eine lange Tradition, in der Seegasse gibt es heute noch einen übriggebliebenen jüdischen Friedhof, der schon von Kaiser Josef II. geschlossen wurde.

Anlässlich der Fußballweltmeisterschaft 1954 in der Schweiz hat mir mein Vater erklärt, dass man die österreichische Fußballmannschaft daran erkenne, dass sie tschechische Namen habe (Zeman, Ocwirk, Aurednik, Stojaspal etc.), während die tschechische Mannschaft meistens deutsche Namen trage. Bei einem Besuch des tschechischen Ministerpräsidenten Václav Klaus und seines Stellvertreters Josef Lux habe ich mich daran wieder erinnert, denn die österreichischen Repräsentanten vis à vis hießen Vranitzky und Busek. Der damalige Bundeskanzler hat mir diese Bemerkung übelgenommen, denn er fragte nach dem Zusammentreffen, ob ich ihm seine slowakische Abkunft vorhalte. Das fand ich lächerlich, noch dazu angesichts meines Namens und seiner möglichen Interpretationen. Ich habe es daher auch immer lächerlich gefunden, wenn Namen umgeschrieben wurden, denn es macht keinen Unterschied, ob man nun „Petschnigg" oder „Pecnik" schreibt. Es geht hier um die Akzeptanz einer geschichtlichen Realität auch im persönlichen Bereich, man kann auch sagen: Namen sind Schall und Rauch. Aus dem FPÖ-Politiker Westenthaler ist durch seine Umbenennung von „Hojač" auch kein anderer geworden. Wir sind hier auf eine ganz eigentümliche Weise schizophren. Auf Ivica Vastić sind wir stolz, weil er ein ausgezeichneter Fußballer war, während uns der eingewanderte Hilfsarbeiter gleichen Namens auf die Nerven geht. „I haaß Kolarić, du haaßt Kolarić, warum sagen s' zu dir Tschusch", war vor Jahrzehnten ein sehr wahres Plakat.

Es ist zu hoffen, dass die Entwicklung Europas alle diese Spannungen reduziert. Im Moment werden sie verstärkt, weil wir uns offensichtlich gegen einen notwendigen Prozess wehren. Was soll nationales Denken angesichts der Globalisierung und der Notwendigkeit der Integration? Diese in der Wirtschaft durchzuziehen und kulturell auf sie zu verzichten, ist Unsinn. Europa war kulturell nämlich schon früher eine Wirklichkeit, nicht nur wenn wir an Musik und Literatur denken, sondern etwa auch an die Universitäten, die ein wirkliches Produkt Europas sind. Zu meinem Schmerz begreifen das die Kirchen zu wenig, die einen wesentlichen Beitrag leisten könnten, denn sie sind meistens auch nicht national zu verorten.

Heimat heißt auch Elternhaus

Die Umgebung meiner Kindheit und Jugend war eine glückliche Mischung. Da war einerseits das Gartenpalais Liechtenstein an der Alserbachstraße, ein Bau des Ringstraßenarchitekten Heinrich Ferstel. Das Palais war allerdings in einem verrotteten Zustand, weil der Krieg und die intensive Nutzung nicht nur durch geflohene Aristokraten, sondern auch durch aus den Gütern Liechtensteins in Mähren vertriebene Arbeiter und Angestellte Wunden hinterlassen hat. Die soziale Schichtung der Pfarre Liechtenthal, auf der anderen Seite der Alserbachstraße gelegen, war eine proletarische, im Wesentlichen durch die Eisenbahner des Franz-Josefs-Bahnhofes geprägt. Im sozialen Umfeld der Pfarre gehörte ich quasi zur Oberschicht, ohne mir dessen bewusst zu sein, denn in Wahrheit waren wir eine kleinbürgerliche Familie, offensichtlich von jener Welt beeinflusst, die meine Eltern in ihrer Kindheit und Jugend im Gemeindebezirk Neubau erlebt hatten. Die Ehe meiner Eltern war ein Ergebnis räumlicher Nähe, denn die Bernhardgasse und der Lerchenfelder Gürtel lagen nahe beieinander, wobei die Tatsache, dass mein Vater mit dem Bruder meiner Mutter in dieselbe Schule ging, eine entscheidende Rolle gespielt hat.

So war es eine kleinbürgerliche Welt, der ich zu Hause begegnete und die einen festen Rahmen von Regeln und „Gehört-Sichs" bot. Meine Mutter war dieser Welt, in der strenge Regeln herrschten, denen schon ihre Eltern und Großeltern folgten, besonders verhaftet. Das spiegelte sich im ethischen und religiösen Verhalten gleichermaßen wider wie im Ablauf des Jahres und sogar in den Lebenszyklen. Da die „schöne Leich" in Wien immer eine große Rolle gespielt hat, hat es mich nicht verwundert, als mich die Großeltern einmal darauf hinwiesen, wo ihr Sterbegewand zu finden sei. Diese Grundhaltungen müssen auch eine starke Stütze der Monarchie gewesen sein, denn als ich nach dem Tod meines 80-jährigen Großvaters – 1956 – seine Wohnung zu liquidieren half, fanden wir ungeheure Mengen von „Kriegsanleihen", in die er offensichtlich sein ganzes damaliges Vermögen zugunsten von Kaiser und Vaterland investiert hatte. Er hat aber nie darüber gesprochen. Wir haben auch das Substitut für die goldenen Eheringe der Großeltern mit der Aufschrift „Gold gab ich für Eisen hin" gefunden. Darüber nicht zu klagen, gehörte zur Disziplin bürgerlicher Verhaltensweisen. Ob meine Großeltern Monarchisten waren, konnte ich nie feststellen, weil auch darüber nicht gesprochen wurde. Sie waren Österreicher, lehnten Hitler und Deutschland massiv ab, wobei offensichtlich die Rivalität zwischen der Habsburgermonarchie und den Hohenzollern zu dieser Haltung geführt hatte.

Es wurde auch nicht über die kleine Republik Österreich geklagt. Als einziges gab es eine Erzählung vom Tag des Attentats auf den Thronfolger in Sarajevo. Die Nachricht erreichte meine Großeltern beim Heurigen. Meine Großmutter ist dem Vernehmen nach mit dem Ausruf „Das ist das Ende!" in Ohnmacht gefallen. Die aus einfachen ländlichen Verhältnissen stammende Frau aus dem Weinviertel hatte instinktiv begriffen, was später viele politisch, historisch und literarisch so beschrieben haben. Der Großvater dagegen bekundete später immer seine Skepsis zunächst gegenüber Kaiser Karl I., weil er der Meinung war, dass die Tatsache, dass der junge Kaiser das Telefon verwendete und den Eisenbahnfahrplan der Monarchie auswendig konnte, noch keine brauchbare Regierung ergebe. Noch kritischer war er gegenüber der Neugestaltung der Landkarte 1919. Er sagte wiederholt: „Sie erklären uns immer, dass wir in modernen Zeiten leben, nun aber brauche ich alle 150 Kilometer einen Pass!" Die Entwicklung des Schengen-Europa hätte ihn getröstet … Er hatte Prinzipien. Als kleiner Selbständiger (mit einem Architekturbüro und einer kleinen Baufirma) war er nicht bereit, in die von Hitler auf Österreich ausgedehnte Reichsversicherungsordnung einzuzahlen. Er verkündete des Öfteren, dass er lieber in die Höfe gehe, um dort Zither zu spielen und von Almosen zu leben, als sich vom „Reich" und vom „Böhmischen Gefreiten" aushalten zu lassen. Der praktische Sinn meiner Großmutter ersparte ihm das Zitherspielen in den Höfen. Sie zahlte heimlich in die Versicherung ein, das Geld dafür vom kargen Kostgeld abgespart und dabei von meinem Vater unterstützt.

Es gibt zwei Geschichten, die mich hinsichtlich Prinzipien und Selbstdisziplin dieser Generation sehr beeindrucken. Die erste ist die Tatsache, dass meine Großeltern von der bescheidenen Rente und offensichtlich vorher angespartem Geld auch noch einen Hausanteil kauften, von dem niemand etwas wusste. Die Großmutter hat es meinem Vater, ihrem Schwiegersohn, auf dem Sterbebett flüsternd anvertraut. Der Großvater weigerte sich dann jedoch, bei der Erbabwicklung diesen Hausanteil bekannt zu geben, was nach seinem Tod zwangsweise zur Wiederaufnahme des Erbverfahrens führen musste.

Die zweite Geschichte war dramatischer: Mein Onkel Karl, der Bruder meiner Mutter, war in der Zeit der großen Wirtschaftskrise arbeitslos und ging, weniger aus Überzeugung als um eine Beschäftigung zu bekommen, zur Heimwehr, bei der er als Kindergärtner tätig war. Schon an Fotos aus dieser Zeit sieht man, dass er mit diesem Beruf nichts am Hut hatte. Eines aber brachte es ihm: eine Anstellung bei der 1934 mit dem Ständestaat gleichgeschalteten Gemeinde Wien. 1938 wurde ihm von der inzwischen nationalsozialistisch geführten Verwaltung nahegelegt, der Partei beizutreten. Er fürchtete sich aber vor seinem Vater, dem überzeugten Österreicher, so sehr, dass er sich lieber freiwillig zur Wehrmacht meldete, denn dort durfte man nicht Parteimitglied sein. Er hat die ihm durch Erziehung und Familienprinzipien auferlegte Treue zu Österreich bitter bezahlt, denn er hat den gesamten Krieg an allen möglichen Fronten mitgemacht und noch dazu zwei Jahre Kriegsgefangenschaft.

Rückblickend bin ich immer noch erstaunt darüber, dass meine Mutter keine Schwierigkeiten hatte, als sie den Protestanten Ernst Busek ehelichte, allerdings haben die beiden katholisch geheiratet mit der Verpflichtung, die Kinder auch so erziehen zu lassen. Dem verdanke ich die Tatsache, dass ich der erste männliche Katholik in der Busek-Familie überhaupt bin.

Mein Vater wuchs als fünftes von sechs Kindern auf. Seine Mutter starb sehr früh, so dass er von seiner ältesten Schwester erzogen wurde. Das hat aus ihm einen Menschen gemacht, der versuchte, mit den Lebensumständen eher pragmatisch fertigzuwerden. Eines habe ich an dieser Familienseite immer bewundert: Trotz der Nähe des österreichischen Protestantismus zu Hohenzollern, zum Deutschen Reich und der Weimarer Republik, war unter den Familienangehörigen kein einziger Nazi. Mein Vater ist sein Leben lang seiner Kirche treu geblieben, hat ihre Regeln eingehalten, den im Vergleich zu den Katholiken erheblich höheren Kirchenbeitrag der Protestanten entrichtet, während meine Mutter sich darüber aufregte, dass die katholische Kirche von ihr einen Kirchenbeitrag verlangte, obwohl sie als Hausfrau nichts verdiente. Mein Vater hat auch diesen Beitrag bezahlt, ohne darüber ein Wort zu verlieren … Das wirklich Eigentümliche an dieser wechselseitigen Toleranzregelung war jedoch, dass mein Vater jeden Sonntag das katholische „Kirchenblatt" kaufte, während die Mutter das Abonnement für das evangelische Blatt „Die Saat" entrichtete. In beiden Familien meiner Eltern hat sich niemand aktiv politisch betätigt. Es ist auch nicht bekannt, dass irgendjemand Parteimitglied war, weder in demokratischen noch in totalitären Zeiten. Lediglich mein Urgroßvater mütterlicherseits war für Lueger, wobei es mehr die Bewunderung für die städtebaulichen Leistungen und die rege Bautätigkeit war als alles andere.

Politik hat aber die Karriere meines Vaters auf eine eigenartige Weise beeinflusst. Nach Absolvierung der Staatsgewerbeschule, heute Höhere Technische Lehranstalt in Wien I., Schellinggasse, arbeitete er im Architekturbüro seines Lehrers Max Hegele und interessanterweise bei einer Baufirma, die für die Sascha-Filmproduktion des Alexander Joseph Graf Kolowrat-Krakowsky tätig war. Er hat auch als Bauleiter für ein kleines Theater gewirkt, das heute im ersten Bezirk vom „Theater der Jugend" bespielt wird. Ich glaube, es hieß „Die Insel". Besagter Lehrer, Max Hegele, hat ihn dann offensichtlich nach einer Ausschreibung in die Bauabteilung der Gutsverwaltung des Fürsten Liechtenstein vermittelt, eine berufliche Tätigkeit, die mein Vater immerhin von 1926 bis 1969 ausübte. Gleichbleibend war der Arbeitgeber, wechselnd waren die Verpflichtungen. Waren nach dem Ersten Weltkrieg noch beträchtliche Güter in Österreich und in der Tschechoslowakei zu verwalten, so haben sich im Folgenden die politischen Ereignisse in jeder Hinsicht auch für ihn dramatisch niedergeschlagen. Sein Vorgesetzter war Baurat Cehak, der sich frühzeitig illegal der NSDAP anschloss, ohne es in seinem Berufsbereich bekannt zu geben. Dem lange Zeit regierenden Fürsten Johannes von Liechtenstein folgte sein Bruder Fürst Franz, ehemaliger Botschafter der alten Monarchie in St. Petersburg. Seine große Liebe war eine junge Frau aus einer sehr reichen jüdischen Familie, zwar geadelt, aber nicht als ebenbürtig angesehen. Als besagter Fürst Johannes starb, beerbte ihn infolge des Fehlens direkter Nachkommen Fürst Franz und heiratete seine langjährige Liebe, Fürstin Elsa. Diese schätzte den Vorgesetzten meines Vaters sehr und war entsetzt, als im März 1938 herauskam, dass Cehak ein Nazi war. Es entsprach dem damaligen, heute leider verschwundenen Ehrenkodex, dass besagter Baurat Cehak seinen beruflichen Abschied nahm und sich in gehobenem Alter freiwillig zur Wehrmacht meldete, was er im Krieg mit dem Tod bezahlte. Mein Vater übernahm in jugendlichem Alter die Bauabteilung und damit auch einen großen Wirkungsbereich.

Aus den Erzählungen meiner Eltern kenne ich eine Welt, die offensichtlich noch aus der Monarchie herüberragte. Als meine Eltern heiraten wollten, hatten sie sich dem bereits genannten Fürsten Johannes vorzustellen, wobei mein Vater um die Erlaubnis einzukommen hatte, meine Mutter heiraten zu dürfen. Der alte Fürst soll gütig gewesen sein, alles Gute gewünscht haben, mit der Schlussbemerkung: „Mach er ihr ein schönes Zuhause!", was so viel hieß, dass eine Dienstwohnung bereitgestellt wurde. Seit 1927 haben meine Eltern in einem Seitentrakt des Liechtenstein-Museums (früher Galerie) im 9. Bezirk gewohnt, ab 1938 dann in dem bereits genannten Gartenpalais.

Das klingt alles ganz wunderbar, nur die Zeiten waren nicht so. Es war Aufgabe meines Vaters, die Liechtenstein'schen Güter durch die Nazizeit und den Krieg und dann durch zehn Jahre sowjetische Besatzung zu behüten. Der Nachfolger von Fürst Franz, Fürst Franz Josef, residierte als erster wirklich in Liechtenstein auf Schloss Vaduz. Die früheren Fürsten waren nicht einmal nach Liechtenstein gefahren. Durch Nazizeit und Krieg bekam dieser Flecken Erde eine besondere Bedeutung, die sich heute in der durchaus beachtlichen Rolle dieses Ministaates dokumentiert. Erst 1948 ist ein Bruder des Fürsten wieder in Wien aufgetaucht. Bis dahin war es Sache meines Vaters, das Vorhandene zu verteidigen bzw. die Schäden, die durch Kriegseinwirkungen und Besatzungen entstanden waren, in Grenzen zu halten. Meinem Vater kam sein Pragmatismus und die Fähigkeit, mit unterschiedlichen Situationen umzugehen, sehr zugute. Ohne es sich allzu sehr anmerken zu lassen, hat er allerdings unter den Umständen sehr gelitten. Er war stolz, wenn er irgendwo ein Forsthaus bauen konnte, und es hat ihn sehr geschmerzt, dass aus der ehemaligen Galerie ein Warenlager, später das „Bauzentrum", ja dann das Museum Moderner Kunst Sammlung Ludwig wurde. Er wäre heute sehr glücklich, die ihrer Zweckwidmung zurückgegebene „Galerie" und das Gartenpalais in der Rossau zu sehen oder gar erst das Stadtpalais in der Bankgasse/Minoritenplatz.

Am 12. März 1945 fielen Flugzeugteile auf den einen Flügel des Burgtheaters und auf eben dieses Palais, haben die Prunkstiege zerstört und weitere Teile des Palais unbrauchbar gemacht, in dessen anderen Teilen mein Vater bis zur Pensionierung sein Büro hatte. Ich erinnere mich an ihn, wie er mich durch die leeren Räume des Gartenpalais in der Rossau führte und er, der Ingenieur und Techniker, durch Gesten Rubensbilder, Caravaggios oder gar die Tapisserien über das Schicksal des römischen Konsuls Publius Decius Mus an den Wänden entstehen ließ. Durch die gegenwärtigen Fürsten habe ich die Möglichkeit erhalten, die architektonischen Wiederherstellungen der Räumlichkeiten besichtigen zu dürfen und unendlich bedauert, dass mein Vater all das nicht mehr sehen konnte.

Für mich hat das die Begegnung mit einer Welt bedeutet, die heute nicht mehr existiert, mir aber Dimensionen der Geschichte eröffnete. Als Kind sollte ich beim 80. Geburtstag der Mutter des damaligen Fürsten Franz Josef, Erzherzogin Elisabeth, eine Halbschwester des Thronfolgers Franz Ferdinand, ein Gedicht aufsagen, bei dem ich zum Schrecken meiner Mutter jämmerlich versagte. Erzherzogin Elisabeth war in Spitzen gehüllt, hatte eine Habsburger-Lippe und eine Kammerdienerin als Erinnerung an andere Zeiten … Diesen Erlebnissen verdanke ich die Vorstellung, dass Österreich in Wirklichkeit ein bisschen größer ist, als es die Landkarte heute zeigt. Meine Vorfahren haben offensichtlich in einem größeren Raum gelebt, sich dort ganz selbstverständlich bewegt und in Wahrheit auch die Unterschiedlichkeiten der Menschen und ihrer Räume verstanden. Ich kann mich an keine abfälligen Bemerkungen über unsere Nachbarvölker erinnern, der schreckliche Katalog von verächtlichen Wörtern, wie sie in Karl Kraus' „Die letzten Tage der Menschheit" verewigt sind, wurde bei uns nie benutzt. Mir ist damit die Akzeptanz des „Andersseins" geblieben. Meine Mutter pflegte allerdings einen katholisch geprägten Antisemitismus, der immer in der Feststellung endete, dass man wegen der Verantwortung der Juden am Kreuzestod Christi natürlich keine KZs hätte errichten müssen – das Wort allein ist schon schrecklich genug. Mein Vater hatte eine andere Einstellung, die von der Tatsache geprägt war, dass er als Protestant sein Leben lang einer Minderheit angehört hatte. Beruflich hatte er dabei nie Nachteile. Das katholisch geprägte Fürstenhaus

Liechtenstein hatte die weiterzige Einstellung der Monarchie des 19. Jahrhunderts oder vielleicht gar kein Interesse daran. Mein Vater berichtete immer, dass er in der Unterstufe der Realschule Neustiftgasse mit an die 50 Prozent Juden zur Schule gegangen sei, und hat davon immer mit Respekt erzählt. In der Umgangssprache meines Elternhauses waren jüdische Ausdrücke selbstverständlich. Schließlich wurden auch böhmische oder ungarische Ausdrücke als ein farbiges Element der Umgangssprache verwendet. Meine Mutter hatte manchmal eine Frau Wimmer zur Aushilfe im Haushalt, trotz ihres Namens eine waschechte Böhmin, die sie ein Leben lang immer wieder zitierte: „Sie ham's noch Glick g'habt in die Ehe, sie sind's noch g'wachsen.". Dieses Zitat wurde auch in der Sprachfärbung ein Familiensprichwort.

Erst spät habe ich verstanden, dass mein Vater Protestant war. Er ging jeden Sonntag mit uns zur Kirche, wobei mir erst nach Jahren auffiel, dass er in der Heiligen Messe beim Glaubensbekenntnis, das ja in der Textierung vom Protestanten Melanchthon stammt, an der Stelle, wo die Katholiken erklären, dass sie „an die heilige katholische Kirche" glauben, immer hustete. Es ist dies der einzige ökumenische Husten, der mir bekannt ist, und ich begriff bald, wie relativ manches ist, denn der Text für Protestanten lautet: „Ich glaube an die heilige christliche Kirche." Interessanterweise war es auch mein Vater, der darauf Wert legte, dass ich zunächst in den Seelsorgeunterricht in der Pfarre, später in die Katholische Jungschar und dann in die Katholische Jugend ging. Auch war ich einmal Zeuge eines elterlichen Gesprächs, bei dem darüber geredet wurde, ob ich nicht in eine katholische Privatschule gehen sollte. Meine Mutter war sich der Sache nicht sicher, aber eher dafür. Die Erklärung meines Vaters jedoch war eindeutig: Ich soll in eine staatliche Schule gehen, damit ich fest im Glauben bleibe. Ich bin ihm bis heute dankbar für diese Entscheidung. Meinem Vater ging es darum, dass ich in einer Jugendorganisation bin, er sah für mich Einzelkind meine Sozialisierung in Gefahr. Das Einzige, was ihn etwas beunruhigte, war die Tatsache, dass wir in der Kleidung der Katholischen Jungschar für Kirchenprozessionen, Katholikentage und Fackelzüge weiße Strümpfe trugen. Er war davon alles andere als begeistert, denn es erinnerte ihn an die Zeit der Hitlerjugend bzw. auch an die Tatsache, dass illegale Nazis vor 1938 gerne weiße Strümpfe als politische Aussage nutzten.

Ich verdanke meinem Vater auch eine bessere Kenntnis der Bibel. Hier schlug der Protestant bei ihm durch, in seiner Sprache waren mehr Bibelzitate zu Hause als im katholischen Rest meiner größeren Familie. Irgendwann habe ich begriffen, dass der Religionsvollzug aus der Zeit meiner Großeltern und Eltern stark formal geprägt war. Man wusste, wie man sich zu kleiden und an welchen kirchlichen Festen man wie teilzunehmen hatte. Bei aller grundsätzlich positiven Einstellung zu Religion und Kirchen gab es aber auch eine gesunde Distanz zu bestimmten Ausdrucksformen, für die ich rückblickend sehr dankbar bin.

Eine entscheidende Rolle in Elternhaus und Familie hat das Verhältnis zu Kunst und Kultur gespielt. Mein Großvater war Obmann des Theatervereins „Die Volksbühne", meine Eltern gehörten einer Abspaltung dieses Laienspielvereins an, nämlich der „Jugendbühne", wodurch mir der bleibende Wert von Kunst und Kultur als eine Selbstverständlichkeit vermittelt wurde. Auch hier gab es eine Abgrenzung zu Radikalismen aller Art, vor allem wollte man Kunst nicht vordergründig politisch verstehen. Manches war daher in späteren Zeiten, etwa nach 1968, für meine Eltern schwer verständlich, so wie sie auch die Polarisierung des Kulturbereichs in der Zeit vor 1945 abgelehnt hatten. Große Philosophen waren meine Eltern allerdings keine, mag sein, dass die Frage des Überlebens in der Zeit von Wirtschaftskrisen, Arbeitslosigkeit, totalitären Systemen, Weltkriegen und Wiederaufbau dies verhinderte. Die Dinge kritisch zu beurteilen, habe ich jedoch gelernt, weil Eigenverantwortung eine der selbstverständlichen Wertvorstellungen war, die familiär tradiert wurden. Man gab in den Generationen meines Elternhauses zu, manches nicht zu verstehen, ließ gleichzeitig aber auch die

Freiheit, sich selbst ein Bild zu machen. Bei Lessings „Nathan der Weise" habe ich Zeilen gefunden, deren Aufforderungscharakter für mich bleibend ist:

> „Ein Mann, wie du, bleibt da
> Nicht stehen, wo der Zufall der Geburt
> Ihn hingeworfen: oder wenn er bleibt,
> Bleibt er aus Einsicht, Gründen, Wahl des Bessern."

Brief an meinen Vater

Lieber Papa,

mit dir führe ich immer noch Gespräche, nicht nur, wenn ich an deinem und Mutters Grab stehe, sondern auch in manchen Momenten meines Lebens. Oft kommen mir deine knappen Bemerkungen, deine praktischen Weisheiten und deine freundliche Art, Wichtiges auch nachdrücklich zu vermitteln, in den Sinn. Wahrscheinlich wird mir meine Mutter auch jetzt noch etwas gram sein, wenn ich dir auf diese Weise quasi als Erinnerung einen Brief schreibe und nicht ihr. Als ich mit 14 bei einem Schulaufsatz zum Thema: „Ein Mensch, den ich sehr liebe" zum Unterschied der großen Mehrheit der Klasse nicht die Mutter angesprochen habe, sondern dich, war das schon ein Problem. Der Deutschprofessor hat mir allein schon deswegen ein „Sehr gut" gegeben, weil ich der Einzige war, der den Vater als Objekt genommen hatte. Aber sie wird es schon richtig verstehen.

Ich habe das zu deinen Lebzeiten nie gemacht, dir meine Bewunderung auszudrücken, wie du, als Jahrgang 1903, durch die unterschiedlichsten Situationen deines Lebens, deiner Umwelt samt allen Fährnissen dieser Zeit gekommen bist und nie darüber geklagt hast. Wie heißt es heute so schön: „Wir sind unzufrieden auf hohem Niveau." Von hohem Niveau war die meiste Zeit deines Lebens wirklich nichts zu spüren, oft ging es um das nackte Überleben. Wir haben es bislang besser gehabt, weil eure Generation uns ein Land, eine Gesellschaft und eine persönliche Situation bereitet hat, für die wir sicher zu wenig dankbar waren. Bei diesem Rückblick ergreift mich auch immer die Sorge, ob wir für die kommenden Generationen genug getan haben. Im Heiligenstädter Testament von Ludwig van Beethoven steht am Beginn der dramatische Satz: „O Gott, wie habe ich schlecht in deiner Welt gehaust!" So dramatisch möchte ich es für mich und meine Generation nicht sehen, aber ... Vor einiger Zeit habe ich mit einigen Freunden und Weggefährten ein Buch mit dem Titel „Was haben wir falsch gemacht?" veröffentlicht. Ich bin mir nicht sicher, ob wir mit dem von dir und deiner Generation anvertrauten Kapital auch richtig „gewuchert" haben. Wir reden zwar heute immer von Nachhaltigkeit, aber nachhaltig sind die Lösungen nicht, die wir im Moment vollbringen. Gut, wir können sagen, dass das Tempo der Entwicklung ungeheuer zugenommen hat, wir haben auch heute mehr Möglichkeiten, quasi die Zukunft hochzurechnen – natürlich immer mit der Gewissheit, dass dabei auch Irrtümer geschehen. Aber eines vermisse ich heute im Vergleich zu deiner Zeit: Du hast eine Reihe von Konstanten gehabt, etwa in den Wertvorstellungen, die dich begleitet haben, in der Disziplin und in der offensichtlich von deinem Protestantismus beeinflussten Ethik, Aufgaben auch ordentlich zu erfüllen: „Jeden Tag solltest du deinen Schreibtisch abgearbeitet und alles, was du dir vorgenommen hast, erledigt haben." So hast du es gesagt, genauso wie du mir immer das Gefühl vermittelt hast, dass man sich nicht unnötig aufregen soll. Mir ist dein Satz: „Weißt eh, wie's is", ungeheuer auf die Nerven gegangen, er hat aber jene Gelassenheit dokumentiert, die es deiner Generation ermöglichte, vieles zu überleben, wo wir heute schon viel früher Katastrophengesänge anstimmen. Es ging dir auch nie um Anerkennung und Ehren. Ich war daher ein wenig stolz, als ich im Gedanken an dich die mir nach vier Jahren Mitgliedschaft in der Bundesregierung zustehende Auszeichnung der Republik Österreich mit der Begründung, dass ich schlicht und einfach nur versucht hätte, meine Aufgabe zu erfüllen, abgelehnt habe. Der Bundeskanzler verlangte von mir, dass ich eine Erklärung unterschreibe, das in der Öffentlichkeit nicht nutzen zu wollen. Ich habe diese Erklärung abgegeben, weil es mir ja nicht um eine PR-Maßnahme ging, sondern um die Dokumentation der Haltung, die du mich gelehrt hast: „Wenn du eine Aufgabe übernimmst, versuche sie nach bestem Wissen und Gewissen zu erfüllen!" Ganz sicher bin ich mir nicht, ob wir das den kommenden Generationen vermittelt haben.

Du warst kein Mann großer Worte. Zum Unterschied von Mutter hat es dich auch nicht geschreckt, als ich in die Politik ging. „Pass auf, dass du anständig bleibst!" – das war's, mehr nicht. Natürlich hast du immer versucht, dir ein Bild von dem zu machen, was ich treibe. Es war rührend, dass du trotz deines Alters zu vielen Veranstaltungen gegangen bist, bei denen ich auftrat. Bewusst kamst du zu spät, standest im Hintergrund und bist verschwunden, bevor das Ganze aus war. Du wolltest nie als der Vater von … begrüßt werden. Dafür hast du mir aber in aller Zurückhaltung manche Hinweise gegeben, was gerade nicht verständlich sei und dir eigenartig vorkomme. Große anerkennende Worte waren dir fremd, aber das entsprach ja deiner Haltung, die ich, je länger ich lebe, immer mehr bewundere. Daher bewegt mich die Frage Beethovens, an dich gewandt: „Vater, habe ich gut in deiner Welt gehaust?"

In tiefer Dankbarkeit

Dein Sohn Erhard

Non vitae, sed scholae discimus. Oder umgekehrt?

Das ist einer jener lieben Sprüche, die uns, offensichtlich zur Verstärkung der humanistischen Bildung, begleitet haben. Wahr ist natürlich, dass wir auch für die Schule gelernt haben, weil die Schule des Lebens wohl etwas anders organisiert ist.

Ich bin dem Schulwesen meiner Zeit überhaupt nicht gram, weil es rückblickend sehr viel geleistet hat und uns mit Wissen ausgestattet in die Universität und weiter ins Leben entließ. Persönlich habe ich immer behauptet, dass ich zum Zeitpunkt der Matura am meisten wusste, weil alle späteren Wissenserweiterungen auch mit Reduktionen in anderen Gebieten verbunden waren. Praktisch gesagt: In Darstellender Geometrie, bei Zinsrechnungen oder auch in anderen naturwissenschaftlichen Bereichen würde ich heute glatt scheitern, weil ich immer mehr auf der geisteswissenschaftlichen Seite zu Hause war, aber die Zugänge wurden uns eröffnet und dafür bin ich dem Schulwesen meiner Zeit dankbar.

Rückblickend muss ich bewundern, unter welchen Umständen uns damals Bildung vermittelt wurde. Ich habe die Schule der 10- bis14-Jährigen im Realgymnasium Krottenbachstraße, das heute in Wien XIX., Billrothstraße, steht, als Wanderklasse verbracht, weil viele andere Schulhäuser zerbombt waren. Was heißt das? Spätestens alle zwei Stunden hatten wir einen anderen Klassenraum. Wir haben das alles überstanden, wobei die permanente Auf-und-Ab-Bewegung in den Stiegenhäusern wohl auch die Gelegenheit bot, allen möglichen Unsinn anzustellen. Ich verdanke dem Interesse meiner Lehrer, insbesondere des Klassenvorstandes, der Deutsch unterrichtete, den Hinweis, dass ich in die Oberstufe des Gymnasiums gehen sollte, weil dort meine eigentlichen Begabungen lagen. Mein Vater, ein Ingenieur, der zwar eine grundlegend gute humanistische Bildung hatte, aber mit Latein und Griechisch sicher nichts anzufangen wusste, stimmte dem zu. Meine Kurzsichtigkeit baute ihm eine Brücke dafür, denn er meinte, dass ich für die notwendigen Zeichnungen in Darstellender Geometrie ohnehin physisch nicht geeignet sei. Es war eine gute Entscheidung und hat mich lebenslang zu einem Anhänger der humanistischen Bildung gemacht, was heute nicht mehr à la mode ist.

Ich gestehe auch, dass ich die ganze Zeit Vorzugsschüler war, was allerdings meine Klassenkollegen in beiden Schulen, die ich besuchte habe, nicht daran gehindert hat, mich zum Klassensprecher zu wählen. Mein besonderer Dank gilt dem Döblinger Gymnasium, das mit einer interessanten Lehrerschaft ausgestattet war. Nach dem damaligen Proporzmodell stand diese Schule unter Leitung eines SPÖ-Mitgliedes, der sogar Vorsitzender der Mittelschullehrer im Bund Sozialistischer Akademiker (BSA) war. Wir Schüler sind dann immer am 1. Mai beim Maiaufmarsch am Straßenrand gestanden, um dem Herrn Direktor zu applaudieren und ihn gleichzeitig auszulachen, weil er sich als Proletarier verkleidet hatte – in einem schäbigen Mantel und mit einer Krankenkassenbrille. Er hat mich immer am nächsten Tag mit der Bemerkung, „Na, habt's euch gut unterhalten über mich?", ins Direktionszimmer zitiert. Er hatte eine geistig offene Einstellung, ihm verdanke ich, dass er uns neben dem Geschichtsunterricht, der umfassend war und bis nach der Zeit des Zweiten Weltkriegs reichte (damals eine Seltenheit), eine fundierte historische Bildung mitgegeben hat. Er machte manchmal auch nette Einschübe, wie etwa die Mitteilung, dass alle Habsburger lungen- und geschlechtskrank gewesen seien, und entführte uns in die Bereiche der Literatur. Er brachte uns in eigenen Veranstaltungen Theodor Kramer mit seiner Lyrik aus der Sicht der armen Leute genauso näher wie Heimito von Doderer. Ich nenne das nur als Beispiele für die Zugänge, die uns eröffnet wurden. Gleiches gilt für eine spätere nahe Freundin meiner Frau und mir, meine Deutsch- und Englischlehrerin, die es immerhin zur Landesschulinspektorin und Direktorin gebracht hat und deren Literaturvermittlung wirklich einmalig war.

Ich erinnere mich auch, einmal eine Aktion organisiert zu haben, bei der wir in Gefangenenkostümierung im Innenhof der Schule dagegen protestiert haben, dass wir in der Pause nicht zum vis à vis gelegenen Bäcker gehen durften, um uns eine Semmel oder eine Topfengolatsche zu besorgen. Begleitet wurde die Aktion durch eine von uns organisierte Tonwiedergabe des Gefangenenchors aus Nabucco. Mit einem Wort: Wir hatten genügend Freiheiten und Entwicklungsmöglichkeiten …

Heute wird die Schule kaum mehr vom Inhaltlichen her diskutiert, auch nicht mit Blick auf die entscheidende Rolle der Lehrer. Dabei waren die Entwicklungen in der Zweiten Republik gar nicht so schlecht. Inzwischen hatte ich längst eine leitende Funktion in der Katholischen Mittelschuljugend (KMJ) und war daher, wenn auch nur am Rande, mit dem Schulgesetzwerk 1963 befasst, das einen großen historischen Kompromiss zwischen den beiden Regierungsparteien ÖVP und SPÖ darstellte. In der Ersten Republik war es nie zu einer umfassenden Einigung gekommen, die Gesetzeslage war ein Provisorium und die Ideologie beherrschte die Diskussion genauso wie das leider auch heute der Fall ist. Der Kompromiss hat nicht nur die Probleme der katholischen Kirche (Anerkennung des katholischen Privatschulwesens und dessen Finanzierung) gelöst, sondern einen Weg zu einem besseren Zugang zu Bildung eröffnet. Es wurde das musisch-pädagogische Realgymnasium geschaffen, der oft verkannte Unterrichtsminister Dr. Theodor Piffl-Perčević legte fest, dass es in jeder Bezirksstadt Österreichs eine Höhere Schule zu geben habe. Heute haben wir das längst verwirklicht, was allerdings auch dazu führte, dass die diversen Stiftsgymnasien und sonstigen katholischen Privatschulen regional ihre Bedeutung verloren.

Mit Bildung habe ich mein Leben lang zu tun gehabt, nicht nur in der Jugendorganisation, sondern auch politisch, vom Schulwesen bis hin zur Erwachsenenbildung. Ich bin heute noch in einer Reihe von Bildungseinrichtungen tätig, so etwa war ich sieben Jahre lang Rektor einer Fachhochschule (die gesetzliche Grundlage durfte ich als Minister schaffen), aber auch bei europäischen Einrichtungen in der Forschungspolitik und in der Auseinandersetzung mit Geschichte als einem Bestandteil der notwendigen Versöhnung in Europa. Zu meiner Freude wurde ich von der Europäische Kommission gebeten, eine Jean-Monnet-Professur ad personam zu übernehmen, die mir heute die Möglichkeit gibt, an einigen Universitäten in Europa selbst lehrend aufzutreten. Ich bin dafür ungeheuer dankbar, wobei mir ein kleines Projekt-Budget (ca. 35.000 Euro) die Möglichkeit gibt, mit den Studenten Seminare und Studienreisen durchzuführen. Bezahlt wird dafür nichts und das ist richtig so, denn es gibt die Verpflichtung der älteren Generation, ihr Wissen und ihre Erfahrung weiterzugeben. Die Begegnung mit den jungen Menschen schätze ich sehr, nicht nur, weil ich etwas weitergeben kann, sondern weil ich dabei auch viel erfahre.

Von der Schwierigkeit, Lehrer zu sein

Natürlich wird bei jeder politischen Auseinandersetzung, insbesondere bei Wahlen, betont, wie wichtig Bildung, Wissen und Forschung seien. Die praktische Umsetzung sieht allerdings anders aus, wobei es nicht nur um Geld geht. Es ist in Österreich ein bleibender Fehler, den Bereich Schule nur aus der Organisationsperspektive zu sehen. Die Ganztagsschule hat ihre Berechtigung, was aber hier fehlt, ist ein umfassendes Bauprogramm, um sie zu ermöglichen. Die überkommenen Schulbauten, auch der neuesten Zeit, sind allein schon von den Räumlichkeiten her nicht geeignet, als ganztägiger Aufenthaltsort zu dienen. Ich habe nie verstanden, warum dieses interessante Konzept nicht verwirklicht wurde. Man kann über Karl Lueger in Wien schimpfen, aber von seinem Schulbauprogramm leben wir noch heute.

Die letzten zwanzig Jahre Bildungspolitik wurden von Fragen wie Gesamtschule, gymnasiale Formen etc. beherrscht. Verschärft wird die Situation natürlich auch noch durch die Folgen der Immigration. Schon in den Primärschulen müssen angesichts dieser Vielsprachigkeit Lösungen gefunden werden. Die eigentliche Rolle kommt hier den Lehrern zu, wobei eine Diskussion darüber, was Lehrersein heute bedeutet, nie richtig stattgefunden hat. Dazu kommen gesellschaftliche Veränderungen. So wurde vor dem Hintergrund der Familien- und Beziehungssituationen der Lehrerberuf ein Frauenberuf. Aber es wäre schon ganz gut, wenn auch Männer wieder stärker im Lehrberuf vertreten wären. Ein entscheidendes Problem ist auch die Tatsache, dass es immer noch heißt: einmal Lehrer – immer Lehrer! Die Durchlässigkeit in den und aus dem Lehrerberuf existiert nicht. Ich habe in meiner Fachhochschultätigkeit erlebt, dass etwa jene, die aus dem Berufsleben kommend als Lehrende angetreten sind, ihre Aufgabe hervorragend erfüllt haben, weil sie einen ganz anderen Erfahrungsbereich des Lebens eingebracht haben. Es müssen Möglichkeiten geschaffen werden, aus anderen Berufen Lehrer zu gewinnen bzw. es Lehrern zu ermöglichen, auch wieder in andere Berufe zu gehen. Gerade hier habe ich für das „Burnout"-Syndrom vollstes Verständnis. Das Tempo unserer Zeit, die Aggressivität der Lebensäußerungen und nicht zuletzt die erhöhten Ansprüche im technischen Bereich führen dazu, dass man in vielen Fällen nicht sein ganzes Leben lang Lehrer sein kann. Für vieles wird heute die Lehrergewerkschaft verantwortlich gemacht, sie hat auch keine besondere Beweglichkeit, wie ich selbst erfahren musste, als ich die 50-Minuten-Stunde auf 45 Minuten verkürzen wollte, um damit mehr Lehrerkapazität zu gewinnen. Der Widerstand dagegen war ausgezeichnet organisiert und mit einer der Gründe, warum ich aus der Politik ausgeschieden bin. Ich habe allerdings auch Verständnis dafür, dass sich Lehrer und Lehrerinnen angesichts der allgemeinen negativen Beurteilung entsprechend organisieren müssen.

Die Frage der Lehrerweiterbildung ist von entscheidender Bedeutung, denn angesichts des Tempos der Entwicklung braucht es mehr Anstrengungen und andere Modelle, um hier weiterzukommen. An den Universitäten ist es üblich, Universitätslehrern ein Sabbatical zu gewähren, damit sie entsprechende Projekte verfolgen und sich auch weiterbilden können. Ähnliches wäre zumindest an den Höheren Schulen ebenfalls angebracht.

Die ewige Klage, die, mit der PISA-Bewertung verbunden, letztlich zur Feststellung geführt hat, dass 25 Prozent der Volksschüler diese mit mangelnden Kenntnissen in Lesen, Schreiben und Rechnen verlassen, macht mich allerdings gegenüber der Gesamtschule skeptisch, denn die Volksschule ist eine Gesamtschule. Wahrscheinlich geht es nicht um die Organisationsform, sondern um die Investition in mehr Personalkapazität, damit die Schüler auch die entsprechende Zuwendung erhalten, die im familiären Bereich mehr und mehr verlorengeht. Die Bildungsdiskussion bleibt uns jedenfalls erhalten und ist mindestens ebenso wichtig, wenn nicht wichtiger, als die Frage, wie sicher unsere Pensionen sind. Bildung bedeutet nämlich Zukunft!

Ohne Bildung kein Europa

Die Dimension der Aufgaben hat sich vergrößert. Ging es in meiner Jugend noch darum, entsprechende Kenntnisse für das Berufsleben einerseits und Allgemeinbildung andererseits zu vermitteln, um auch alle Chancen nützen zu können und die so oft beschworene Chancengleichheit zu ermöglichen, ist heute infolge der kleiner werdenden Welt eine größere Dimension dazugekommen. Dazu haben nicht nur die technologischen Möglichkeiten der Zeit beigetragen, die alle Lebensbereiche immer stärker betreffen. Mit dem, was wir zur Zeit der Matura wussten, kann man in der Welt von heute nicht bestehen. Mit dem, was heute angeboten wird, können wir mit den Problemen von morgen nicht fertig werden. Die Gemeinsamkeit Europas ist mit und ohne Anerkennung der Rolle der Europäischen Union eine Wirklichkeit, die sich in der Bildung niederschlagen muss. Entscheidend ist dabei die Tatsache, dass der eigentliche „Rohstoff" für die Zukunft Europas Bildung, Wissen, Forschung und Kultur sind. Wir können weder besondere Energiequellen noch Rohstoffe anbieten, sondern nur die Qualität des Geistes und des Wissens. Es ist daher höchste Zeit, nicht nur Zuständigkeiten, Programme und Entwicklungen europäischer Dimension einzuleiten, sondern auch auf der Ebene der Bildung die Herausforderung des „europäischen Narrativs" zu verwirklichen. Wenn Europa eine neue Erzählung gestalten soll, dann ist das nur aufgrund von gemeinsamer Bildung möglich.

Lange hat sich der europäische Integrationsprozess Zeit gelassen, um anzuerkennen, dass auch Bildung eine europäische Aufgabe ist, wenngleich es noch immer keine europäische Kompetenz dafür gibt. Wir werden die Vielfalt nicht bewältigen und den Herausforderungen der Zeit, der wirtschaftlichen Entwicklung und der sozialen Integration ohne diese Anerkennung nicht gerecht werden.

Die Frage des Umgangs mit Bildung ist für die jeweils Mächtigen immer eine kritische Frage. Und neben der Kunst, die für die totalitäre Macht, in welchem System auch immer, sofort zum Objekt des Zugriffs und der Gleichschaltung wird, sind es immer auch die Wissenseinrichtungen, für die Ähnliches gilt. In Mittel- und Osteuropa konnten wir eine Zerstörung der Wissenseinrichtungen durch totalitäre Systeme beobachten, beziehungsweise eine Verengung dessen, was gewusst werden durfte, wodurch für Generationen ein erheblicher Flurschaden angerichtet wurde, dessen Behebung kaum in jener Schnelligkeit vor sich gehen kann, wie es etwa im wirtschaftlichen Bereich möglich ist. Es wird sicher Jahrzehnte brauchen, bis hier eine mit dem übrigen Europa vergleichbare Situation gegeben ist. Die Kraft der Demokratien des Westens, diese Probleme zu lösen, ist genauso in Grenzen geblieben.

Das ist ein politisches Problem. Nun kann aber nicht nur dieses zu einer Kluft zwischen Wissen und Macht führen. Es erschließt uns natürlich auch – Stichwort: „Faust" – der ewig suchende und forschende Geist des Menschen immer mehr Möglichkeiten. Gerade zum gegenwärtigen Zeitpunkt beeinflusst er in faszinierender Weise unser Leben und vermittelt das Gefühl, vor neuen Wirklichkeiten zu stehen, mit denen wir zurechtkommen müssen.

Es ist die Menge des Wissens, es ist das Tempo der Veränderung und es sind die Möglichkeiten der Technik, also der Instrumentalisierung und Umsetzung von Wissen, die uns vor neue Situationen stellen – und natürlich auch vor die bange Frage, ob uns nicht eben jene Menge, jenes Tempo und jene Technik in eine Abhängigkeit geraten lassen, die der Autonomie des Menschen nicht entspricht, zumindest jener Teilautonomie, über die wir verfügen. Die große Gefahr einer solchen Betrachtungsweise ist, in einen Kulturpessimismus zu verfallen, wie er in Österreich immer üblich war, und jene Weltuntergangsstimmung zu erzeugen, die in einer Kaffeehausatmosphäre zwar literarische Qualität gewonnen hat, aber durchaus nicht als weiterführend anzusehen ist.

Die Krise des Geistes

Es ist ganz selbstverständlich, dass eine junge Generation, die mit dem Computer heranwächst, über eine Technik verfügt, die die ältere Generation nicht mehr mit gleicher Fertigkeit beherrscht. Hinzu kommen aber auch regionale Unterschiede: Wirtschaftliche und soziale Entwicklungen führen dazu, dass bestimmte Regionen pauperisiert werden, was sich auch in der Verfügbarkeit von Bildungseinrichtungen deutlich dokumentiert. Primitiver Beweis: Die Arbeitslosigkeit ist in den Bevölkerungsteilen mit geringerer Bildung heute signifikant höher.

Wir gehen auf Formen eines neuen Analphabetismus zu bzw. lassen uns neuerdings durch eine Bildersprache einschränken, die jedoch nicht mehr mit der „biblia pauperum" der mittelalterlichen Kirche vergleichbar ist, wo versucht wurde, das biblische Wissen anschaulich, etwa mit Hilfe der Kunst, darzustellen, sondern erhalten eine ganz eigentümliche, naive Bilderwelt vermittelt. Lesen-Können wird zunehmend zu einer „höheren Kunst".

Eine der Voraussetzungen einer demokratischen Gesellschaft ist die Möglichkeit, am Geschehen und an den Entscheidungswegen teilzunehmen. Wenn man den alten Satz „Die Demokratie reicht so weit wie die Stimme ihres Herolds" in die heutigen Möglichkeiten und Aufgabenstellungen übersetzt, wobei die Stimme nicht nur in akustischer Weise vernommen, sondern auch der Inhalt verstanden werden muss, kann man die Größe des Problems ermessen, das sich heute auftut, und landet beim Problem der Sprache. Kann der Bürger solcherart überhaupt noch ein autonomes Subjekt sein? Ich würde so weit gehen zu behaupten, dass die heute verwendete Sprache in einem hohen Ausmaß nicht mehr der Mitteilung dient, sondern der Verschleierung, dass Sprache nicht mehr Zugänge öffnet, sondern sich dem Verstehen verweigert. Die Wissenschaft ist nicht frei von dieser Tendenz. Im Gegenteil, es ist ein fragwürdiger Beitrag der Soziologie in der Prägung der 68er-Generation, sehr viel dazu getan zu haben, dass man nicht versteht, was gemeint wird.

Dazu kommt noch ein anderes Problem: In der „Klick"-Gesellschaft findet eine fatale Gleichsetzung von Information und Wissen statt, die damit zu einem Wissensverlust sowie zu einer ökonomischen Abhängigkeit führt: einen Computer der neuesten Generation besitzen zu müssen, was jene Gesellschaften, die nicht im gleichen Ausmaß entwickelt sind wie etwa die westeuropäische oder amerikanische, punkto Informationszugang ins Hintertreffen bringt.

Die Möglichkeiten der Informationsgesellschaft bieten allerdings auch die Gelegenheit zu einem gewissen brainwashing. Während eines USA-Aufenthaltes bin ich damit konfrontiert worden, dass es Pläne gibt, bestimmten Jugendgruppen, die sozial diskriminiert sind, Computer anzubieten, um über ihre Klick-Sucht eine gewisse Veränderung ihrer Einstellungen zu bewirken. Das kann eine ungeheuer große Chance, aber gleichzeitig eine ganz gefährliche Entwicklung bedeuten. So bekommt der legendäre Roman „1984" für das 21. Jahrhundert zweifellos neue Bedeutung: Ein neues „Ministerium für Wahrheit" erhält damit ganz andere Möglichkeiten, und das in einer Situation, in der es kaum noch einen bindenden Rahmen gibt, von rechtlicher Seite gesehen, von der Regelung und Sicherung der digitalen Zugänge her betrachtet und auch hinsichtlich der Garantie jener Werte, die hoffentlich im entsprechenden Ausmaß noch gelten.

Was bei dieser Globalisierung der Möglichkeiten fehlt, ist die Globalisierung der Verantwortung. Deutlich wird dies an der durch die Globalisierung der Medien erzeugten „virtual reality". Die Wirklichkeiten, medial geschaffen, werden Schritt für Schritt zu einem größeren Problem. Das, worüber z.B. CNN berichtet, existiert für uns. Worüber CNN nicht berichtet, existiert nicht. Dann werden die Generalversammlung und der Sicherheitsrat der Vereinten Nationen nicht mobilisiert, es werden keine Stellungnahmen von Politikern eingefordert. Nebenbei: Dass über Ereignisse nicht berichtet wird, verdankt sich manchmal Unwissen, aber auch politischen Eingriffen und dem Einfluss von Interessengruppen. Dass Ereignisse aufgebauscht werden, verdankt man ebenfalls solchen Einflussnahmen. Und das wiederum zeigt, wie wichtig eine unabhängige Berichterstattung für eine Demokratie ist. Um Wittgenstein zu variieren: Die Welt – für uns – ist das, was von ihr berichtet wird. Hollywood hat daraus einen beeindruckenden Film gemacht, „Wag the dog", in dem eine Wahlkampagne einen fiktiven Krieg erzeugt.

Europa, ein Kontinent der Bildung

Die große Herausforderung von heute besteht darin, neue Formen der Erwachsenenbildung und Volksbildung zu gestalten. Die Bildungswerke und Volkshochschulen am Ende des 19. und Beginn des 20. Jahrhunderts hatten die Aufgabe, möglichst vielen Menschen das Wissen der Zeit nahezubringen und ihnen damit auch die Möglichkeit zu eröffnen, die Gesellschaft mitzugestalten. Auch hier gilt es, den veränderten Gegebenheiten Rechnung zu tragen und eine zeitadäquate Bildung zu entwickeln und anzubieten.

Ein Rückgriff in die Geschichte sei gestattet: Waren es nicht Benedikt von Nursia und der nach seinen Regeln entstandene Orden, die Europa agrarisch, aber vor allem bildungsmäßig kultivierten? Waren es nicht Kyrill und Method, die mit ihrer Bibelübersetzung und der kyrillischen Schrift Bildung an die Menschen heranzubringen versuchten? War es nicht ein Universitätssystem gemeinsamen europäischen Zuschnitts, das eine gemeinsame Wertebasis schuf? Europa war im konkreten Sinn in der Geschichte nie vereint, wohl aber im Bereich der Bildung und des Geistes. Europa muss daher ein Kontinent der Bildung sein, wenn es seine Qualität erhalten und weiterentwickeln will. Das ist eine Frage auf Gedeih und Verderb.

Die „finalité d'Europe" wird sehr wesentlich dadurch bestimmt, ob es uns gelingt, diesen Bildungskontinent zu entwickeln. Gerade der europäische Integrationsprozess, dieser Prozess des Werdens, zeigt, dass darin die eigentliche Aufgabe liegt. Die „finalité d'Europe" wird nicht in der Geografie liegen, sondern im geistigen Prozess, der die Voraussetzungen des Zusammenlebens bestimmt.

Es gilt, Grenzen und Brüche zu überbrücken. Hier ist nicht von Ökonomie zu reden, die sich ganz selbstverständlich global entwickelt, sondern vielmehr von den menschlichen Aspekten, etwa dem der Sprache. „Die Zunge reicht weiter als die Hand", hat der Pole Stanisław Jerzy Lec gemeint. Dieser von Karl Dedecius ins Deutsche übertragene Satz zur Reichweite des Wortes enthält eine unendlich wichtige politische Weisheit. Es steht außer Frage, dass Literatur viel von dem vermittelt, was moderne Gesellschaftswissenschaften trotz aller Raffinesse der heutigen Forschungstechnik nie transportieren können: das Gefühl für Atmosphäre, für geschichtliche Wurzeln und Entwicklungen und letztlich für ein inneres Verständnis einer Situation. Dass sich unser Zeitalter mit dem Emotionalen und auch oft trotz der allgemeinen Logorrhö mit dem Wort schwer tut, wird niemand bestreiten. Darin ist wohl einer der Gründe zu sehen, warum sich kaum jemand aus dem „Westen" für jene Literatur interessierte, die in einem reichen Ausmaß in Südosteuropa gediehen ist und gedeiht. Hätte man etwa rechtzeitig den serbischen Schriftsteller und Kurzzeit-Staatspräsidenten von Miloševićs Gnaden, Dobrica Ćosić, gelesen, wäre manches an unterschiedlichem Weltverständnis zwischen Serbien und dem Rest Europas früher sichtbar geworden.

Warum aber hat das überhaupt Bedeutung in der gegenwärtigen politischen Situation? Dieser Frage möchte ich mich nicht literaturwissenschaftlich nähern, sondern aus einer politischen Perspektive. Es steht außer Frage, dass Literatur in Umbruchsituationen eine unendlich große Bedeutung hat. Das, was etwa Robert Musil

(„Der Mann ohne Eigenschaften") und Stefan Zweig („Die Welt von Gestern") über ein sich aus dem 19. Jahrhundert verabschiedendes Europa veröffentlicht haben, hatte durchaus auch eine Vorwarnfunktion für die Katastrophen des 20. Jahrhunderts. Was Ivo Andrić in „Wesire und Konsuln" über die kulturellen Brüche in Südosteuropa geschrieben hat, würde auch heute noch manchem westlichen Diplomaten helfen, politische Unterschiede zu verstehen. Robert Musil hat in seinem Essay „Hilfloses Europa" Hinweise auf eine Situation gegeben, der nach dem Zweiten Weltkrieg mit einigem Erfolg auf der einen Seite des Eisernen Vorhangs gegengesteuert wurde.

Wer sind unsere Nachbarn?

Der Friedenspreisträger des Deutschen Buchhandels Karl Dedecius hat im Vorwort seines „Polonica"-Katalogs in genereller Gültigkeit treffend geschrieben: „Die Literatur eines Volkes ist wie ein Fenster, aus dem dieses Volk den Fremden ansieht und durch das der Fremde in den Lebensbereich dieses Volkes Einblick gewinnen kann. Unser Blick durch das offene Fenster des Buches in die geistige Wirklichkeit des Nachbarn ist notwendig und nützlich." Warum wird in unserer Informationsgesellschaft Literatur im Hinblick auf menschliche Erfahrungen, Vorurteile und Gefühle so wenig herangezogen, um Verständnis für das Andere, das Fremde zu erzielen? Die Veränderungen der letzten Jahre bringen es mit sich, dass wir auch in den Beziehungen unserer Nachbarn neue oder auch alte kulturelle Mechanismen erleben. Das Hereinbrechen einer bisher hermetisch abgeschlossenen Welt, die nur wenige Spuren bei uns hinterlassen hatte, hat ein ganzes Areal von neuen Spannungsmöglichkeiten eröffnet. Minderheitenkonflikte (Kosovo) und „ethnic cleansing" (Bosnien-Herzegowina, Kroatien etc.) sind ein dramatischer Ausdruck dessen.

Was wir für den heutigen Zustand Europas lernen können, ist wohl die Unterschiedlichkeit der Beziehungen zu den Mitmenschen. Wann bezeichnen wir heute jemanden wirklich als Nachbarn? Wenn wir Haus an Haus mit ihm wohnen? Oder ist auch einer ein Nachbar, der im Nachbarland zu Hause ist, in der Geschichte möglicherweise oft unser Schicksal geteilt hat und mit dem uns heute wieder ein gemeinsames Interesse verbindet? Was ist uns an ihm fremd und was kennen wir? Was lassen wir an ihm fremd sein, um uns nicht mit ihm auseinandersetzen zu müssen? Wer ist uns als Gastfreund willkommen, und wer ist willkommen, vielleicht bleibend unser Freund zu werden?

Das „Andere" muss auch in der medialen Wirklichkeit von heute sichtbar werden. Es ergäbe einen faszinierenden Kontrast, wenn sich der Einheitsbrei der heutigen TV-Programme mit farbigen Flecken verschiedener Kulturen aus Europa schmücken könnte. Das Theater- und Musikleben ist vielfältiger, meist jedoch nur einer gewissen Schicht vorbehalten. Elektronische Massenkommunikationsmittel könnten hier weitaus mehr Möglichkeiten eröffnen. Ob nicht die unter dem Einfluss der Staaten stehenden Rundfunk- und Fernsehanstalten in einem richtig verstandenen „public broadcasting" darin eine lohnende Aufgabe hätten?

Positives sei auch vermerkt: Wer heute an Festen in vielen Städten Europas teilnimmt, dem wird immer wieder die Präsenz von Musik- und Tanzgruppen aus den verschiedenen Teilen Europas auffallen. Damit ist nicht billige Folklore gemeint, sondern eine Präsentation europäischer Vielfalt, die zur Selbstverständlichkeit werden kann. Auch in der Gastronomie zeichnet sich das ab, wenngleich es da und dort Modetrends gibt. Aber es wird zunehmend üblich, verschiedene europäische Küchen zu kennen und sie auch zu genießen. Wenngleich Essen und Trinken relativ primitive Lebensäußerungen sind, ist doch auch damit schon ein Bezug zu anderen gegeben. Lesen und Verstehen wäre die nächste Stufe.

Karl Schwarzenberg, europäischer Aristokrat, Schweizer sowie tschechischer Staatsbürger, erster Kanzler von Václav Havel und tschechischer Politiker, hat einmal das Bild von Europa als Dorf entworfen, in dem ein Teil durch eine Mauer abgetrennt war. Nun aber habe man Gelegenheit, nicht nur gemeinsam Straßen und Märkte, Gassen und Plätze zu bauen, für Wasser und Kanalisation zu sorgen, über hinreichend Arbeitsplätze und Geschäfte zu verfügen, sondern auch die Schulen und Wirtshäuser zu gestalten, für Feuerwehr und Gendarmerie zu sorgen und dabei nicht ganz auf die Kirche als Symbol der Werte zu vergessen, die eine Gemeinschaft braucht, um miteinander leben zu können. Der Vorteil dieses Bildes besteht darin, dass die Verschiedenheit bleibt, denn es gibt größere und kleinere Häuser, in die wir uns unter verschiedenen Umständen zurückziehen können. Wir wissen aber, dass wir mit dem Nachbarn leben müssen, wir sind sogar daran interessiert, dass es ihm gut geht. Der Prophet Jeremia meinte einmal: „Wollet der Stadt Bestes, dann wird es euch gut ergehen!" Kann man davon einen Nachbarn ausschließen? Dass die Bewohner eines Dorfes miteinander reden können und füreinander eine Sprache finden, ist dafür eine Voraussetzung – Verständigung und Verstehen sind ein Begriffspaar.

Versäumnisse in der Bildungspolitik

Eigentlich werden wir mit Information durch Medien, das Internet, Facebook, iPhone etc. überschwemmt. Also sollten wir in bester Verbindung miteinander stehen. Das Gegenteil ist oft der Fall – Einsamkeit beherrscht uns. Sie zu bewältigen verlangt Voraussetzungen in der Bildung, diese aber sind nicht vorhanden. Das allerdings kann einen Schaden in der Tiefe erzeugen.

Wir müssen alles dazu tun, um nicht global einsam zu werden. Kann es sein, dass es mehr Menschen gibt, aber weniger Kommunikation? Es ist schon bedrängend genug, wenn Menschen in Einsamkeit sterben und man erst nach Wochen und Monaten entdeckt, dass sie nicht mehr existieren. Das betrifft die Toten. Wie aber ist es unter den Lebenden? Wir müssen erfahren, dass sich nach einer schönen Zeit der europäischen Integration Nachbarn wieder miteinander schwer tun. Wir reden zu wenig miteinander, dafür vermehrt gegeneinander. Wo Verständnis fehlt, entsteht Einsamkeit, die man nicht durch Psychotherapien, sondern nur durch soziale Bindung überwinden kann.

Was haben wir falsch gemacht? Falsch war, dass in der Bildungspolitik und den Bildungseinrichtungen die längste Zeit wenig Beweglichkeit herrschte, wobei die Universitäten und die Forschung allein schon unter dem Zwang der internationalen Entwicklung meines Erachtens in einer besseren Situation sind als der primäre und sekundäre Sektor des Bildungswesens. Die Anforderungen, die heute aus der Finanz- und Wirtschaftskrise entstehen, verstärken die Notwendigkeit, in diesem Bereich Taten zu setzen, wobei man nicht oft genug wiederholen kann, dass alle Entscheidungen im Bildungsbereich eine ungeheuer bedeutende Zeitdimension haben: Es dauert nicht nur lange, bis sie beschlossen und durchgeführt sind, sondern sie wirken auch langfristig, über Generationen. Einfacher gesagt: Was wir heute nicht bewältigen, schadet uns ungefähr für die nächsten 50 Jahre.

Vor kurzer Zeit hat mich jemand auf ein Zitat von Foucault aufmerksam gemacht: „Jahrtausende ist der Mensch geblieben, was er für Aristoteles war: ein Lebewesen, das auch einer politischen Existenz fähig ist. Der moderne Mensch aber ist ein Lebewesen, in dessen Politik sein Leben als Lebewesen auf dem Spiel steht." Ich möchte mich auf wenige Gesichtspunkte der Bildungspolitik konzentrieren. Zuallererst haben wir im Bildungsbereich versäumt, uns an die gegenwärtige Lebenssituation anzupassen. Die deutlichen Veränderungen der Familienstrukturen bestimmen heute unsere Schulwelt immer mehr. Das war in meiner Generation bereits absehbar, nur gab es die Überzeugung, dass man sich an die alte Familienform halten sollte bzw. sie wieder herstellen könnte.

Ein zweiter Punkt: Es ist keine soziale Diskriminierung, Auswahlkriterien festzulegen sowohl für die Eintrittsphase als auch für die Durchlässigkeit in allen Bildungsebenen. Ein weiteres kritisches Kapitel ist zweifellos die Begabtenförderung. Das Wort „Begabte" hat in Österreich einen Beigeschmack erhalten, der unterstellt, einseitig Kinder aus reichen Elternhäusern zu fördern. Fakt ist: Wir haben die Nutzung aller Begabungen in unserem Land sträflich vernachlässigt, wobei der Umgang mit den Immigranten hier noch verschärfend wirkt. Ich erlebe immer wieder, dass Zuwanderer und Kinder aus

Zuwandererfamilien Begabungen haben, die wir nicht nutzen, wir haben auch keine geeigneten Programme, um sie zu entwickeln, was uns noch teuer zu stehen kommen könnte. Es beginnt schon damit, dass nie eine ernstzunehmende Integrationspolitik entwickelt wurde – Integrationspolitik permanent nur als Kampf gegen die Kriminalität zu definieren, greift entschieden zu kurz.

Die Europäisierung bzw. Globalisierung unserer Welt ist nicht erst jetzt passiert, sondern ist bereits lange vor Österreichs Beitritt zur Europäischen Union erkennbar gewesen. Hier konstatiere ich eines der großen Versäumnisse der Vergangenheit, weil es uns nicht gelungen ist, neben dem Angebot an Mobilitätsprogrammen der Europäischen Union (ERASMUS, SOKRATES, LINGUA, TEMPUS etc.) selbst zusätzliche Elemente zu entwickeln. Einzig und allein der Fall des Eisernen Vorhangs hat dazu geführt, dass wir eine Reihe von bilateralen Einrichtungen geschaffen haben, die uns, aber auch den Nachbarstaaten zusätzliche Möglichkeiten gebracht haben (Österreich-Aktionen, Österreich-Bibliotheken etc.). Ein größerer Wurf ist nicht nur nicht gelungen, sondern nie probiert worden. Es wäre dringend notwendig gewesen, nach 1989 österreichische Schulen in den Nachbarländern zu errichten, weil die wenigen, die errichtet wurden (Prag, Budapest) eine ausgezeichnete Wirkung haben. Es gibt auch Schulen aus der Vergangenheit Österreichs (Istanbul, Guatemala) mit ebensolcher hervorragenden Wirkung, die allerdings dadurch diskriminiert werden, dass sie immer als Schulen für die Reichen aufgefasst werden. Dass damit aber ein kulturpolitisches Programm und eine internationale und europäische Verpflichtung Österreichs wahrgenommen würde, ist in der Diskussion nie thematisiert worden.

Die Sehnsucht der jungen Generation nach „Wanderung" war 1989, als ich Wissenschaftsminister wurde, noch gering. Damals sind ein Prozent der österreichischen StudentInnen ins Ausland gegangen, heute sind es 30 Prozent. Die europäische und internationale Vergleichbarkeit des Schulwesens zeigt uns heute unsere Mängel auf. Die dreigliedrige Studienarchitektur ist ein erster Schritt zu mehr europäischer Bewegung. Noch gibt es für Schüler nur vereinzelt Mobilitätsprogramme. Sie werden von den veranstaltenden Schulen ungeheuer gefeiert, obwohl sie eigentlich eine alltägliche Selbstverständlichkeit sein sollten. Österreich hat, als ein Ergebnis unserer Nachkriegsgeschichte (Besatzung, Neutralität und Randlage am Eisernen Vorhang), den Weg nach Europa relativ spät angetreten. Wir haben aber nichts dazu getan, um diesen Prozess zu dynamisieren. Er ist in der heutigen Öffentlichkeit noch weitgehend unverständlich.

Das eigentliche Versäumnis meiner Vergangenheit in der Bildungspolitik besteht allerdings darin, dass kein grundsätzliches Augenmerk auf die Bedeutung von Bildungstheorie und Bildungsforschung gelegt wurde. Es war bereits vor 30 Jahren absehbar, dass wir auf „flüchtige Zeiten" zugehen. Ein Nebenergebnis dieser Flüchtigkeit ist wohl die Tatsache, dass die Zusammenschau verschwindet. Wir haben Methodenvielfalt, kreatives Methodendesign, eine Veränderung der Sprache (Forschungssprache ist Englisch), die uns eine notwendige internationale Verbindung und Vernetzung ermöglicht, die Gesamtschau des Themas Bildung ist aber unterblieben. Vielfach wurde die Auffächerung des Bildungssystems als „Verlust der Mitte" bezeichnet, was auch wieder in die falsche Richtung ideologisiert wurde. Humanistisches Bildungswissen wird als verstaubt dargestellt, die „Theoria" als Zusammenschau ist verschwunden. Die Vielfältigkeit unserer Zeit verlangt einen neuen Zugang zu einer Art Zusammenschau, gerade aus dem europäischen und internationalen Aspekt heraus.

Faszination der Bildungspolitik

Es ist ungeheuer ärgerlich, dass vor allem in der Wahlwerbung jeweils die Bedeutung der Bildung unterstrichen wird. Man sollte einmal nicht nur die Ankündigungen hinsichtlich der versprochenen Budgetmittel summieren, sondern diese auch den Maßnahmen und Fakten gegenüberstellen. Das gilt in Österreich, aber auch in anderen europäischen Ländern. Ich halte es für eine Schwäche der politischen Wissenschaften, dass diese fundamentale Auseinandersetzung – jedenfalls in Österreich – nie geführt wurde. In Wirklichkeit bewegen wir uns in eine andere Richtung. Rein formal gibt es lächerliche Diskussionen, etwa, ob der Wissenschaft ein eigenes Ministerium gewidmet werden soll, aus Machtgründen werden Schule, Universität und Forschung getrennt und über die politische Landschaft verteilt, aber es gibt herzlich wenig Indikatoren, die die Ergebnisse bewerten. Das wirklich Positive an den PISA-Ergebnissen ist die Tatsache, dass wir von Zeit zu Zeit daran erinnert werden, wo wir stehen, wenngleich die Problematik der verschiedenen Zahlenwerke durchaus zu beachten ist. Es gibt Wirtschaftspolitik, Gesundheitspolitik, Sozialpolitik, Umweltpolitik etc., der Typus des Bildungspolitikers hat sich aber nie richtig entwickelt.

Als ich meine berufliche Tätigkeit im Parlament begann, war das Unterrichtskapitel in der jeweiligen Budgetdiskussion der Moment, in dem die Lehrer unter den Abgeordneten dominierten. Spottworte wie „Es wird immer leerer und Lehrer", kennzeichneten die Geringschätzung dieses Themas. Heute sind die Lehrer in der Politik weitgehend ausgestorben oder haben sich in einem beachtlichen Ausmaß auf Bürgermeisterämter zurückgezogen. Natürlich gibt es die Lehrergewerkschaft, die sich mit der Bildungspolitik aus ihrer Interessenlage heraus auseinandersetzt, aber das ist nicht der einzige Aspekt, unter dem Bildung zu sehen ist. Zugegeben, Veränderungen in diesem Bereich brauchen immer Zeit, bis sie richtig merkbar sind, denn die Schulpflicht dauert nun einmal neun Jahre, Studien brauchen eine Weile, bis sie ihre Pläne entwickelt haben etc. Das allerdings wäre ein Grund, sich mehr damit auseinanderzusetzen und auch mehr von der Öffentlichkeit zu verlangen.

Nach Jahrzehnten einer umfassenden Tätigkeit in der Politik, in einschlägigen Organisationen und Einrichtungen und nicht zuletzt durch meine „Wanderprediger"-Tätigkeit bin ich bei allem Optimismus doch einigermaßen betroffen, dass wir uns so schwer tun, alle unsere Einrichtungen im öffentlichen und privaten Bereich an die Wirklichkeit heranzuführen. Als Generalsekretär des Wirtschaftsbundes hatte ich Gelegenheit, für die duale Berufsausbildung zu kämpfen. Dieses österreichische System von Schule und Lehre im Beruf ist eine eigenständige Entwicklung, die in anderen Ländern große Anerkennung genießt. Ich war damit beschäftigt, Angriffe dagegen abzuwehren, weil man unter anderem die praktische berufliche Erfahrung aus den Unternehmen in Zentralwerkstätten konzentrieren oder sie gar abschaffen wollte. Interessant dabei ist, dass wir Ländern im Transformationszustand gerade dieses System als erfolgversprechend verkaufen, um eine Verbesserung der wirtschaftlichen Lage zu erreichen. In Wahrheit hat die duale Berufsausbildung die praktische Qualität, nicht vom Leben weg, sondern in die Wirklichkeit hineinzuführen. Hier schließt sich der Kreis: Nicht für die Schule, sondern für das Leben lernen wir!

Religion kommt von „religare", sich binden

Meine religiöse Erziehung im Elternhaus war weder übertrieben noch demonstrativ. Es war eine Form des kulturellen Christentums unter Beachtung bestimmter Regeln, wobei mein Vater, der Protestant, diese liberaler verstand als meine Mutter, die Katholikin. Sie war stark geprägt von jenem Volkskirchentum, das sich damals schon mehr oder weniger verabschiedet hatte. Ich erinnere mich an die Fastenregeln, etwa in der Karwoche, als bis Karsamstag-Mittag jeglicher Fleischverzehr verboten und man außerdem überzeugt war, dass am Gründonnerstag Spinat gegessen werden müsse, weil man offensichtlich „grün" damit gleichsetzte, wobei das Wort ja eigentlich von „greinen" – weinen – kommt. Das Kirchenjahr beeinflusste auch das Familienleben, denn zu den sogenannten „heiligen Zeiten" waren die Familienmitglieder im weiteren Sinn immer irgendwo eingeladen. Als Kind habe ich am Seelsorgeunterricht in meiner Pfarre teilgenommen, der sich sehr bald bei einem jungen Kaplan zur „Katholischen Jungschar" wandelte.

Was war das: Katholische Jungschar, Katholische Jugend und Katholische Mittelschuljugend oder gar Katholische Aktion? All das war aus dem Wandel der Pastoral (Seelsorge) schrittweise in der Ersten Republik, dann aber vor allem während der Nazizeit entstanden. Die Jugendbewegung, die in einer Art Protestbewegung vor dem Ersten Weltkrieg entstanden war, hatte auch christliche Formen, die sich in Österreich mit einem starken Einfluss auf den jungen Klerus niederschlugen. Das war auch eine Art Protestbewegung gegen die Prälatenkirche der Habsburgermonarchie, genauso wie die christlich-soziale Partei in ihren Ursprüngen ein Protest gegen das Verkennen der sozialen Frage des Industriezeitalters durch die Kirche war. Der Hintergrund war die berühmte Enzyklika „Rerum Novarum" von Papst Leo XIII., die natürlich einige Zeit brauchte, um wenigstens durch einige katholische Lande Europas zu gehen. Gleichzeitig aber hat man offensichtlich erkannt, dass längst große Teile der Bürgerinnen und Bürger – nicht nur die Arbeiter – mit der Kirche nichts mehr zu tun haben wollten. Auch um in der neu entstehenden, quasi demokratischen Öffentlichkeit eine Stimme zu haben, wurden einige Entwicklungen eingeleitet, wie etwa die Schaffung der katholischen Pressvereine, die ein beachtliches Zeitungswesen auch in Österreich hervorbrachten, von dem heute als Erinnerung in erster Linie noch die „Styria" übrig ist, längst nicht mehr in direkter Verbindung mit der Kirche. Dazu gehörten das katholische Schulwesen und die Katholikentage, die natürlich in das Muster der Massenbewegungen passten, wie sie die politischen Bewegungen links und rechts in der ersten Hälfte des 20. Jahrhunderts besonders pflegten. Es ist vielleicht eine Eigenart der katholischen Kirche in Österreich gewesen, die Pastoral, also die Bemühung um den Menschen durch die Kirche, in neue Formen zu kleiden, wobei die Figur des Prälaten Karl Rudolf als Leiter des Seelsorgeamtes in Wien in der Nazizeit eine ganz entscheidende Rolle in der Neugestaltung der Pfarren, deren Gemeinden und Seelsorge spielte. Die Katholische Aktion ist bereits vor dem Zweiten Weltkrieg entstanden, hat aber ihre volle Wirksamkeit erst nach 1945 entfaltet. Daraus entwickelte sich eine Rivalität zwischen dieser neuen Form von Organisation, die sich unter das Primat der Bischöfe stellte, und den immer noch reichlich vorhandenen katholischen Verbänden. Dieser Konflikt ist allerdings durch die Zeit und vor allem durch das Zweite Vatikanum überholt worden, das die Verfasstheit der Kirche in Richtung der „Gemeinde" verstand, also als Gemeinschaft der Gläubigen, die sich in sich organisiert und auch demokratische Formen wählt.

Funktionen in kirchlichen Organisationen

Ich bin mitten in diese Entwicklungen geraten und war daher nicht nur, alten Beispielen folgend, Ministrant und Oberministrant in der Pfarre und im Dekanat, sondern auch in die Gestaltung dieser Bewegung involviert, die auf mein Denken einen großen Einfluss hatte. Zuerst waren es Formen, die immer noch sehr stark von der Jugendbewegung geprägt waren, wie man an Fackelzügen, Fahnen und Liedgut feststellen konnte. Das hatte auch emotionale Komponenten, die in unserer heutigen Zeit längst verlorengegangen sind. Ich erinnere mich daran, wie wir bei einer solchen Veranstaltung ein Lied gesungen haben, dessen Beginn lautete: „Wir sind deine Jugend, uns rufet der Wald, die Sonne am Morgen und das ferne seltsame Klingen ..." Das war klassische romantische Jugendbewegung ... Ein Freund, der neben mir marschierte, beendete die Stimmung schlagartig, indem er mir die Frage stelle: „Hat dich der Wald schon einmal gerufen?"

Neben persönlichen Erlebnissen war es jedoch die Zeit, die andere Fragestellungen mit sich brachte. Rückblickend muss ich sagen, dass es offensichtlich die Vorbereitung des Zweiten Vatikanischen Konzils war, die sich hier abzeichnete. Vorbereitung ist vielleicht ein falscher Ausdruck, denn das Konzil hat die Kirche eigentlich in die Gegenwart hereingeholt, was Papst Johannes XXIII. mit dem Ausdruck „Aggiornamento" bleibend beschrieben hat.

So bin ich in unterschiedlichen Funktionen mitgewachsen, als Jungscharführer mit einer roten Pfeiferlschnur an der Schulter, als Gruppenführer der Katholischen Mittelschuljugend in meiner Pfarre, als Leiter einer Aktivistenrunde an meiner Schule und dann schließlich in einer Fülle von Funktionen, die zum Teil aus heutiger Sicht abenteuerliche Titel hatten: Ich gestehe, dass ich zwei Jahre „Zentralsekretär" und dann weitere vier Jahre „Zentralführer" der Katholischen Mittelschuljugend, später der Katholischen Studierenden Jugend gewesen bin – eine Titelwelt, die heute lächerlich anmutet. Um den Bogen zu schließen: Ich war auch Bundessekretär der Katholischen Jugend, später Generalsekretär des Katholischen Akademikerverbandes Österreichs und einiges mehr. Es waren interessante Aufgabenstellungen, die mich eigentlich das Handwerk für mein späteres politisches Leben gelehrt haben, plus ein beachtliches Ausmaß von Inhalten, von denen ich heute noch zehre.

Die wirklich faszinierende Entwicklung war der konziliare Prozess, wobei es mir geschenkt war, bei der Eröffnung des Zweiten Vatikanischen Konzils in Rom dabei sein zu dürfen, ganz am Rande, aber doch auch ergriffen von dem Geschehen. Am Vortag dieses Ereignisses habe ich in Florenz noch eine Prozession rund um den Dom erlebt, wo die alten kirchlichen Formationen sämtlicher Ordensgemeinschaften, Oratorien und Ähnliches in bunter Reihenfolge vorüberzogen, aber doch signalisierten, dass sie mehrheitlich längst Kirchengeschichte waren. In der Folge habe ich an der Wiener Diözesansynode, am Österreichischen Synodalen Vorgang (ÖSV) und an allen möglichen Gremien teilgenommen, wobei mir davon noch in Erinnerung ist, dass ich einer der Antragsteller war, die in der praktischen Kirchenverfassung der Erzdiözese Wien Wahlen in den Pfarrgemeinden verankern wollten. Heute sind sie selbstverständlich, damals war es ein unendlich heißes Eisen …

Zentrales bewirkte der Katholikentag 1962 in Salzburg. Er stand unter dem Thema „Löscht den Geist nicht aus", war geprägt von einer beeindruckenden Rede des großen Theologen Karl Rahner, wobei die Auseinandersetzung mit der Bildungsgesellschaft der eigentliche Hintergrund war. Wir haben das, was der Autor dieses Begriffes, Georg Picht, gemeint hat, gründlich missverstanden, aber unsere Interpretation war eigentlich für die heutige Entwicklung zweckdienlicher, weil auf die Gestaltung der Welt durch Bildung ausgerichtet.

In der Katholischen Mittelschuljugend wurde die kritische Auseinandersetzung mit den Fragen der Zeit in mir und mit vielen Freunden ausgebaut. Es war von der „Weltverantwortung des Christen" die Rede, die viele auch aus meiner Generation wahrgenommen haben. Es ist ein großer Unterschied dieser Form der katholischen Organisation zum CV und MKV, dass es nicht die bleibenden Bindungen wie die Einrichtung der „Alten Herren" gibt, sondern es eher die geistige Verbindung war, von der ich auch heute noch zehre, wenn ich Menschen erlebe, die an diesem Prozess in der damaligen Zeit genauso teilgenommen haben wie ich. Im Übrigen sei bemerkt, dass diese Form christlichen Engagements der Politik viele Akteure beschert hat. Es handelte sich nicht um Postenschieberei, sondern um das Bewusstsein, Verantwortung übernehmen zu sollen. Ich befürchte, dass es diese Art der geistigen Prägung, die hin zu praktischem Engagement führt, heute weniger denn je gibt, sonst gäbe es eine stärkere Stimme von Christen in der Politik.

Meinem Urteil nach ist heute eigentlich nur die Caritas als Organ der Kirche in der Öffentlichkeit übriggeblieben, die sich laut und deutlich, manchmal aber auch missverständlich, äußert. Sie ist wichtig für das soziale Engagement der Menschen, Hilfe zu leisten, wo Not herrscht, die Stimme zu erheben, wo Menschlichkeit in der jeweiligen Situation in Frage gestellt ist, und natürlich in ihrem globalen Engagement. Manchmal ist sie meinem Urteil nach zu tagespolitisch und durchaus von zeitgeistigen Kommentaren befallen.

Kardinal Dr. Franz König

Die prägenden Figuren dieser Zeit waren eine Reihe von Geistlichen wie der jahrzehntelange Hochschulseelsorger Monsignore Dr. Karl Strobl, der Akademikerseelsorger Monsignore Otto Mauer, der Pastoraltheologe Prof. Ferdinand Klostermann, vor allem aber Kardinal Dr. Franz König. Auch er kam aus dem Bund Neuland. Die entscheidende Prägung hat er in der Nazizeit erfahren, in der er die Form der Gemeindekirche in Krems und St. Pölten praktizierte. Ihm ist aus der Sicht der Politik eine entscheidende Wandlung zu verdanken, nämlich die sichtbare Offenheit für alle politischen Strömungen und letztlich die vernünftige Klärung des Verhältnisses zur Sozialdemokratie und zur Gewerkschaft in Österreich. Das hat ihm viel Kritik und Häme als „roter" Kardinal eingetragen, der er in Wirklichkeit nicht war. Dieser Kritik gegenüber besonders empfindlich, war er dankbar, wenn man ihn in Schutz nahm. Ich erinnere mich, dass es heftige Kommentare gab, als sich Bürgermeister Leopold Gratz zu der Zeit, als ich Vizebürgermeister in Wien war, entschloss, mit mir an der Fronleichnamsprozession von St. Stephan teilzunehmen. Meine

Reaktion auf den Aufschrei einer Reihe von „Schwarzen" war: „Es können nicht genug Sozialisten hinter dem Himmel einhergehen!" Ich werde nie vergessen, dass der Kardinal mich um 23:00 Uhr anrief, um sich bei mir für diese Stellungnahme zu bedanken. Kardinal König gilt heute als der große Repräsentant einer freien und offenen Auffassung von Kirche, innerkirchlich aber war er durchaus einer, der versuchte, die Zügel fest in der Hand zu halten. Ich erinnere mich, dass ich auf seinen Wunsch hin die Redakteurin unserer Zeitschrift der Katholischen Mittelschuljugend wegen eines Artikels, der eine gewisse sexuelle Freizügigkeit verriet, die einem heute lächerlich vorkäme, aus dem Amt entfernen musste …

Die große Rolle von Kardinal König bestand in seinem Engagement auf der anderen Seite des Eisernen Vorhangs. Das Erzbischöfliche Palais in Wien war eine Schaltstelle der Kontakte, die sich nicht nur in der Befreiung des von den ungarischen Kommunisten verurteilten József Kardinal Mindszenty aus seiner Gefangenschaft in der amerikanischen Botschaft in Budapest oder das Freikommen des Metropoliten der griechisch-katholischen Kirche in der Ukraine, Kardinal Jossyf Slipyj, zeigte. Es war folgerichtig, dass König auch nicht unschuldig an der Wahl von Karol Józef Wojtyła zum Papst war. Bis zu seinem Lebensende blieb er ein genauer Beobachter der mitteleuropäischen Szene, der meine Bemühungen auf der anderen Seite des Eisernen Vorhangs vor und nach 1989 intensiv begleitete. Eine Bemerkung seines Jugendfreundes Dr. Otto Schulmeister, des langjährigen Chefredakteurs der „Presse", werde ich allerdings nie vergessen: Er meinte einmal, dass König nicht genau wisse, woran er glaube, weil er eben ausgewiesener Religionswissenschaftler sei. Mag sein, dass die vergleichenden Studien der Formen von Religion eine solche Einstellung vermittelt haben.

Parenthese: An dieser Stelle bekenne ich: Für mich persönlich ist der Glaube an Gott und Religion geboten. Ich glaube an eine Geborgenheit außerhalb meiner selbst und ich bin überzeugt davon, dass Menschen Bindungen benötigen, um leben zu können. Diese Bindungen können sehr trivial sein. Wie trivial auch immer sie sein mögen – die Suche nach ihnen drückt eine gemeinsame Sehnsucht aus: nicht einsam sein zu müssen. Das gilt vom Fußballfan – Rapid ist eine Religion, kann man hören – bis zum tief gläubigen Menschen. Diese Sehnsucht ist bedauerlicherweise ambivalent. Armeen, Terrororganisationen, Verbrecherbanden werden von einem Gemeinschaftsgefühl zusammengehalten. Dem halte ich meinen Glauben an die Kraft der Demokratie, an Kultur und Bildung entgegen, an Werte, die weder uns noch andere gefährden, die für mich aus dem Christentum kommen, sich auch in anderen Religionen finden, aber auch außerhalb jeder konfessionellen Bindung in sozialem Engagement oder in den Menschenrechten. Religare – sich verbinden mit – ist ein quasi religiöser Akt.

Schwieriger wird es für mich im Hinblick auf die verschiedenen kirchenorganisatorischen und kirchenrechtlichen Regelungen. Ich habe mich daher ab einem gewissen Zeitpunkt mit Überzeugung für die Aufhebung des Zölibats, für die Zulassung von Frauen wenigstens zum Diakonat sowie für die Kommunion für wiederverheiratete Geschiedene eingesetzt. Von einigen Stellen wurde mir daraufhin entgegengehalten, dass ich mich für Kirchenspaltung einsetze, wobei mir die Bemerkung gestattet sei, dass einige meiner Kollegen in öffentlichen Ämtern, egal von welcher Partei, oft Ansichten vertreten, die vermuten lassen, dass sie äußerst bescheidene theologische Kenntnisse besitzen. In meiner Jugendzeit galten etwa Repräsentanten der Freiheitlichen Partei Österreichs als unendlich kirchenfern und antiklerikal. Wenn ich heute Repräsentanten erlebe, die päpstlicher als der Papst sind, und ein FPÖ-Bundesobmann gar mit dem Kreuz in der Hand auftritt, gestatte ich mir erhebliche Zweifel an der Ehrlichkeit dieser Geste. Mir ist wichtig, dass auch jene, die nicht oder nicht mehr mit dem Christentum in Verbindung stehen, eine entsprechende Kenntnis eben dieses geistig-kulturellen Hintergrundes haben. Es gibt zwar nicht mehr das „katholische Österreich" alter Prägung, aber kulturell sind wir unendlich davon geprägt. Man kann mit Österreich, ja mit Europa nichts anfangen, wenn man nicht auch über Religionen und Kirchen Bescheid weiß. Dabei denke ich u.a. an Tadeusz Różewicz, polnischer Autor, vor kurzem verstorben, keiner Kirche nahe stehend, der einmal beim Besuch des Kunsthistorischen Museums in Wien bemerkte, dass man Europa und seine Kulturen nicht verstehen könne, wenn man die Bibel nicht kenne.

Österreichs Kirche nach Kardinal König

Einige Geschichten seien auch im Zusammenhang mit der Katholischen Kirche und ihrer inneren Organisation erzählt. Etwa jene um die Nachfolge von Kardinal König, wobei ich von diesem in meiner damaligen Funktion in der Politik aufgefordert wurde, nach Rom zu fahren und darauf zu drängen, dass eine entsprechend gute Auswahl an Kandidaten für seine Nachfolge vorgenommen werde. Kardinal König ging in seinen letzten Amtsjahren auf Distanz zu Rom, weil er offensichtlich vom Kurs von Johannes Paul II. abrückte. Es kann aber auch sein, dass die Nuntien seiner Zeit ein eigenes Spiel gegen ihn spielten. Ich habe daher auch den damaligen Nuntius besucht, um darauf Einfluss zu nehmen, dass der bedeutende Bischofssitz von Wien auch entsprechend besetzt werde. Der damalige Amtsinhaber erklärte mir jedoch, dass man nach König einen einfachen Pfarrer oder Ordensmann brauche, der quasi die Kirche wieder zurechtrücke.

Das Schicksal wollte es, dass ich am Mittagstisch von Kardinal König saß, als die Meldung kam, dass Hans Hermann Groër zum Erzbischof ernannt worden sei. In einer ersten unmittelbaren Reaktion sagte der Kardinal: „Der wird es nicht annehmen!" Meine forschende Nachfrage erhielt keine Antwort. In späteren Jahren habe ich diese Frage wieder an König gerichtet, worauf er mir mitteilte, dass man die – euphemistisch gesagt – problematischen Ereignisse und Haltungen im Hinblick auf den Umgang mit Jugendlichen genau gewusst und daher damit gerechnet habe, dass Hans Hermann Groër von sich aus ablehnen würde. Meine Gegenfrage war: „Warum, Eminenz, haben Sie das nicht in Rom gesagt?" Zu meinem Erstaunen erhielt ich eine kirchenrechtliche Antwort: „Das ist die Sache seines Oberen." Das war der Abt von Göttweig, weil Groër ja Benediktiner war. Auf meine Frage, ob der Abt das gemacht habe, erhielt ich eine ebenso klare Antwort: „Nein."

Das Schicksal wollte es, dass ich schon vorher mit der Nachfolge von Kardinal König zu tun gehabt hatte. Der Kapitelvikar in der Sedisvakanz, Weihbischof Dr. Helmut Krätzl, hatte mich gebeten, anlässlich einer Teilnahme an den berühmten Castel-Gandolfo-Gesprächen, die das Institut für die Wissenschaften vom Menschen jeweils an heißen Augusttagen alle zwei Jahre in der päpstlichen Sommerresidenz unternahm, mit dem Papst darüber zu reden, dass die Entscheidung bald erfolgen sollte. Ich tat das auch, nahm Kardinal König in einer Gesprächspause dieser interessanten Auseinandersetzungen am Ärmel und ging mit ihm zum Papst. Die Antwort des Papstes auf die von mir vorgebrachte Notwendigkeit einer baldigen Besetzung war klar: Wien ist ein wichtiger Bischofssitz! Mit Blick auf König fügte der Papst allerdings hinzu: „Kardinal König soll endlich sagen, wen er will!" Auf dem Rückflug nach Wien habe ich den Kardinal gefragt, warum er das nicht tue. Seine Antwort lautete: „Ich will nicht Schicksal spielen." Ich habe in den Jahren darauf ein wenig ironisch und wahrscheinlich auch ein bisschen verletzend zu Kardinal König gesagt, dass er deswegen so lange leben müsse, weil er diese Unterlassung zu büßen habe. König wurde nämlich auch weiterhin von unendlich vielen kirchlichen und öffentlichen Einrichtungen eingeladen, weil man zu ihm nach wie vor großes Vertrauen hatte. Es gab sogar den für Groër wenig schmeichelhaften Spruch, wenn es hieß, dass der Kardinal komme: „Wer? Der neue oder der wirkliche?"

Diese Entwicklung hat mich nicht kalt gelassen, denn die Besetzungen der Bischofssitze zu meiner Zeit waren mehrheitlich – freundlich gesagt – nicht sehr glücklich. Als ein aus der Katholischen Hochschulgemeinde Hervorgegangener wurde ich auch von dem mit der Studentenseelsorge beauftragten Wiener Weihbischof Kurt Krenn immer wieder kontaktiert, ob ich denn mit Freunden gemeinsam Widerstand leisten würde, wenn er die Katholische Hochschulgemeinde auflöse. Er wollte das, weil er ganz andere Vorstellungen hatte und versuchte, diese mit einiger List durchzusetzen. Das hat den Weihbischof allerdings nicht gehindert, mir auch einige Angebote zu machen. Zum Beispiel: Ich solle das vertreten, was er meine, dann würde er von den Kanzeln für die Wiener Volkspartei predigen lassen. Meine etwas ironische Antwort war, dass die Wiener ÖVP zu dieser Zeit mehr Wähler hatte, als Krenn von den Kanzeln der Stadt hätte erreichen können.

Kritisch wurde es, als die Nachbesetzung der Diözese St. Pölten anstand. Ich wurde von vielen Freunden aufgefordert – und wollte es auch überzeugend tun –, den Akt im Ministerrat zu beeinspruchen. Formal war es Sache des Außenministeriums, weil das Konkordat einen Staatsvertrag darstellt. Als der Tagesordnungspunkt auftauchte, sagte ich offen, dass ich dagegen stimmen werde, wodurch die Ernennung gefallen wäre. Zu meinem Entsetzen setzte mich mein damaliger Bundesparteiobmann und Außenminister Dr. Alois Mock davon in Kenntnis, dass er der Nuntiatur bereits mitgeteilt habe, dass Österreich zustimme. Das war verfassungswidrig, weil noch kein Ministerratsbeschluss vorlag. Mock wurde sichtlich nervös, er war auch schon von den Belastungen seiner Krankheit gezeichnet und flehte mich unter vier Augen fast unter Tränen an, diesen Einspruch nicht durchzuführen, weil er durch seine voreilige Zustimmung, die offensichtlich formal schon in die Wege geleitet war, blamiert gewesen wäre. Mein Einwand, dass auch ich zu meiner Haltung zu stehen hätte, wurde nicht akzeptiert, sondern damit ergänzt, dass es sich bei St. Pölten ja um seine Heimatdiözese handle und er dort besonders schlecht dastünde. Es muss offensichtlich bereits eine Übereinstimmung mit Bundeskanzler Vranitzky gegeben haben. Später habe ich den Vorschlag unterbreitet, auf dieses Einspruchsrecht des Konkordats seitens der Republik Österreich zu verzichten. Das wollte Vranitzky nicht, die Begründung dafür ist er mir schuldig geblieben …

Die Entwicklung der katholischen Kirche in Österreich, die von einigen Gruppen in einer etwas eigenartigen fundamentalistischen Weise beeinflusst wurde, hat mich persönlich sehr belastet. Es führte auch dazu, dass ich eine Reihe von Einrichtungen verlassen habe, denen ich früher verbunden war. Im geistigen Erbe von Monsignore Otto Mauer zu Hause, war ich Vorstandsmitglied der Otto-Mauer-Stiftung, die sein Freund Prälat Karl Strobl unter kirchlicher Mitwirkung errichtet hatte und die durch den Aufkauf der legendären Kunstsammlung von Otto Mauer zustande kam. Ich war dort im Vorstand und in den Organen des Otto-Mauer-Preises vertreten, der auch heute noch vergeben wird und der Förderung der modernen Kunst dient. Die Linie von Christoph Kardinal Schönborn war nicht die meine, weil er besonders am Beginn versuchte, entweder aus eigener Überzeugung oder unter dem Druck mancher Gruppen, auf diese Einrichtungen Einfluss zu nehmen. So erreichte uns z. B. die Mitteilung, dass nur Künstler prämiert werden sollten, die nicht abstrakt malten. Abgesehen davon, dass das bei der künstlerischen Linie von Otto Mauer geradezu ein Schlag in das Gesicht des Namensgebers gewesen wäre, habe ich das auch für eine unzulässige Einmischung gehalten. Ich bin daher aus diesen Gremien ausgeschieden, genauso wie auch aus dem Stiftungsfonds „Pro Oriente", der eine richtungsweisende Gründung von Kardinal König war und vor allem in einem frühen Stadium dem Gespräch mit der Orthodoxie und den vorchalzedonensischen Kirchen gegolten hat.

Als diese Stiftung geschaffen wurde, konnte wahrscheinlich kaum jemand mit dem Begriff „vorchalzedonensisch" etwas anfangen. Gemeint war das Konzil in Chalzedon 451 – eine Kirchenspaltung, wobei gerade heute infolge der Ereignisse im Nahen Osten diese Kirchen in ihrer Bedrängnis wieder in den Vordergrund rücken. Niemand konnte das Schicksal der Kopten, der Syrisch-Orthodoxen, der Chaldäer, der Melkiten und anderer uralter christlicher Kirchen voraussehen – bedrängt sind sie ungeheuer, wobei das einstmals christliche Abendland Europa bislang herzlich wenig zum Schutz dieses konfessionellen und kulturellen Reichtums getan hat. Im Hinblick auf die Stiftung „Pro Oriente" möchte ich auch die Anmerkung machen, dass es etwa der österreichischen Regierung und der Kultusverwaltung sehr anstünde, sich hier zu engagieren. Viele dieser christlichen Denominationen sind früher unter dem Schutz des Kaisers gestanden und haben auch beachtliche Kenntnisse des Nahen Ostens nach Wien gebracht. (Die Österreichische National- bibliothek ist nach wie vor eine Dokumentationsstelle dieser kultu- rellen Schätze.) Früher waren ehemalige Regierungsmitglieder wie Heinrich Drimmel, Theodor Piffl-Perčević, Bundespräsident Rudolf Kirchschläger Vorsitzende von „Pro Oriente" und damit respektier- te Repräsentanten dieser Einrichtung. Heute täte man sich schwer, Persönlichkeiten gleichen Zuschnitts und christlicher Orientierung zu finden. Die Kenntnis dieses Bereiches der Kultur- und Religions- geschichte ist bescheiden geworden.

Mit diesen Bemerkungen geht es mir gar nicht darum, die schon lange Zeit übliche Form der Bischofskritik zu wählen. Angesichts der gro- ßen Zerrissenheit in der katholischen Kirche ist das Bischofsamt ge- wiss ein schwieriges. Es ist interessant zu beobachten, dass die Kirche als Gemeinde – Gemeinschaft im Glauben – mehr oder weniger nur in den Pfarren existiert, und da oft hermetisch abgeschlossen, wobei die Zahl derer, die hier zusammenfinden, meistens davon abhängt, ob es wirklich engagierte Gemeindemitglieder und, wenn noch vorhanden, Priester gibt. Längst gehört die Befindlichkeit etwa einer „Kirche von Österreich" oder „Kirche von Wien" der Vergangenheit an, öffentliche Manifestationen sind selten geworden und es gehört zum guten Ton, antiklerikale Bemerkungen von sich zu geben, wobei man dabei ver- kennt, welch große Bedeutung selbst die schwache Kirche von heute in ihrer Bindungskraft und ihrem sozialen Engagement immer noch hat und eigentlich durch nichts zu ersetzen ist.

Wir gehen auf eine große Fragestellung zu, die sich aus der Zunahme der Muslime in Europa ergibt. Noch ist sie in Österreich nicht kritisch, was wahrscheinlich auch der aus 1912 stammenden Gesetzgebung der Monarchie hinsichtlich der Angehörigen des islami- schen Glaubensbekenntnisses zu verdanken ist, nämlich, dass es gere- gelte Rechtsverhältnisse für die Angehörigen dieser Glaubensgemein-

64

schaft gibt. Uns sind Auseinandersetzungen wie in Frankreich bislang erspart geblieben, wobei die Dynamik dieser Entwicklung nicht zu unterschätzen ist. Ich wurde mehrmals in der Öffentlichkeit von jungen Menschen angesprochen, die mir ungefragt mitgeteilt haben, dass sie zum Islam übergetreten sind, weil er einfach stärkere Überzeugungen vertritt und mehr Engagement verlangt. Noch sind Vorfälle, wie sie in London passiert sind, dass Terroranschläge nicht nur von Immigranten, sondern von „Ureinwohnern" verübt werden, bei uns nicht bekannt. In solchen Fällen ertönt natürlich gleich der Schrei nach Sicherheit und Polizei, nach Gesetzgebung und Verboten. Ich glaube, dass das Problem damit nicht zu lösen ist, sondern mehr eine Frage nach Werten, Überzeugungen und vor allem von Bindungen ist.

Ecclesia semper reformanda

Das Wort von der sich stets zu reformierenden Kirche hat mich ein Leben lang begleitet. Mein ganzer Lebensweg war nicht nur bei diesem Thema davon geprägt, der Veränderung, der Reform, das Wort zu reden. So wird auch das Bestehen der Politik in Zukunft stark davon abhängen, ob es Wertorientierungen und Bindungen gibt.

Das Verständnis von Politik war in meiner Jugend das Verständnis des Mariazeller Manifestes, jenes legendären Dokuments von 1952, das den Weg der österreichischen Kirche vor allem gegenüber der Politik stark geprägt hat und eine wesentliche Voraussetzung dafür gewesen ist, der Kirche das Gespräch und die Auseinandersetzung mit so gut wie allen politischen Positionen zu ermöglichen. Meine Freunde und mich bestimmte die Gedankenwelt des „Weltauftrags des Christen". Es war ein durchaus kritisches Verhältnis zur Politik, das letztlich aber auch dazu geführt hat, dass man sich die Frage stellte musste, ob man nicht aufgrund dieser Kritik die Aufgabe habe, doch zu versuchen, es besser zu machen.

Die Kirche hat sich reformiert, indem sie ihre Aufgabe darin sah, einen wichtigen Beitrag zu Staat und Gesellschaft zu leisten. Ich glaube, dass diese Position heute schwächer geworden ist, weil sich die Kirche ihrer Positionen selber nicht sicher ist. Die Kirche muss sich einfach einmischen, wenn es um prinzipielle Fragen des Lebens geht. Ich folge hier der Vorstellung von Max Frisch, der einmal gesagt hat: „Bürger sein heißt, sich in seine eigenen Angelegenheiten einzumischen." Die Kirche muss das tun, wenn die Politik zentrale Fragen des Lebens vernachlässigt, die wesentlich in ihren Bereich fallen, wie etwa soziale Fragen, die Zehn Gebote etc. Ein guter Teil unserer Gesetze baut schließlich auf dem Gerüst der Zehn Gebote auf. Vorbedingung dieser Reform wäre allerdings, dass die Kirche in der Lage ist, ihre Position deutlich zu artikulieren. Das tut sie nicht ausreichend.

Für die Politik in Österreich spielt die Kirche in einer bestimmten Dimension eine ganz eigenartige Rolle. Wir sind ein Land, das sehr vom Barock bestimmt ist, das bedeutet, dass das Sichzeigen jedweder Macht von entscheidender Bedeutung ist. Prozessionen spielen heute eine geringere Rolle, es gibt aber immer noch das, was ich gerne „Staatsliturgie" nenne. Es gibt Anlässe, zu denen die Bundesregierung in der Stephanskirche antritt und in der ersten Reihe sitzt. Das Glaubensbekenntnis spielt hier oft keine Rolle, was man schon daran sehen kann, dass manche sehr unsicher wirken. Bundespräsident Kirchschläger hatte hier lange Zeit eine Orientierungsfunktion, nämlich zu wissen, wann man stehen und wann man knien muss. In der Folge habe ich diese Aufgabe für eine gewisse Zeit übernommen. In der Zeit des Bundespräsidenten Kirchschläger gab es sogar einen interessanten Rollentausch. Er hat zum Jahresabschluss quasi die Predigt gehalten, während Kardinal König die politische Ansprache vorbrachte. Ich halte das alles nicht für so schlecht, denn das Sichtbarmachen der Kirche in einem Staatsverständnis hat schon seinen Sinn als Orientierungsfunktion. Ich werde nie vergessen, dass mir beim Begräbnis des Bundespräsidenten Adolf Schärf, der ein Agnostiker war, ein hoher Sozialdemokrat erklärte, dass ihm irgendetwas gefehlt habe, „so etwas Ähnliches wie ein Bischof". Kirchenreformatorisch wäre es notwendig, diese formale Funktion der Kirche deutlich mit einem Inhalt zu besetzen. Wir sind heute sicher nicht mehr das „katholische Österreich", aber die Kirche hatte und hat noch immer eine Identität stiftende Rolle für Österreich, denn sie war und ist im Guten wie im Schlechten am historischen Ergebnis beteiligt.

Sie wird daher in Zukunft rascher Position beziehen müssen, die Entwicklung der „civil society" und der Säkularisierung führen dazu. Ob wir wollen oder nicht, wird das Konkordat irgendwann diskutiert werden, die Diskussion über den Religionsunterricht und über die Stellung der Kirchen im Staat zeigt das deutlich. Kirche heute muss sich damit auseinandersetzen, dass wir in einer offenen Gesellschaft leben und sich letztlich die Frage stellen, welche bestimmenden Werte der Orientierung es noch gibt. Sie hat ganz entschieden einen Beitrag zur Wertfrage zu leisten. Bisher wurden besonders stark fundamentalistische Töne geäußert. Auch meinen manche Bischöfe und kirchliche Gruppen, dass das, was sie bei den Menschen nicht erreichen können, der Gesetzgeber zu dekretieren habe. Wahrscheinlich werden dabei auch wieder neue Bündnisse zwischen Altar und Politik angeboten werden, wobei die Reform darin bestehen müsste, dass nicht jede Partei ihren Bischof hat, sondern die Kirche eine klare Position in Wertfragen unserer Zeit einnimmt.

Gerade die Tendenz zur Beliebigkeit verlangt entschiedene Positionen, die sich vor allem mit dem Grundsätzlichen beschäftigen. Ich habe registriert, dass sich ein Bischof im Rahmen der Einführung des Euro Sorge um die Arbeitsplätze machte. Das ist Tagespolitik. In Wahrheit muss die Kirche tiefer gehen, nämlich die Frage stellen, ob es nicht sehr viel Arbeit in der Gesellschaft gibt, für die keine Arbeitsplätze vorgesehen sind. Ich denke an den Gesundheits- und Sozialbereich, an die Betreuung alter Menschen, wobei in der Gesellschaft die Entscheidung zu treffen ist, dass man auch dafür Geld reserviert. Für die Kirche liegt die Begründung auf der Hand: Es ist die Verantwortung für den Nächsten. Die Kirche muss sich dabei nicht über Krankenhausreform oder Sozialdienst den Kopf zerbrechen, sondern nur eine grundsätzliche Haltung der angewandten Nächstenliebe einfordern. Daher muss es ein Ziel einer Kirchenreform sein, soziale Verantwortung ins Gespräch zu bringen.

Das Zweite Vatikanum hat das Bild des „Volk Gottes auf Wanderschaft" geprägt. Da wir in einer Zeit der Veränderung leben, ist es eine Wanderschaft durch die Zeit, auf der wir uns befinden. Wird man auf einer Wanderschaft ohne Nächstenliebe und Solidarität auskommen? Es geht nicht darum, konkrete Positionen per Gesetz zu beziehen, sondern darum, Haltungen einzufordern, etwa auch in der Frage des Versorgungsstaates. Findet die Versorgung an den richtigen Punkten statt? Der frühere Wissenschaftsminister Hans Tuppy hat einmal das Wort geprägt, dass wir uns auf dem Weg vom Abendland zum Lebensabendland befinden – aufgrund der Bevölkerungsentwicklung eine sehr wahrscheinliche Feststellung. Es ist aber die Frage auch damit zu verbinden, welche Sinngebung wir dahinter finden. Ist das Alter dazu da, genussvoll quer durch die ganze Welt auf Reisen zu gehen, solange man noch beweglich ist, oder gibt es nicht in der Generationenabfolge eine Verantwortung der Generationen füreinander? Es darf gefragt werden, ob die Alten ihr Wissen weitergeben und die Jungen danach noch fragen. Es darf nach Bildung und Kulturverständnis gefragt werden, nach den „großen Erzählungen", die ja nicht nur von Mythologen und Philosophen, von Religionsstiftern und Schriftstellern weitergegeben werden, sondern auch von einer Generation zur anderen.

Es ist eine Antwort darauf zu geben, was Europa aufgrund der kulturellen Erfahrung bedeutet. Die Beiträge dazu sind eher bescheiden. Ich erinnere mich noch, dass angesichts des Beitrittes zur Europäischen Union behauptet wurde, die EU sei eine Form von Neopelagianismus, was zum Glück ohnehin niemand verstanden hat, während sich heute die polnische Kirche darin gefällt, Brüssel als den Ort der Freimaurerei und des Kirchenkampfes anzusehen. Die Ironie besteht darin, dass etwa der ehemalige EU-Kommissionspräsident Jacques Delors so katholisch ist, wie man nur sein kann. Die Entwicklungen in der Ökumene zeigen, dass die Unterschiede zwischen den Kirchen in Europa größer sind denn je. Dazu kommt noch, dass sich die diversen katholischen Kirchen im neuen Europa auch nicht besonders vertragen. Was die Polen über die Slowaken und Tschechen und die Kroaten wieder über die Serben sagen, kommt zwar nicht von kirchlicher Seite, kann aber nicht als christlich verstanden werden.

Dabei dämmert eine ganz andere Frage heran, nämlich die der Auseinandersetzung mit dem Islam, der immerhin eine monotheistische Religion ist. Kirchenreform bedeutet auch, den von Samuel Huntington angesagten Clash of Civilisations zu vermeiden. Bis jetzt sind die Zeichen nicht besonders kräftig, da sich die Kirche hier wenig engagiert, ja, nach 1989 ist das Engagement für die Dritte Welt sogar noch geringer geworden. Die Kirche muss daher der Europazentrierung entgegentreten, eine Vorstellung von der „Festung Europa" kann nie und nimmer einer katholischen, christlichen Kirche entsprechen.

Über Gott reden

Bei aller Bedeutung sind für mich die bisherigen Feststellungen doch nur marginale Bemerkungen. Ich komme zu einem Teil, dem letzten, der mir von ungeheurer Wichtigkeit ist. Kirchenreformen unserer heutigen Zeit müssten auch darin bestehen, dass sich die Kirche wieder in die Lage versetzt, über Gott zu reden. Ich bin vor einiger Zeit über ein Zitat von E. M. Cioran gestolpert, dem Sohn eines Agnostikers durch und durch: „Einstmals stürzte man sich in das Abenteuer Gott, doch jetzt, statt des unerschöpflichen Nichts, das er war, ist er – zur großen Verzweiflung der Mystiker und Atheisten – nur noch ein Problem." Darin ist eine große reformatorische Aufgabe der Kirche angesprochen, nämlich wieder von Gott zu reden, ihn auch als Abenteuer des menschlichen Lebens begreiflich zu machen und nicht zu akzeptieren, dass die Gottesfrage beiseitegeschoben wird. Die Kirche spricht aber bei den Zehn Geboten in unterschiedlicher Intensität von vier bis zehn meistens über das sechste Gebot. Die ersten drei Gebote sind eigentlich nicht präsent. Ich mache mir manchmal das zweifelhafte Vergnügen, in Diskussionen zu fragen, was in den Geboten eins bis drei steht, und bin zu erschütternden Ergebnissen gekommen. Dabei liegt in ihnen der Ansatzpunkt des Glaubens – und er ist wenig präsent. Da kann die Kirche, da können die Christen nicht sagen, dass jemand anderer schuld ist. Da müssen wir uns selber die Frage stellen, wie wir mit dem Evangelium, mit der Botschaft der Schöpfungsgeschichte de facto umgegangen sind. Es wurde einmal gesagt, man könne von nichts anderem reden als von Gott oder sich selber – eine Herausforderung, die von der Kirche, von Christen verstanden werden muss. Wer über Gott reden will, muss über die Menschen sprechen, über ihre Nöte, Sehnsüchte, Hoffnungen, über den ganzen Kreis ihres Lebens.

Dazu gehört auch das Problem der Sprache, deren Rolle die Kirche heute verkennt. Zur Kirchenreform gehört eine Sprachreform. Die Kirche muss mit dem Müllproblem unserer Zeit umgehen, nämlich mit dem Wortmüll, dessen Entsorgung noch nicht geglückt ist. Die biblische Parabel vom Turmbau zu Babel besteht darin, dass man einander nicht mehr verstanden hat im Werk der Welt. Das Neue Testament bietet als Antwort das Pfingsterlebnis an, wo jeder den anderen in seiner Sprache reden hört und versteht. Wo vermittelt die Kirche dieses Gefühl und wie kann sie darstellen, dass sie wenigstens im Ansatz die Möglichkeit des Pfingsterlebnisses schafft? „Sage das Wort, sei es gelegen oder ungelegen", steht in der Bibel. Die Frage an die Kirche lautet daher: Tut sie das im entscheidenden Moment?

Letztlich muss die Sprache der Kirche das Ureigenste berühren, nämlich die Sprache des Heiligen. Ein Hauptproblem unserer Zeit ist, dass uns nichts mehr heilig ist. Eine Gesellschaft braucht aber Heiliges. Darunter ist nicht zu verstehen, dass etwas aus der Diskussion ausgenommen ist oder einen Heiligenschein erhält. Es gibt nun einmal Dinge, ohne die eine Gesellschaft nicht leben kann. Carlo Mongardini, Professor in Rom, hat das Bild entworfen, dass wir im Spannungsverhältnis zwischen Marktplatz und Tempel leben. Der Marktplatz ist voll, das Geschäft ist dort zu Hause. Marktschreierisch wird die Politik alle möglichen Lösungen anbieten und mehr noch, was einen jeden von uns selig machen kann und doch nicht zur Beseligung reicht. Die Frage aber lautet, was im Tempel ist, was dort gezeigt werden kann. Auf eine ganz eigentümliche Weise ist dieser Tempel leer. Wer es nicht glauben will, der denke daran, was wir vom Westen denen im Osten nach dem Zusammenbruch des Kommunismus gezeigt haben: Konsum, Geschäft, Pornografie und Drogen. Sieht so der Sieg der freien Welt aus? Einzig und allein die Idee der „civil society" war ein solches Angebot, von der Seite der Christen kam relativ wenig. Hölderlin hat das Problem des allmählichen Verstummens einmal in einer Ode formuliert: „Ein Zeichen sind wir, deutungslos/schmerzlos sind wir und haben fast/die Sprache in der Fremde verloren."

Wir haben die Frage nach der Sprache überhaupt nicht beantwortet, wir haben die Zeit nicht gefunden für die Sprache. Auch nicht für die Sprache des Glaubens. Das kann man nicht allein Papst Franziskus überlassen – er gibt Hoffnung, aber Kirche bedeutet Gemeinschaft.

Die erste Seligpreisung in der katholisch/evangelischen Einheitsübersetzung der deutschsprachigen Kirchen lautet „Selig, die arm sind vor Gott". Darin steckt ein sehr wichtiger Gedanke: Man soll demütig sein und sich nicht religiös aufpudeln vor Gott, und man soll ihm nicht mit theologischen Besserwissereien kommen, wie er eigentlich zu sein hätte.

Im Sinne Otto Mauers, so wie ich sein Vermächtnis verstehe, glaube ich, dass die Kirche und die Christen, aber auch die Intellektuellen und die Künstler dazu aufgerufen sind, sich selbst und der Gesellschaft immer wieder geistige Ansprüche zu stellen, sich nicht abzufinden mit der Geistlosigkeit unserer Zustände, sondern in aller Unbescheidenheit auf die geistige Dürftigkeit und Geistbedürftigkeit unserer Zeit und unserer Welt hinzuweisen. Vielleicht haben wir alle keine Antworten – und sind deshalb so bescheiden und anspruchslos geworden. Aber allein schon die ungeduldige Frage an den Wächter, wie lang denn die Nacht noch dauert, kann uns selber helfen, wach zu bleiben und wach zu werden und jenen Geist nicht auszulöschen, der unser einziges Licht ist.

Schöpfung und Kunst

Meinen Zugang zur Kunst verdanke ich Menschen, die mir vermittelten, Kunst als Ausdruck des Schöpferischen und der Schöpfung zu verstehen. Von Elternhaus und Schule war der Bezug zur Literatur stärker geprägt als zur bildenden Kunst. Erst durch Otto Mauer, der die Galerie nächst St. Stephan als erste Anlaufstelle für Moderne Kunst nach dem Zweiten Weltkrieg geschaffen hat, ist mir dieser Weg eröffnet worden. Für den Domprediger und Akademikerseelsorger, der etwa das französische „Informel" in den frühen Fünfzigerjahren nach Wien brachte, war es dieser Bezug, den er in faszinierenden, nicht immer verständlichen Referaten etwa bei Ausstellungseröffnungen seinem Publikum nahebrachte. Die Galerie selbst war ein interessantes Produkt aus seiner Tätigkeit für das Katholische Bildungswerk und seinem persönlichen Engagement. Sie war für ihn aber auch Anlass für Konflikte, als er zum Beispiel wegen einer Ausstellung gezwungen wurde, den ursprünglichen Namen „Galerie St. Stephan" über Veranlassung des damaligen Industriellenvereinigungspräsidenten Dr. Franz Josef Mayer-Gunthof zu ändern, weil in der Galerie ein tschechischer Künstler ausgestellt war, der Kaiser Franz Josef mit einer Arbeiterkappe zeigte. Mauer war trickreich genug, die Galerie dann eben „Nächst St. Stephan" zu nennen, was aufgrund der geografischen Lage in der Grünangergasse kaum zu bestreiten war.

Die etwas schräge Organisationssituation der Galerie ließ Otto Mauer Ausschau nach Hilfe halten. Die Galerie hatte, wie das manchmal besonders im kirchlichen Bereich üblich war, eine nicht abgesicherte Struktur, schon gar nicht steuerlich. Angesichts einer Steuerprüfung hat man auf diese Problematik hingewiesen, was dazu führte, die Galerie rechtlich auf zwei gute Beine zu stellen. Das eine war als Minderheitsbeteiligter das Katholische Bildungswerk der Erzdiözese Wien, das zweite ein eigener Verein, in den mich Mauer gebeten hat, als Vizepräsident einzutreten. Der eigentliche Grund war jedoch ein anderer: Ich werde seinen Besuch im Generalsekretariat des Österreichischen Wirtschaftsbundes nie vergessen, wo er mir unvermittelt die

Frage stellte, wie gut ich denn mit Hannes Androsch sei, der damals Finanzminister war. Jedenfalls reichte meine Beziehung, um die steuerlichen Probleme des Unternehmens in Ordnung zu bringen, was angesichts der Verdienste der Galerie um das Kunstgeschehen mit Sicherheit nicht den Charakter einer Korruption hatte.

Otto Mauer war der Priester, der unsere Ehe traute und zum Schock des mehrheitlich nicht kirchennahen Publikums beitrug, als er von der Kirche als der „Ecclesia Meretrix – der Hure Kirche" sprach.

Nach dem überraschenden Tod des Monsignore habe ich den Vorsitz des Vereins übernommen, während Oswald Oberhuber künstlerischer Leiter wurde. Bis zu meinem Eintritt in die Bundesregierung habe ich den Vorsitz innegehabt und blicke mit freudiger Erinnerung darauf zurück. Der selbstverständliche Umgang mit Künstlern während dieser Zeit und ein bleibendes Interesse an Kunst sind mir dann als für die Museen und den Bau des Museumsquartiers Zuständiger sehr zu Hilfe gekommen und haben auch zu einer gewissen Akzeptanz in der künstlerischen Szene geführt. Kritisch sei für die heutige Zeit angemerkt, dass die zu meiner politischen Zeit selbstverständliche Präsenz bei kulturellen Ereignissen, insbesondere der Moderne, heute stark abgenommen hat. Natürlich sind die jeweils Ressortzuständigen sichtbar, aber der Rest der politischen Landschaft ist nicht erkennbar.

Warum widme ich der Kultur und der Kunst in meiner Auseinandersetzung mit Religion und Kirche so viel Raum? Ich bin überzeugt, dass damit das Trennende und zugleich Verbindende für Europa zum Ausdruck kommt.

Europa ist keine Einheit. Die Vielheit ist es, die Europa konstituiert. Gerade darin liegt der Reichtum des Kontinents. Er ist reich an Landschaften und Städten, reich an Sprachen und Ausdrucksformen, reich auch an geistig-kulturellen Werten. Auch wenn das die europäischen Staaten aneinander bindet, was es zugleich in Gegensätzlichkeiten treibt – „Welt und Transzendenz, Wissenschaft und Glaube, Weltgestaltung und Religion", wie es Karl Jaspers formuliert hat –, so liegt doch in einem gemeinsamen Bewusstsein die Chance und

Möglichkeit, die Folgen künstlicher politischer Trennungen abzumildern oder diese langfristig gar zu überwinden. Wir erlebten auf der anderen Seite des Eisernen Vorhangs, dass keine politische Trennlinie diese tief verwurzelten gemeinsamen Werte abschaffen konnte.

Antikes Christentum und Humanismus sind das gemeinsame Erbe der europäischen Völker. Aus diesem gemeinsamen Erbe stammt jenes Welt- und Selbstverständnis des Menschen, das in der Vergangenheit die Vorstellung einer Menschheit konstituiert hat. An dieser Stelle ist Jacques Delors zu erwähnen, der in Erkenntnis der Begrenztheit des Wirkens der Europäischen Kommission verstanden hat, dass Europa heute ein Inhaltsproblem hat. Von ihm stammt der berühmte Satz, es sind besser gesagt zwei: „Einen Binnenmarkt kann man nicht lieben!" Das ist sicher richtig. Der zweite Satz lautete: „Wir müssen Europa eine Seele geben!" Das ist die eigentliche Frage nach dem Inhalt oder, um es in der heutigen Sprache zu sagen, nach dem „Narrativ Europa". Das ist aber nicht Aufgabe der EU-Kommission, liegt auch nicht in der Fähigkeit der Regierungen der Mitgliedstaaten im Europäischen Rat, sondern ist ein geistig-kultureller Vorgang, der in Europa in allen Teilen der Gesellschaft stattfinden muss.

Das Heilige und das Profane

Kardinal König hat vor Jahren in einem eindrucksvollen Referat über das christliche Erbe unseres Kontinents die Frage gestellt, ob das Christentum nur mehr ein Versatzstück oder doch eine lebendige Wirklichkeit dieses Kontinents sei. Als Antwort darauf möchte ich einen Nicht-Christen zitieren, den ungarischen Literaten György Konrád, der die Suche nach dem Ewigen in Europa auf beeindruckende Weise zum Ausdruck gebracht hat, und zwar in einem Aufsatz mit dem Titel „Der verbale Kontinent – Europa, eine Metapher, die zusehends Gestalt annimmt": „Grundfeste meiner Philosophie ist die Einzigartigkeit der menschlichen Person. Diese Einzigartigkeit halte ich für ein göttliches Attribut. Niemand ist ersetzbar. Die Blitze des Heiligen und des Profanen durchzucken sich gegenseitig; in der Literatur sind sie voneinander nicht zu trennen. Lassen sie sich dennoch voneinander trennen, so ist der Text unredlich. Die U-Bahn ist ebenso ein heiliger Ort wie die Kathedrale. Jedes heilige Buch ist profan, die Ambitionen des Autors liegen ihm zugrunde. Die gesamte Weltliteratur ist eine einzige Offenbarung. Religion, Politik und Wissenschaft haben ihre unpersönlich erhabene Sprache. Alle geben sich zu verstehen, dass nicht eigentlich sie es sind, die da sprechen, sondern eine universale Autorität."

Konrád geht sogar noch weiter. Er gibt unserer Suche eschatologische, endzeitliche Bedeutung: „Durch die Idee der zivilen Gesellschaft wird es möglich, dass die Zehn Gebote und die Ethik der Bergpredigt nicht in einem heuchlerischen Widerspruch zur gesellschaftlichen Praxis stehen. Erst wenn die Intelligenz zur Ideologie der zivilen Gesellschaft gelangt, wird sie erstmals ihre eigene Sprache, wird sie sich selbst gefunden haben. Die Akteure suchen nach einer Rolle. Noch ist die Eschatologie des Jahrtausends nicht in Erscheinung getreten."

Teilnahme an Europa verlangt von uns, dass wir das europäische Erbe neu bedenken, in all seiner Ambivalenz, wo es Wunderbares hervorgebracht hat, mit allen Errungenschaften und Katastrophen; denn wir haben immer wieder sowohl am Aufbau als auch an der Selbstzerstörung dieses Kontinents mitgewirkt. Das ist die Herausforderung im künftigen Europa! Dass Europa in Jahrhunderten vom Christentum geprägt wurde, weiß man. Dass das aufeinander zugehende Europa von Christen gestaltet wurde, ist heute in Vergessenheit geraten: Konrad Adenauer, Robert Schuman, Alcide de Gasperi und Charles de Gaulle waren es, die aus den Trümmern, die nach der Katastrophe des großes Krieges von Europa übrig geblieben waren, den Weg christlichen Geschichts- und Weltverständnisses gewiesen haben. Religion war das bindende Element bis in unsere heutige Zeit. Der Säkularisierungsprozess mag dazu geführt haben, dass diese allgemeine Anerkennung der Religion nicht mehr besteht. Christen dürfen davor nicht weichen, sondern müssen versuchen, mit Hilfe der Kultur und mit der kulturellen Umsetzung der Werte des Evangeliums und des christlichen Weltverständnisses ein neues Netz von Bindungen aufzubauen. Allgemein gewordene Begriffe wie Nächstenliebe, Toleranz und Humanität können für diese Entwicklung herangezogen werden. Teilhard de Chardin hat von der als Kulturaufgabe verstandenen „Hominisation" gesprochen, der Menschwerdung. Sie steht in geistiger Nachbarschaft zur Humanisierung, die in der Nachfolge der Aufklärung als Ziel angegeben wird.

Die Situation Europas ist heute davon gekennzeichnet, dass es nach den Ereignissen von 1989 neu um seine Identität kämpfen muss. Darum müssen wir die Wurzeln Europas freilegen: den jüdischchristlichen Glauben, die Antike mit der griechischen Philosophie und dem römischen Recht sowie die Aufklärung. Wenn wir unsere eigenen Wurzeln nicht mehr kennen, nicht wissen, was Judentum und Christentum geleistet haben, von griechischer Philosophie keine Ahnung haben, wenn wir vom Ende der Aufklärung reden und vom „Anything goes", dann können wir auch nicht wissen, wer wir selber sind.

Ein Appell an Menschen, die noch an etwas glauben

Einige Fragen an die heute Verantwortlichen und an die kommenden Generationen seien gestattet:

- Mit welchen Überzeugungen, die über den Tag hinausreichen, bilden wir unsere Gesellschaft, was geben wir an nächste Generationen weiter und was wird wirklich als wichtig angesehen?
- Sind wir bereit, alle Energien – ideell wie materiell – dafür einzusetzen, dass Werthaltungen vermittelt, realisiert werden und einen höheren Stellenwert erhalten als das tagespolitische und modische Geschehen?
- Gelingt es uns, die ungeheuren Kommunikationsmöglichkeiten unserer Zeit auch dafür in geeigneter Weise zu nutzen

und jeweils die Sprache dafür zu finden, dies auch richtig zu vermitteln?

- Das „global village" – das Weltdorf – existiert bereits. Bemühen wir uns auch, wenigstens den Rahmen einer verbindlichen Ordnung dafür zu schaffen, um die Zunahme globaler Konflikte zu verringern und zu vermeiden?
- Begreifen wir die wirklich schöne Herausforderung, diesen Weg zu gehen, ihn nicht als eine Last, sondern als Freude an der Gestaltung zu verstehen? Sind wir in der Lage, die Faszination dieser Aufgabe auch richtig zu vermitteln?

Das alles wollte ich in meinen Tätigkeiten in irgendeiner Weise vermitteln – es gelang einmal besser, einmal schlechter, oft habe ich es aber auch selbst übersehen. Mich jedenfalls begleitet die Frage, was ich am Ende aller Zeiten wirklich vorweisen kann, für das Wohl der Menschen getan zu haben. Die große Teresa von Ávila hat einen schrecklichen Satz gesagt: „Schlaft nicht, schlaft nicht, denn es gibt keinen Frieden auf Erden." So wie ich es verstanden habe, sind damit nicht die Kriege, sondern ist das Ringen um die Gestaltung der uns anvertrauten Welt gemeint. Nicht als Alterserscheinung, sondern bleibend, hat mich das Wort begleitet: „Unruhig ist mein Herz, Gott, bis es ruht in dir." Von Zeit zu Zeit empfiehlt es sich, darauf einen Blick zu werfen, das wäre die eigentliche Gesellschaftsberichterstattung ...

Brief an einen Gemeindevorstand einer
christlichen Konfession, aber auch an einen Mufti
oder sonstigen in einer Glaubensgemeinschaft
Verantwortlichen, die vom Glauben an einen Gott
getragen sind.

Liebe Schwester, lieber Bruder,
ich lade euch ein, die in Europa weit verbreitete Haltung, dass Glaube keine Bedeutung mehr hat, nicht ernst zu nehmen. Ich habe immer wieder erfahren, dass die Sehnsucht der Menschen nach

Orientierung ungeheuer groß ist, ja, dass diese Fragen mehr und mehr in den Vordergrund drängen. Gerade die Dynamik der Veränderung erzeugt ein Gefühl der Unsicherheit, so dass man nach Bindungen sucht und Orientierung verlangt. Diese zu geben ist eine Aufgabe, die Einfühlungsvermögen, besser: Empathie verlangt und gleichzeitig eine Compassion, nämlich die Möglichkeit, mitzuleiden und mitzugestalten. Das ist die eigentliche Aufgabe eines Amtes in einer Gemeinde von gläubigen und suchenden Menschen. Dazu braucht es zweifellos Kraft und Überzeugung. Von Herzen wünsche ich dir, dass es dir gelingt und dass du auch die Energie aufbringst, andere dafür zu gewinnen. Die Sehnsucht nach Frieden und Geschwisterlichkeit ist groß, insbesondere dann, wenn man sich nicht in der Lage fühlt, all das vorauszusagen, was Zukunft ausmacht. Tief in unserem Inneren wissen wir, dass nicht die materiellen Dinge allein von Wichtigkeit sind. Dass es etwas darüber hinaus gibt, worauf hinzuweisen wir nicht müde werden dürfen. Die materiellen Dinge als Voraussetzung der Lebenssicherung sind nicht gering zu schätzen, so wie nichts gering zu schätzen ist, das dem Leben dient. Aber Zufriedenheit, innerer Friede, verlangen nach einem Mehr. Bei der Suche nach diesem Mehr behilflich zu sein, ist eine große und schöne Aufgabe. Die Freude daran zu vermitteln, die Fähigkeit zu haben, die Sprache des anderen zu verstehen, ist wichtig. Dazu gehört aber auch, dass alle die Verantwortung für eine Gemeinschaft übernehmen, miteinander in Frieden zu leben, nicht nur im Inneren der Gemeinschaft, sondern auch im Verhältnis zu anderen. Diese Aufgabe ist nicht gekennzeichnet vom Wettbewerb, wer besser ist, erfolgreicher oder sich radikaler durchsetzen kann – im Gegenteil, es bedeutet ein Aufeinander-Zugehen, selbst wenn die Glaubensgrundlagen unterschiedlich sind. Allen religiösen Auffassungen eignen Elemente, die unserem Verstehen dienen können, aber der Zuruf „Friede dem Menschen auf Erden" ist alternativlos. Geh(e)t also hin und tut es.

In geschwisterlicher Liebe!

Erhard Busek

Demokratie und Parlament im Wandel

Viele meiner Schulkollegen haben mir später nachgesagt, der Grund dafür, dass ich in die Politik ging, liege in einem Zeitungsinterview, das ich als Maturant des Döblinger Gymnasiums einer „Kurier"-Redakteurin für eine Beilage zum Schulschluss gegeben hatte. Sie hatte mich damals gefragt, wer mir in der Politik imponiere. Ich antwortete ihr: „Heinrich Drimmel, weil ich dessen Intellekt und Rede sehr schätze." Der Journalistin ist es überlassen geblieben, mit redaktioneller Freiheit den Satz hinzuzufügen: „Sagen Sie es nicht weiter, ich möchte Unterrichtsminister werden." Als ich dann wirklich am Minoritenplatz landete, hat man mir diese Geschichte immer wieder vorgehalten. Dagegen kann ich leider nichts machen, die Geschichte verhielt sich wirklich nicht so, mein Weg in die Politik war ein ganz anderer.

Meine Familie und das Umfeld meiner Freunde waren auf eine gewisse Weise immer politisch – nicht in dem Sinn, dass man einer politischen Organisation angehörte, aber Politik war ein interessantes und wichtiges Thema: in der Schule, unter Freunden, eigentlich am wenigsten in der Katholischen Jugend. Ich muss gestehen, dass mein Eindruck von der Politik, den ich im Pfarrleben Liechtenthals vermittelt bekam, eher abstoßend war.

Natürlich hatte die christlich-soziale Zeit ihre Spuren hinterlassen. Ich erinnere mich noch, dass bei den Prozessionen zur Auferstehung und zu Fronleichnam würdige Herren an der Spitze mitgingen, die mir jeweils als Bezirksvorsteher, Gemeinderäte und Bezirksräte beschrieben wurden. Sie vermittelten alle den Eindruck einer gewissen Aufgeblasenheit, sprachen nur miteinander und interessierten sich für nichts, was sonst um sie herum vorging. Auch erinnere ich mich, dass in Wahlzeiten bei den Verkündigungen von der Kanzel auch auf Wahlveranstaltungen der ÖVP hingewiesen wurde, wobei man bisweilen hinzufügte, dass ein Film gezeigt werde – offensichtlich musste man auch schon damals die Attraktivität solcher Events verstärken. Ich habe bald begriffen, dass in den Männerrunden der Pfarre Politik stärker vertreten war, was sich, wie ich später erkannte, dadurch ergeben hat, dass es alte „Reichsbündler" waren, eine Vorfeldorganisation der Kirche vor 1938, die natürlich eng mit der christlich-sozialen Partei verknüpft waren. Interessanterweise ist man aber nie von jemandem angesprochen worden, irgendeiner politischen Organisation beizutreten. Möglicherweise hat dabei das Bewusstsein eine Rolle gespielt, dass man als Kirchgänger ohnehin der ÖVP nahestehe – was heute völlig anders aussieht. Aus Interesse bin ich dann zu einer Wahlveranstaltung gegangen, wobei mich die Primitivität der Argumentation aufgeregt hat: Der Abgeordnete des Bezirks, Leopold Hartl, später Landesparteiobmann der Wiener ÖVP und damit einer meiner Vorgänger, hat eindrucksvoll erklärt, wie man wählen müsse. Er zog die Schulnoten heran und brachte sie in Einklang mit den Listennummern der Parteien. Ich erinnere mich, dass Liste 5 die Kommunistische Partei Österreichs (KPÖ) war, daher bekam sie ein „Nicht genügend", während die Sozialistische Partei (SPÖ) mit Listenplatz 2, immerhin Koalitionspartner, nur „Gut" war und die ÖVP damals noch als Liste 1 mit „Sehr gut" benotet wurde.

Meine Eltern haben solche Veranstaltungen nicht frequentiert – mit einer einzigen Ausnahme: Als Otto Molden, der Mitgründer und Motor des Europäischen Forum Alpbach, das meine Eltern und natürlich auch ich durch Sommeraufenthalte in diesem Bergdorf kennengelernt hatten, eine eigene Partei gründete, nämlich die Europäische Föderalistische Partei (EFP), sind meine Eltern aus Interesse hingegangen. Instinktiv habe ich begriffen, dass das nicht sehr viel Erfolg haben kann. Otto Molden hat genauso laut geschrien wie Leopold Hartl. Inhaltlich hat er wohl etwas anderes gesagt, aber für meinen damals schon kritisch gewordenen Verstand nichts Überzeugendes vorgebracht. Ich war kein Prophet, dieser Partei keine Zukunft zuzugestehen.

Die Auseinandersetzung mit der Politik wurde danach intensiver. In der Katholischen Mittelschuljugend (KMJÖ), später Katholische Studierende Jugend (KSJ) genannt, habe ich in leitender Funktion bei den Werkwochen im Stift Wilhering (OÖ) begonnen, Politiker nicht nur der ÖVP, sondern auch der SPÖ einzuladen. Das war im damaligen politischen Verständnis der Kirche nicht einfach. Ich erinnere mich an eine Veranstaltung, die ich mit Zentralsekretär Willi Liwanec von der SPÖ durchführte. Es gab dagegen eine heftige Intervention bei irgendeiner kirchlichen Stelle durch den damaligen Landesparteisekretär der oberösterreichischen ÖVP, dem späteren Landeshauptmann Erwin Wenzl, dass sich das nicht gehöre. Zentralsekretär Liwanec war bei der Veranstaltung kein riesiger Erfolg beschert, als Kompensation hatten wir danach Erwin Wenzl einzuladen, der auf die Schüler und Studenten auch keinen besonderen Eindruck machte.

Ein wirklicher Gesprächspartner dieser Zeit war Dr. Josef Gruber, langjähriger Abgeordneter, der aus der Katholischen Aktion kam und Leiter des Katholischen Bildungshauses Puchberg bei Wels war. Er verstand die Sprache von uns Jungen eher, weil es jene war, die wir auch im Rahmen der Katholischen Aktion pflegten. Ein Vorteil für mich war, dass er auch nach seinem Abgang in die Politik in einzelne Gremien der Katholischen Aktion, denen ich angehörte, als Referent eingeladen war. Als ich bei einer solchen Veranstaltung wieder einmal heftig die Politik im Allgemeinen und die ÖVP im Besonderen kritisierte, meinte er: „Wenn du schon so g'scheit bist, dann probier es doch selber in der Politik!" Dieser Satz blieb bei mir hängen, weil er mir berechtigt vorkam – ein Beschluss, in die Politik zu gehen, wurde daraus jedoch zunächst nicht.

Die logische Fortsetzung der Mittelschülerorganisation innerhalb der Katholischen Aktion war die Katholische Hochschuljugend, die im Wesentlichen über die Katholischen Hochschulgemeinden, also die Studentenpfarren, organisiert war. Dazu gehörte auch die Einrichtung des Thomas-Morus-Clubs, in dem der Hochschulseelsorger von Wien, Monsignore Karl Strobl, die politischen Interessen der Studenten zu kanalisieren versuchte. Strobl, Sohn einer Poysdorfer Bauernfamilie, war ein sehr politischer Mensch, was sicher auch in seiner persönlichen Geschichte gründete, die durch das Engagement in der Kirche und die pastoralen Veränderungen vor und nach 1938 und 1945 bestimmt war.

Der Thomas-Morus-Club, eine Diskussionsrunde, war auch ein gewisses Kontrastprogramm zum Österreichischen Cartellverband, der auf seine Weise direkter mit der Politik verbunden war, weil alle führenden Repräsentanten der ÖVP in dieser Zeit CVer waren (Figl, Raab etc.). Strobl hielt eine gewisse Distanz zur Politik, hat aber immer auf die „Weltverantwortung des Christen" als Grundsatz und die Bereitschaft, Ämter für die Gemeinschaft anzunehmen, hingewiesen. Es war eine sehr dialektische Einstellung, die in meiner Jugend schwer durchschaubar war. Im Thomas-Morus-Club selber – der Name war bewusst in Hinblick auf die politische Rolle des Lordkanzlers Heinrich VIII. gewählt – wurden immer Personen eingeladen, die zu politischen Problemen sprachen, Politiker selber waren aber eigentlich recht selten. Ich erinnere mich allerdings an eine Veranstaltung mit Julius Raab, der damals schon Altkanzler war und dem seine Erschöpfung durch jahrzehntelanges politisches Engagement deutlich anzumerken war. Vorsitzender des Thomas-Morus-Clubs war damals Clemens (Graf) Waldstein, der am Schluss der Veranstaltung die Frage an Raab richtete, was wir denn in der Katholischen Hochschulgemeinde für die Politik tun sollten? Raab sagte nach kurzer Überlegungspause: „Wie heißt ihr? Katholische Hochschuljugend? Also katholisch seid's, dann tuat's beten für die Politik!" Als direkte Einladung zur politischen Teilnahme konnte man das wohl kaum verstehen.

So beschloss ich denn, Politiker zu werden

Karl Strobl war aus seinem gesamten Werdegang sehr mit der Politik vernetzt, was wir eigentlich nicht wussten. Ich war 1963 gerade mit dem Studium fertig, als mich der „Monsi", wie er liebevoll genannt wurde, anrief und fragte, ob ich nicht Klubsekretär der Österreichischen Volkspartei im Parlament werden wolle. Ich war mehr als überrascht, denn erstens wusste ich von dieser Funktion nichts, zweitens konnte ich mir darunter nichts vorstellen, und außer gelegentlichen Kontakten mit einzelnen Politikern hatte ich mit der ÖVP nichts zu tun. Strobl informierte mich darüber, dass er den Klubobmann der ÖVP, Dr. Felix Hurdes, den ersten Generalsekretär nach 1945 und Unterrichtsminister, späteren Präsidenten des Nationalrats und damals Klubobmann, aus seinen studentenbewegten Zeiten kenne, denn beide waren Mitglied beim CDSB (Christlich Deutscher Studentenbund) und auch im Bund Neuland gewesen. Ich hätte mich also im ÖVP-Klub anzumelden. Strobl machte eine seiner berühmten Bemerkungen, nämlich, dass ich für diese Funktion ohnehin nicht geeignet sei. Es war ein alter Trick von ihm, entsprechenden Ehrgeiz zu wecken.

Als ich im Parlament, im Sprechzimmer des Hohen Hauses, Hurdes gegenübersaß, erlebte ich einen älteren Politiker, den die Jahre gezeichnet hatten und der nichts mehr von dem zeigte, was ihn in früheren Jahren als „Feschak" ausgezeichnet hatte. Er stellte mir Fragen zur Politik im Allgemeinen, zu meinen Vorstellungen, zur Demokratie und meinen Interessengebieten. Ich habe sie etwas blank beantwortet, weil ich vom Anforderungsprofil eigentlich keine Ahnung hatte. Die Unterredung dauerte etwa eine Stunde und endete mit der Feststellung: „Der Strobl hat schon Recht, Sie sind geeignet. Sie bekommen einen Brief!" Sprach's und schritt wieder in den Sitzungssaal. Später erfuhr ich, dass das Klubpräsidium beschlossen hatte, mich zu nehmen, und zwar am 8. Januar 1964, an jenem Tag, an dem Julius Raab begraben wurde und an dem offensichtlich Sitzungen stattfanden.

Ich habe am 1. Februar 1964 begonnen, mich beim Klubsekretär, Parlamentsrat Dr. Karl Smekal, vorgestellt, der mir wie ein altgedienter Beamtentyp vorkam. Smekal betrachtete mich skeptisch, sagte kurz, dass ich alles Weitere von den Damen des Büros erfahren würde. Und dann fiel ein Satz, den ich nie vergessen habe: „Ein CVer wäre mir lieber gewesen!" Ich gebe zu, dass dieser Satz in manchen Zeiten meines Lebens eine traumatische Wirkung hatte …

Als ich im Februar 1964 das Parlamentsgebäude betrat (damals war es noch der Eingang hinter der Rampe beim Parkplatz auf der Seite der Stadiongasse), war ich zutiefst beeindruckt. Das Gebäude des Theophil Hansen hat eine eindrucksvolle Ausstrahlung, war mir aber aufgrund meiner damaligen politischen Kenntnisse nicht als eine Schaltstelle der Politik bewusst. Es war eher ein Gebäude der Repräsentation, von einem pulsierenden parlamentarischen Leben hatte ich kein wie immer geartetes Wissen, weil es damals auch keines gab.

Bescheiden war auch die Ausstattung des Parlamentsklubs, immerhin der größeren Regierungspartei der damaligen Koalition. Akademiker gab es zwei, nämlich den Klubsekretär und ab diesem Zeitpunkt mich. Ansonsten gab es zwei Sekretärinnen sowie Kanzleikräfte (Entschuldigung: gehobener Verwaltungsdienst). Für den damaligen Betrieb von National- und Bundesrat genügte das völlig. Der Bundesrat wurde etwa von einem der Verwaltungsbeamten betreut (er wurde in späteren Jahren in die Dienstklasse C befördert), ansonsten hatte ich den Eindruck, dass hier ein Programm abgespielt wurde, das letztlich durch die Große Koalition vollständig festgelegt war. Es gab offensichtlich eine einzige interessante Sitzung, nämlich die der „Präsidiale" (drei Präsidenten und die Klub-Obleute) sowie die Aufgabe der Parlamentsdirektion, ein „Croquis" für jede Sitzung zu schaffen, dem die Fraktionen mehr oder weniger folgten. Sitzungen waren selten, sehr kurz, mit vorbestimmtem Programm und ohne eine wie immer geartete Form einer eigenständigen politischen Willensbildung. Dafür braucht man wirklich nicht viel Personal, und mir persönlich war am Anfang auch nicht klar, wieso ich zu dieser Stelle gekommen war. Angeblich geschah das auf Drängen der Sozialisten (wie sie damals noch hießen), ihr erster Klubsekretär war seit kurzer Zeit Heinz Fischer, parallel zu mir wurde Hannes Androsch angestellt, der mich mein ganzes politisches Leben lang in irgendeiner Form begleitete, wenngleich die persönlichen Beziehungen manchmal sehr unterschiedlich waren. Er war natürlich in seiner Parteiorganisation stark verankert (Floridsdorf) und kam bald in die Nähe eines Nationalratsmandates, als die führende Gewerkschafterin und SP-Frau

84

Rosa Weber verunglückte. Sein Vorteil war, dass er aus Floridsdorf kam, sein Nachteil war das männliche Geschlecht. Ich erinnere mich noch eines freundschaftlichen Gespräches, indem er klagte, dass Geschlechtsumwandlungen relativ schwierig seien …

Die erste Zeit im Parlament

Ich wurde in den zweiten Stock, weit weg vom Klub, verbannt, der wie heute auch das Lokal Ecke Ringstraße/Stadiongasse zu ebener Erde innehatte. Als Arbeit wurde mir zugewiesen, die Begutachtungen von Ministerialvorlagen durchzuarbeiten, die die Vorstufe zur Gesetzgebung darstellten, und eine Übersicht über die wesentlichen Einwände zu erstellen. Dazu war auch ein Protokoll zu verfertigen, das in den jeweiligen vorbereitenden fraktionellen Ausschusssitzungen vorzulegen war. Bald begriff ich, dass das eigentlich nur eine Beschäftigungstherapie war, denn Einwände von einigem sachlichen und/oder politischen Gewicht waren in der Vorlage, die das Parlament erreichte, längst berücksichtigt. So verstand ich, dass ich den jeweiligen Vorsitzenden der Ausschüsse mit meinen Vorlagen ungeheuer auf die Nerven ging. Meine Mitteilung darüber an den Klubsekretär blieb ohne Folgen, damit erkannte ich endgültig, dass ich nur beschäftigt werden sollte. So führte ich zunächst ein sehr einsames Dasein im zweiten Stock, auf der anderen Seite des Parlaments – der „Charme" der beiden riesigen Zimmer, die nach dem Fallen der Trennwand heute das Clubzimmer des Bauernbundes sind, bestand darin, dass es die ehemaligen Räume des Völkerbundkommissars Zimmermann waren – wie mir von der Gebäudeverwaltung ehrfürchtig gesagt wurde –, der die Vereinbarungen rund um die Lausanne-Anleihe 1926 überwacht hatte, mit der Bundeskanzler Ignaz Seipel die wirtschaftliche Rettung der Ersten Republik einleitete. Das Parlament war an sich leer, wahrscheinlich gab es mehr leere Räume als genutzte. Ich erinnere mich noch, wie gelegentlich aus einer in der Tapete eingelassenen Tür jemand von der Parlamentswache erschien und überrascht war, mich zu sehen.

Was tut man in einer solchen Situation? Man verschafft sich selbst Arbeit. So begann ich, die Grundlagen der parlamentarischen Tätigkeit in der Verfassung, aber vor allem die Geschäftsordnung genau zu studieren. In der Parlamentsbibliothek war ich Stammgast. Das hat mir später, als die ÖVP 1966 die absolute Mehrheit erzielte, sehr geholfen. Die Bundesparteileitung, dort der Leiter der politischen Abteilung, Ministerialrat Dr. Hans Kronhuber, verlangte 1966 ein Papier darüber, was man überhaupt mit einer absoluten Mehrheit anfangen könne. Die Kenntnis darüber war völlig verschwunden. Eine Erstellung der Unterlage gelang mir innerhalb eines Tages, was mir zu einem persönlichen Termin beim damaligen Generalsekretär der ÖVP, dem späteren Klubobmann und Vizekanzler Dr. Hermann Withalm, verhalf. Ich habe offensichtlich bleibenden Eindruck bei ihm hinterlassen, denn als er Klubobmann wurde, zog er mich für viele Aufgaben heran. Als Empfehlung an die junge Generation: Alles studieren, was vielleicht zunächst unbedeutend, in Hinkunft aber interessant sein kann.

Schon früh hatte ich Gelegenheit, meine Kenntnis der Geschäftsordnung entsprechend auszunützen, so dass von mir die Empfehlung kam, angesichts der „Fußachaffäre" (1964) eine Dringliche Anfrage zu machen. Was war in Fußach passiert? Der damalige Verkehrsminister Otto Probst, der „Kaiser von Favoriten", wie er aufgrund seiner massiven Mehrheit dort bezeichnet wurde, hatte sich eingebildet, ein Bundesbahnschiff am Bodensee „Karl Renner" nennen zu müssen. Er unterschätzte die föderalistische Gesinnung des westlichsten Bundeslandes, das dafür eintrat, es „Vorarlberg" zu nennen. Das geschah noch in der Koalitionsregierung Klaus/Pittermann, wobei wir nach einem Instrument suchten, den politischen Ärger, der von den Medien sehr stark gesteuert war, auch parlamentarisch auszunützen und gleichzeitig zu beruhigen.

Es hat in der Zweiten Republik seit Ewigkeiten keine Dringlichen Anfragen mehr gegeben. Sie waren in der Besatzungszeit üblich, um im Wege dieses Instrumentes die Empörung des österreichischen Parlaments über Maßnahmen der Besatzungsmächte auszudrücken, hatte also mit dem eigentlichen Charakter einer „Dringlichen Anfrage" als Instrument des Druckes auf die Regierung überhaupt nichts zu tun. Wir erfanden eine Dringliche Anfrage an den Innenminister Hans Czettel, deren Debatte eigentlich eine Revue der ausklingenden Großen Koalition alter Prägung war.

Anekdotisch erinnere ich mich an die Rede des Vorarlberger Abgeordneten Pius Fink, eines Neffen des Vizekanzlers der Ersten Republik Jodok Fink, die zum großen Teil ich schreiben durfte. Reden bei einer Dringlichen Anfrage hatten damals eine 20-Minuten-Begrenzung, die Pius Fink natürlich durch seine behäbige alemannische Sprachweise überschritt. Den Schluss der Rede hatte ich theatermäßig formuliert und eine Schiffsparabel gewählt: „Der Staat, der ist das Schiff, die Regierung ist der Mast mit Segel und das Volk ist der Wind, der in dieses hineinbläst." An dieser Stelle unterbrach der damalige Präsident des Nationalrates Dr. Alfred Maleta Pius Fink und erklärte zur allgemeinen Heiterkeit: „… und ich muss jetzt dem Abgeordneten Fink den Wind aus den Segeln nehmen." Diese Episode hat das Klima zwischen den politischen Parteien merklich beruhigt.

Den Rest der Zeit verbrachte ich mit dem Versuch, ein Studium der Rechts- und Staatswissenschaften (rer. pol.) an die Juristerei anzuschließen. Nach der alten Studienordnung wurden wir Juristen Doktoren, ohne eine Dissertation abzuliefern. Diesen Mangel wollte ich ausgleichen und belegte einschlägige Seminare bei Felix Ermacora, dem damaligen Verfassungs- und Verwaltungsrechtler an der Wiener Universität. Er gab mir auch ein Dissertationsthema, nämlich die Auseinandersetzung mit dem Öffentlichkeitsprinzip des Parlaments im Wege der Parlamentskorrespondenz. Ich gestehe, dass ich an dieser Aufgabe gescheitert bin, weil es mir einfach zu fad war, eine Unmenge von Unterlagen zu wälzen. An dieser Stelle sei eine Anekdote erzählt: Als Felix Ermacora für das Parlament aufgestellt wurde, traf ich ihn auf der Ringstraße. Die Wahl war schon vorüber, die Konstituierung noch nicht geschehen. Felix, wie ich ihn später nennen durfte, überraschte mich mit der Frage, wie man denn nach der Wahl ins Parlament hineinkomme. Ich konnte es mir nicht verkneifen, ihm darauf zu antworten: „Sie lesen am besten Felix Ermacoras ‚Österreichisches Verfassungs- und Verwaltungsrecht', das ist dort sehr verständlich beschrieben!" Ermacora sagte auf meine Frechheit hin ein freundliches Dankeschön. Wir hatten dann später durch die Jahre eine sehr gute Beziehung, weil er eine Qualität ins Parlament einbrachte, die auch bis heute selten geblieben ist, nämlich die Kenntnis der Menschenrechte und des internationalen Rechts.

Daneben arbeitete ich auch noch für den Informationsdienst der Katholischen Sozialakademie, die unter dem Jesuitenpater Dr. Walter Riener, SJ, eine interessante Tätigkeit der Politik- und Sozialkritik entwickelte. Mein Kontaktmann war ein Parlamentsrat, Dr. Wilhelm Czerny, dessen persönlicher Weg zwischen den Koalitionsparteien eine Vorahnung von Entwicklungen darstellte, die später Wirklichkeit wurden. Czerny war ursprünglich ÖVP-Mitglied, katholisch gebunden und intellektuell sehr spannend. Er erzählte mir viele Geschichten aus dem Präsidium und der Leitung des Parlaments, wobei er offensichtlich auch dort kritisch auftrat. Sein Fehler: Er war kein CVer, so dass er zunächst für höhere Funktionen nicht in Frage kam. Er machte mir den Vorschlag, gemeinsam mit ihm einen Kommentar zur Geschäftsordnung des Parlaments zu erarbeiten. Ich habe auf diesem Gebiet auch begonnen, bin allerdings durch meinen Abgang in den Österreichischen Wirtschaftsbund davon abgekommen. Czerny war konsequent und hat diese Kooperation Heinz Fischer angetragen, der sie auch angenommen hat. Aufgrund meiner Kenntnis kann ich in Ruhe behaupten, dass der größte Teil dieses Kommentars durch Czerny entstand, Fischer aber der öffentlichkeitswirksamere Co-Autor gewesen ist, der wahrscheinlich auch die Drucklegung ermöglicht hat. Czerny wurde das später unter SPÖ-Mehrheit auch honoriert, indem er Parlamentsdirektor wurde. Das entsprach mit Sicherheit seiner Qualifikation, obwohl er Historiker und nicht Jurist war. An ihm habe ich erstmals begriffen, dass es der ÖVP in manchen Fällen von Personalentscheidungen an entsprechender Offenheit mangelte, während gerade in der Kreisky-Ära Personen zum Zug kamen, die

„bereit waren, ein Stück Weges mit der Sozialdemokratie zu gehen", wie es eben Kreisky formuliert hatte.

Als Hermann Withalm Klubobmann wurde und die absolute Mehrheit der ÖVP im Parlament durchzusetzen hatte, kam für mich eine Verbesserung in jeder Hinsicht. Ich wurde für Arbeiten herangezogen und kam in die nächsten Räume zum Klubobmann auf der Ringstraßenseite. Es waren zwei Räume, die den historischen Namen „Großer und Kleiner Polenklub" trugen, weil sich offensichtlich dort die Abgeordneten des „Königreichs Galizien und Lodomerien" getroffen hatten. Die Einrichtung war traditionell, auch die Schreibtische, die man für meine Assistentin und mich in den Kleinen Polenklub hineinstellte. Heute existieren diese Räume nicht mehr, weil sie dem Raumbedarf eines veränderten Parlamentsbetriebes geopfert wurden. Zwischenwände wurden eingezogen, die allerdings die Räume auch nicht schöner machten.

Überhaupt herrschte ein Hauch von Vergangenheit. Der Leiter der Bundesgebäudeverwaltung des Parlaments, ein Ingenieur und überzeugter Monarchist, führte mich durch die Höhen und Tiefen des Gebäudes, zeigte mir den Versuch einer an der Antike orientierten Bemalung des ansonsten weißen Gebäudes – eine Ausschmückung, die übrigens in der Antike üblich gewesen ist. Interessanterweise fand ich beim Stöbern im Keller Unterlagen aus der Zeit, als das Parlament das NSDAP-Gauhaus für Wien gewesen war. Mir fiel unter anderem ein Akt in die Hand, der die Unterschrift „Jedlicka" trug, des ersten Professors für Zeitgeschichte an der Wiener Universität, der diese offensichtlich auf eigene Art dokumentierte, er war nämlich NS-Parteimitglied und hat nach 1945 die Kurve gekratzt.

Der Österreichische Bundesjugendring

In dieser Zeit machte ich auch eine Fülle anderer politischer Erfahrungen. Die Bundesführung der Katholischen Jugend entsandte mich in den Österreichischen Bundesjugendring. Das war ein Zusammenschluss der nach 1945 bestehenden Jugendorganisationen, die eine gemeinsame Aufgabe, die Unterstützung der Demokratie und den Österreichgedanken, hatten. Der Vorsitzende des ÖBJR wurde von der Katholischen Jugend als der größten Organisation gestellt, es war der Bundesführer der KJ, Rupert Gnant, der später als Gewerkschaftsvorsitzender im Unterrichtsministerium eine markante Rolle spielte.

Zu meiner Zeit waren in den Organen des ÖBJR zahlreiche Personen, mit denen ich später politisch zu tun haben sollte. Für die Sozialistische Jugend war der spätere Zentralsekretär Heinz Nittel dabei, nach ihm der Abgeordnete, Stadtrat und Vorsitzende der Parlamentarischen Versammlung des Europarates Peter Schieder, für die Österreichische Gewerkschaftsjugend Helmut Braun, später Sekretär der Privatangestelltengewerkschaft, nach ihm Franz Mrkwicka, der auch Direktor der Arbeiterkammer war und mit dem ich in Bildungsfragen als Minister sehr gut zusammengearbeitet habe. Die ÖVP-Seite wurde vom späteren Abgeordneten DDr. Fritz König vertreten, der danach ÖVP-Bezirksparteiobmann in Hernals war, mir in der ÖVP Wien auch nachher das Leben schwer machte und dafür sorgte, dass mir die Österreichische Jugendbewegung, später Junge Volkspartei (JVP), alle Schwierigkeiten bereitete, die nur möglich waren. Er blieb dieser Rolle treu und hat eine Schlüsselrolle in meiner Ablösung als Landesparteiobmann der ÖVP 1989 gespielt. Wahrscheinlich hat er es nicht verkraftet, dass ich nicht nur von 1966 bis 1969 Vorsitzender des Österreichischen Bundesjugendringes war, sondern ihn auch politisch überholte. Er wurde zwar später Klubobmann der ÖVP, wurde aber in dieser Funktion bald abgelöst, weil sein Charme ein begrenzter war und seine Linie etwas „rechtsrandig". Den ÖBJR zeichnete aus, dass in dieser Generation bei aller Unterschiedlichkeit der politischen Positionen und Orientierungen eine Art Netzwerk der Verbundenheit entstand, die für mich lange Zeit hielt. Der Vertreter des Verbandes Sozialistischer Mittelschüler (VSM) war jemand, der später für die Forschungspolitik im Verkehrsministerium zuständig war. Er hat mich als Wissenschaftsminister eigentlich immer unterstützt und war ein fairer Partner. Gleiches galt für Franz Mrkwicka, ohne den ich das Fachhochschulgesetz nie so über die Runden gebracht hätte, wie es dann schließlich gelang.

Wir fassten damals auch einen Beschluss, die „österreichische Nation" zu vertreten. Ich hatte etwas Bauchweh, denn ich war schon allein über den Begriff Nation nicht glücklich, aber die Abgrenzung gegen die damals wiedererstarkenden Kräfte am rechten Rand unter deutschnationalen Vorzeichen war notwendig. So war ich auch einer der Teilnehmer an den Demonstrationen gegen den Wirtschaftshistoriker Taras Borodajkewycz. Diese Affäre wurde durch Mitschriften des späteren Finanzministers Ferdinand Lacina sowie meines Freundes Dkfm. Alfred Stirnemann – später Generalsekretär der Stiftung Pro Oriente – ausgelöst, die beide an der damaligen Hochschule für Welthandel studierten. Die Geschichtsauffassung, die Borodajkewycz in seinen Vorlesungen zur Wirtschaftsgeschichte vertrat, war eindeutig. Er war überhaupt eine ungeheuer bunte Figur, kam ursprünglich aus dem katholischen Bereich, war immerhin Generalsekretär des Deutschen Katholikentages 1933 in Wien gewesen und hatte offensichtlich in einer etwas eigentümlichen Aktion zur Befriedung des „Dritten Lagers" – eine Übung, die seit 1949 von beiden Regierungsparteien gleichermaßen vertreten wurde – eine außerordentliche Professur erhalten. Die Katholische Jugend – traditionell österreichisch orientiert – hatte als eines ihrer Jahresthemen „In der Liebe zu Österreich soll uns niemand übertreffen!". Ich habe übrigens diesen Satz in einer Reihe von politischen Reden immer wieder gebraucht, nicht zuletzt anlässlich des 50-Jahr-Jubiläums der ÖVP im Schottenstift, dem Gründungsort der Partei.

Die Diskussion über Österreich als Nation ist meines Erachtens heute überholt, denn inzwischen ist längst auch der „Nationalstaat" in Frage gestellt. Jedenfalls befand ich mich damals bei der Gegendemonstration zu den Sympathisanten von Taras Borodajkewycz, die von einigen Personen der rechten Seite geführt wurden, die später zum Teil brauchbare politische Partner waren (Friedhelm Frischenschlager z.B.), wobei die Züge einander im Bereich der heutigen Wiener Philharmonikergasse nahe kamen. Wir befanden uns auf der

Kärntner Straße, die Manifestanten für Borodajkewycz bei der Albertina. Natürlich versuchten Demonstrationsteilnehmer beider Seiten zwecks Austragung von Raufhändeln aufeinander zuzueilen. Vor dem Hotel Sacher kam es zum bislang einzigen politischen Todesfall der Zweiten Republik, als nämlich der der KP angehörende Pensionist Ernst Kirchweger dort den rechten Demonstranten begegnete. Ich stand in der Nähe, weil wir unsere Seite der Demonstranten zurückhalten wollten, den Konflikt auf diese Weise auszutragen. So habe ich auch beobachtet, dass Kirchweger zwar attackiert wurde, aber dann so unglücklich hingefallen ist, dass er sich am Gehsteigrand die tödliche Kopfwunde zuzog. Es war eine kritische Situation, bei der ich die Klugheit der handelnden Personen schätzen lernte. Es war der Präsident des ÖGB, Anton Benya, der offensichtlich erreichte, dass die Nachricht über den Tod Kirchwegers erst nach Arbeitsschluss am Freitag bekanntgegeben wurde, um nicht radikaleren Kräften innerhalb des ÖGB und natürlich den Kommunisten einen Anlass zu geben, Streikaktionen zu setzen und Konflikte zu erzeugen. Borodajkewycz wurde danach von Unterrichtsminister Dr. Theodor Piffl-Perčević zwangspensioniert, wobei ich allerdings die Reduktion seiner Ruhebezüge um ein Prozent als lächerlich empfand. Wer bei dieser Entscheidung seine Hände im Spiel gehabt hat, entzieht sich meiner Kenntnis, aber wahrscheinlich war Borodajkewycz in Teile der ÖVP hinein gut vernetzt. Die schlagenden Verbindungen, besonders die radikale Burschenschaft Olympia, verzeichneten Zuläufe von Mitgliedern …

Die Zeit der ÖVP-Alleinregierung

Die 1966 erzielte absolute Mehrheit der ÖVP eröffnete mir neue Möglichkeiten. Felix Hurdes wurde abgelöst, weil die Gruppe des „Kernkreises", wie sich die aus der Tradition der Parteigründung von 1945 kommenden Repräsentanten bezeichneten, durch den berühmten Klagenfurter Parteitag 1963 an Einfluss verloren hatte. Ich glaube, dass Felix Hurdes in Wirklichkeit froh war, sich zurückziehen zu können.

Diese innere Teilung der Partei schlug sich in den Klubsitzungen eindeutig nieder. Der im Herbst 1963 neugewählte Bundesparteiobmann Josef Klaus zeigte sich selten im Parlamentsklub, hielt nur kurze Reden und verschwand dann wieder. Der damalige Bundeskanzler und Parteiobmann a. D. Alfons Gorbach versuchte die Position zu halten, wenngleich er sicher nicht der Aktivste war. Heinrich Drimmel, der in der Kandidatur gegen Josef Klaus in Klagenfurt unterlegen war, meldete sich mit Rückblicken auf die Leistungen der Regierung Gorbach immer wieder zu Wort, während etwa die spätere Sozialministerin und erste Frau in einer österreichischen Bundesregierung, Grete Rehor, sich häufig mit Attacken auf die Regierung einfand.

Rückblickend muss ich sagen, dass es eine relativ offene Diskussion im Parlamentsklub war, die die Scheidung der Geister anzeigte, aber offensichtlich die persönlichen Beziehungen aufrecht erhielt. Spätere Debatten ähnlicher Art, vor allem in den letzten Jahren, hatten nicht diese Qualität. Ich nutzte diese Zeit, um vor allem mit jüngeren Abgeordneten in Kontakt zu treten. Den Oberösterreicher Dr. Josef Gruber kannte ich bereits, Dr. Walter Hauser aus der Industriesektion der Bundeswirtschaftskammer war ein hochinteressanter und intellektueller Gesprächspartner, den ich zutiefst schätzen lernte. Ich machte es mir zur Aufgabe, neue Abgeordnete zu betreuen, wozu es später wegen der Veränderung der Personenzusammensetzung durch das gute Wahlergebnis 1966 genügend Gelegenheiten gab. Zu diesen zählte auch für sehr kurze Zeit der spätere Unterrichtsminister Dr. Theodor Piffl-Perčević, dem ich mich seiner führenden Rolle in der Katholischen Aktion Steiermark wegen sehr verbunden fühlte. Er war eine interessante Mischung aus der Tradition der alten Monarchie und einer persönlichen Ethik, die mehr als imponierend war. Als er Unterrichtsminister wurde, hatte ich ihn für die Zeitschrift der Katholischen Studierenden Jugend interviewt. Meine Frage war, wie er zu seinem Namen gekommen sei, denn er unterschrieb „Piffl" immer Kurrent, während „Perčević" in unserer heutigen Schrift dortstand.

Er erzählte mir, dass er sich vom letzten Träger des Namens adoptieren ließ, weil dieser der Nachfahre des Bannerträgers von Don Juan de Austria bei der Schlacht von Lepanto 1571 war und er, Piffl, die Tradition aufrechterhalten wollte. Seine Familie war in Wirklichkeit aus Südtirol und mit dem Kardinal-Erzbischof von Wien, Piffl, verwandt. 1969 sollte die Pflicht zum neunten Schuljahr eingeführt werden, gegen das in der Steiermark mit Unterstützung der dortigen ÖVP ein Volksbegehren initiiert wurde, das für die damaligen Verhältnisse ein beachtliches Stimmenergebnis erzielte. Die Regierung Klaus unter Einfluss der VP-Steiermark und des „alten" Krainer, dem Vater des späteren Landeshauptmannes Dr. Josef Krainer, zog die Initiative durch. Piffl, sich selbst treu bleibend, nahm den Hut und zog sich völlig aus der Politik zurück. Ob heute Minister wegen Scheiterns einer Vorlage noch aus der Regierung ausscheiden?

Eine der Beschäftigungen, die mir Klubobmann Withalm auftrug, war, die Möglichkeiten der Geschäftsordnung auszunützen. So erfand ich überraschende Abstimmungen, wo wir der Opposition dokumentierten, dass sie eigentlich bei den Sitzungen zahlenmäßig nicht sehr präsent war. Das hatte allerdings eine Racheaktion zur Folge: Als ein Beharrungsbeschluss notwendig war, weil der Bundesrat ein Gesetz beeinspruchte, hatte auch die ÖVP nicht genügend Teilnehmer im Saal …

Außer Frage haben die „Reformer", die den Klagenfurter Parteitag für sich entschieden, auch zur Modernisierung der Politik beigetragen. In der Bundesparteileitung der ÖVP, der legendären „Kärntner Straße" kamen Persönlichkeiten zum Zug, die etwas einführten, was heute ganz selbstverständlich politische Planung heißen würde. Die Meinungsforschung wurde entdeckt, der Aufbau politischer Themen in der Öffentlichkeit und der Versuch einer verbesserten Personalauswahl jenseits der Parteistrukturen. Es war eine Trias, die heute legendär wirkt: Für die Öffentlichkeitsarbeit war Karl Pisa zuständig, später in der Regierung Klaus Staatssekretär, dann erster Leiter der Politischen Akademie der ÖVP und in der Zeit des Generalintendanten Gerd Bacher für die politischen Sendungen des ORF zuständig. Weiters war Dr. Gottfried Heindl Leiter des ÖVP-Pressedienstes, aber vor allem einer, der sich mit Stimmungen und Wählerströmungen sehr ernst auseinandersetzte, und nicht zuletzt Ministerialrat Dr. Hans Kronhuber, dem manche, insbesondere von SPÖ-Seite, eine dämonische Wirkung zuordneten. Er war, geprägt von einem USA-Aufenthalt, ganz sicher ein Gegner des massiven Staatssozialismus und in seiner Ausdrucksweise etwas knorrig. Als Gesprächspartner habe ich ihn sehr geschätzt, weil man mit ihm Dinge diskutieren konnte, die zunächst überraschend und noch nicht völlig zu Ende gedacht waren. Er war es, der die Unterlage, was man mit einer absoluten Mehrheit im Parlament anfangen könne, in Wirklichkeit verlangt hatte. Heindl wurde später Leiter des Österreichischen Kulturinstituts in New York, Kronhuber musste in späteren Jahren nach einem Schlaganfall die Milde von Bruno Kreisky in Anspruch nehmen, um formal und in allen Ehren in seine frühere Position des Bundespressedienstes ins Bundeskanzleramt zurückkehren zu können. Kronhuber war einer, der Kreisky immer sehr bekämpft hat, aber es gehörte zur Größe von Bruno Kreisky, ihm das nicht zu vergelten.

Staat und Recht

1966 war auch das Jahr eines Bundesparteitages der ÖVP, in dem die „Aktion 20" in Erscheinung trat. Das war eine neue Form der politischen Programmierung unter Einbezug von Personen, die nicht unbedingt in der Partei zu Hause waren. Ich weiß nicht mehr, wie viele Arbeitsgruppen es waren, ich war aber jedenfalls der Sekretär jener Gruppe, die sich mit „Staat und Recht" auseinanderzusetzen hatte. Leiter war Universitätsprofessor Dr. Günther Winkler, ein „Wunderkind" der österreichischen Universitätsszene, weil er in jungen Jahren Professor an der Universität Innsbruck und dann in seinem Fach in Wien wurde. Er war ein spannender Gesprächspartner, voller Ideen und mit überraschenden Wendungen. In seinen späteren Jahren hat er eine gewisse Nähe zu Jörg Haider entwickelt, ursprünglich sein Assistent, wobei das Potpourri von Winklers Mitarbeitern aus dieser Zeit sehr spannend war. Es gehörten der spätere ÖVP-Generalsekretär Dr. Michael Graff sowie der nachmalige SP-Klubsekretär und Volksanwalt Peter Kostelka dazu.

Ich habe bei dieser Tätigkeit viel gelernt, wobei anzumerken ist, dass dabei erstmals die Frage der Rechtspolitik stärker in die Öffentlichkeit kam. Christian Broda hat später bei der SPÖ vor allem die Frage der Strafrechtsreform betrieben, und da wiederum war es der berühmte „§ 144" – die Strafbarkeit der Abtreibung –, der die Gemüter bewegte und tief in die katholische Kirche hinein für Konflikte sorgte. Auch ein anderes Ereignis hatte den Rechtsstaat in Erinnerung gebracht, das zu diesem Zeitpunkt jedoch schon etwas zurücklag. Es war das berühmte Habsburg-Erkenntnis des VwGH von 1963, das eine Tiefenwirkung entfaltete, die so nicht absehbar war. Der Anlass war der Antrag von Otto von Habsburg, einen österreichischen Pass zu erhalten, was erst dadurch möglich wurde, dass er eine Verzichtserklärung auf den Thron leistete. Das tat er, die SPÖ meinte, aus wahltaktischen Gründen diese nicht akzeptieren zu müssen. Als Habsburg zum Höchstgericht ging, erhielt er dort Recht, wobei die Federführung beim Verwaltungsrichter und Universitätsprofessor Dr. Hans Klecatsky lag.

Die Behauptung, dass damit der „Richterstaat" in Österreich eingeführt wurde, hat viele Menschen bewegt. Ich habe noch gut in Erinnerung, dass es etwa im katholischen Bereich eine Reihe von ÖVP-Eintritten gab, etwa den der renommierten österreichischen Zeitgeschichtlerin Univ.-Prof. Dr. Erika Weinzierl, die in späteren Jahren allerdings mehr und mehr auf die linke Seite ging. Klecatsky selber wurde ein nicht sehr glückhafter Justizminister, war in seinem Denken Josef Klaus sehr verbunden, aber im Umgang mit der Öffentlichkeit nicht immer sehr geschickt.

Allen Schriften zu dieser Zeit war nicht nur die Belebung der demokratischen Institutionen gemeinsam, sondern auch die Abschaffung bzw. Veränderung des Bundesrates. Wenn man bedenkt, dass bereits ein halbes Jahrhundert vergangen ist und sich in dieser Frage nichts getan hat, kann man merken, dass die Fähigkeit der Politik, sich über die Verfassung von 1920 bzw. 1929 hinaus weiterzuentwickeln, äußerst begrenzt ist. Die Welt bleibt aber nicht stehen, im Gegenteil, die Ebenen der Notwendigkeit politischer Gestaltung verschieben sich. Das Schicksal des Verfassungskonvents und seiner Ergebnisse (2003–2005) ist ein Beispiel für die gegenwärtige Unfähigkeit zur Reform.

Auf der Suche nach Neuem

Mehr und mehr begriff ich, dass ich in meiner Tätigkeit im Parlament ungeheuer viel lernte, gleichzeitig erkannte ich aber auch, dass sich aus dieser Funktion herzlich wenig bewirken ließ. Es waren für mich Lehr- und Wanderjahre, verbunden mit einer Möglichkeit, sich hervorragende Sach- und Personenkenntnisse anzueignen. Ich begann daher nach Veränderung Ausschau zu halten, zunächst nicht sehr erfolgreich. Hermann Withalm, den ich als eine Art Protektor verstand, sprach ich darauf an – er war 1968 Vizekanzler geworden und Klubobmann geblieben. Es wurde für ihn ein wenig eng, denn er wurde mehr und mehr als Garant dafür verstanden, dass man auch die herannahenden Wahlen 1970 gewinnen könne, da er ein glänzender Organisator und guter Redner war, mit einer Veranlagung zum Strategischen. Er hat zum Beispiel die kritische Situation mit der Verstaatlichten Industrie in der Zeit der ÖVP-Alleinregierung mit der SPÖ eigentlich gut gemanagt. Die Dichte der Funktionen hat für ihn eine gewisse Zeitknappheit bewirkt. Als er 1966 Klubobmann wurde, holte er Parlamentsrat Smekal und mich zu sich und sagte: „Jede Unterlage darf nicht mehr als drei Seiten haben, denn ich habe nicht genügend Zeit, lange Akten zu lesen." Als er noch dazu Vizekanzler wurde, versammelte er die inzwischen angeschwollene Zahl von Klubsekretären und teilte uns mit: „Jedes Problem kann man auf einer Seite darstellen!" Diese anbefohlene Verdichtung hat mir beigebracht, auf die wesentlichen Dinge zu achten, wenngleich das Ganze oft nicht hilfreich für die Sache war.

Es gab in der Zeit auch eine Reihe von Angeboten für mich, etwa in das Kabinett der Sozialministerin Grete Rehor einzutreten, auch habe ich mich bemüht, im ÖAAB nicht eine berufliche Stellung, aber eine Aufgabe zu erhalten, was aber offensichtlich an der Tatsache scheiterte, dass ich nicht zur richtigen Gruppe gehörte, wenn überhaupt zu irgendeiner Gruppe.

An dieser Stelle muss die Geschichte meiner ÖVP-Mitgliedschaft erzählt werden: Als ich von Felix Hurdes für den Klub engagiert wurde, war ich nicht Parteimitglied. Es hatte mich auch niemand danach gefragt. Persönlich war ich der Ansicht, dass man zu einer solchen Mitgliedschaft aufgefordert werden sollte. Da das nicht geschah, tat ich auch nichts. Im Klub selber kam es allerdings dann zu Schwierigkeiten, denn der inzwischen zum Wiener ÖVP-Obmann aufgestiegene Leopold Hartl fand heraus, dass ich nicht Parteimitglied war. Er brachte das dann zur Sprache, worauf ich durch einen meiner Vorgänger als Zentralführer der Katholischen Mittelschuljugend, den langjährigen Vizepräsidenten des Wiener Stadtschulrates, Gemeinderat Hofrat Prof. Markus Bittner, aufmerksam gemacht wurde. Der alte Praktiker fand auch eine Lösung: Er überreichte mir ein Beitrittsformular, ersuchte mich, es rückzudatieren (irgendwann ins Jahr 1963), er würde dann sagen, dass er vergessen habe, diesen Mitgliedsantrag abzugeben. So bin ich ÖAAB-Mitglied geworden, wobei dieser Bund mit mir nie etwas anzufangen wusste. Der spätere Landesobmann des Wiener ÖAAB, Walter Schwimmer, verhinderte, dass ich das für 25-jährige Mitgliedschaft vorgesehene Abzeichen bekomme, weil er, wie er mir später eingestand, es nicht für opportun fand, mich auszuzeichnen. Ich war damals immerhin schon Generalsekretär der ÖVP und Landesparteiobmann von Wien gewesen … Später hat mir Schwimmer angeboten, das nachzutragen, aber ich habe keinen Wert darauf gelegt.

Meine Sehnsüchte, die Position zu wechseln, teilte ich mehreren Personen mit. Nationalratsabgeordneter Dr. Josef Gruber spielte Schicksal, indem er mich darauf aufmerksam machte, dass der Wirtschaftsbundpräsident und Präsident der Bundeswirtschaftskammer, Ing. Rudolf Sallinger, junge Mitarbeiter suche. Bis dahin hatte ich keinerlei Bezüge zum Wirtschaftsbund, auch keine einschlägige Vorvergangenheit. Zu meiner Überraschung tauchte eines Tages in meinem Dienstzimmer Rudolf Sallinger auf. Er wurde damals schon als „Kugelblitz" bezeichnet, weil er sich durch große Schnelligkeit in der Entscheidung auszeichnete und infolge seiner Körpergestalt immer irgendwie in die Räume „hereinkugelte". Das tat er auch bei mir, blickte mich mit einer durch große Weitsichtigkeit gestalteten Brille von oben bis unten an und sagte: „Ich brauche junge Leute, wollen Sie?" Ich sagte Ja und kam überhaupt nicht mehr dazu, eine Art Vorstellungsgespräch zu führen. Ich wurde daraufhin in die Falkestraße, den Sitz der Bundesleitung des ÖWB, bestellt. Der amtierende Generalsekretär, Bundesrat Fritz Eckert, legte mir einen Vertrag vor, den ich selbstverständlich annahm, weil die Bezahlung um einiges besser war und ich die Hoffnung hatte, neue Möglichkeiten zu erhalten. Ab 1. Juli 1968 gehörte der Parlamentsklub für mich der Vergangenheit an und ich bewegte mich auf die Position des stellvertretenden Generalsekretärs des ÖWB zu.

Das Parlament damals und heute

Meine Zeit im Parlament möchte ich nicht missen. Ich habe mir ein emotionales Verhältnis zu dieser Institution erarbeitet, wenngleich sie damals in ihrer demokratischen Verfasstheit viel zu wünschen übrig ließ. Für mich als Neuling in der Politik war aber alles unendlich spannend. Meinen Eltern sagte ich, dass es schön sei, an einem interessanten Ort der Republik zu sein und noch dafür bezahlt zu werden. Die Welt des Parlaments war damals auch eine andere als heute. Wir hatten weniger Personal, was ich nicht als einen Fehler betrachte. Man hat sich nicht wechselseitig beschäftigt, sondern versucht, jeweils in der Sache etwas weiterzubringen. Die Vorbereitung etwa der Beantwortung von Dringlichen Anfragen, die in der

ÖVP-Alleinregierung seitens der Opposition immer häufiger wurden, hat mir eine gute Sicht auf Verwaltungssituationen eröffnet. Ich durfte als Sekretär auch jenem Komitee angehören, das zwischenparteilich die Grundlagen der Pensionsanpassung mit dem berühmten Pensionsanpassungsfaktor schuf. Ich war vor 1966 auch Mitglied einer Kommission zur Wahlrechtsreform, in der die SPÖ im Wege einer Art Erpressungstatbestandes versuchte, ein für sie günstigeres Wahlrecht zu erzielen. Damals wurden die Mandate nach der Bevölkerungszahl auf die 25 Wahlkreise verteilt, was dazu führte, dass kinderreiche Wahlkreise mehr Mandate erhielten, was traditionell der ÖVP eine bessere Ausgangsposition vermittelte. Der Unterschied war markant: Im Mühlviertel genügten ca. 19.000 Stimmen für ein Mandat, während es in anderen Wahlkreisen 25.000 Wähler brauchte. Wir haben natürlich kein Ergebnis erzielt, weil die ÖVP nicht daran interessiert war, ein für sie ungünstigeres Wahlrecht zu schaffen. Das allerdings hat das Arrangement zwischen Kreisky und Peter nach 1970 dann erreicht, denn die Nationalratswahlordnung ist ein einfaches Gesetz. Eine Wahlrechtsreform mit Elementen der direkten Mitwirkung der Bürger bei der Auswahl ihrer Vertreter fehlt hingegen noch immer.

Mir sind in dieser Zeit die Mängel unserer demokratischen Praxis sehr zu Bewusstsein gekommen. Ich bin mir nicht sicher, ob die Entwicklung zu mehr formalen Regelungen, zu allen möglichen Arten von Anfragen und Dringlichkeiten, aktuellen Stunden und Untersuchungsausschüssen dem Parlamentarismus wirklich nützlich gewesen ist. In meine Zeit fiel auch der „Einbruch" des Parlamentsfernsehens in das Geschehen im Hohen Haus, was an sich eine richtige Entscheidung war, in den Formen aber auch heute noch eine wesentliche Verbesserung vertrüge. Damals habe ich auch meine Tätigkeit als „Zensor" begonnen. Es gab eine Rundfunksendung über das Parlament, in der die Reden eingespielt wurden, wobei meine Aufgabe darin bestand, die jeweiligen Redestücke von VP-Abgeordneten auszusuchen. Ich habe gelernt, was „schneiden" bedeutet. Es hatte den Vorteil, dass man das Wesentliche herausarbeiten musste, den Nachteil, dass ich eigentlich ein unbefugter Zensor war. Mir hat diese Zeit viele Kontakte zu Journalisten beschert, weil natürlich die Weitergabe und Interpretation von politischer Information eine wesentliche Rolle spielte. Im Vergleich zu heute verstehe ich allerdings die derzeitige Fülle von Pressereferenten und Kabinettsmitgliedern, Mitgliedern von Stäben und Beratern nicht. Es sind wohl die Aufgaben vielfältiger und die Probleme komplizierter geworden, aber die Ergebnisse nicht unbedingt eindrucksvoller.

Das Parlament hat in meiner Zeit begonnen, an Bedeutung zu gewinnen, wozu die Alleinregierung der ÖVP wesentlich beigetragen hat, was konsequenterweise in der Kreisky-Zeit fortgesetzt wurde. Manche institutionellen Verbesserungen sind geschaffen worden, die Inhaltsdiskussion aber fehlte. Mich hat das damals veranlasst, ein Büchlein unter dem Titel „Demokratiekritik – Demokratiereform" herauszugeben. Es war die Zeit für solche Publikationen. Leopold Gratz tat es, Heinrich Neisser trat damit in Erscheinung wie auch Peter Diem, für die politischen Wissenschaften war es eine erste Belebung. Es wäre heute allerdings angebracht, eine Art Qualitätskontrolle der demokratischen Einrichtungen und ihrer Ergebnisse zu veranlassen, denn eines ist nach meinem Gefühl schlechter geworden: der Kontakt zwischen Wählern und Gewählten! Auch ist die Darstellung des Parlaments in der Öffentlichkeit suboptimal geworden. Als erstmals wieder das Wort von der „Quatschbude" auftrat, war ich sehr betroffen.

Was das Parlament überhaupt nicht geschafft hat, ist seine Integration in die europäische Wirklichkeit. Es hat lange gedauert, den Abgeordneten zum Europäischen Parlament aus Österreich die Möglichkeit zu einem Auftritt im Nationalrat zu geben, die in Wirklichkeit noch nicht genutzt wurde. Die Schwierigkeit begann mit der Schaffung jener Bestimmung, die das Liberale Forum zum 1994 beschlossenen EU-Beitritt Österreichs eingefordert hatte – nämlich eine Mitwirkung des Parlaments in EU-Angelegenheiten. Mit der Aufnahme dieser Bestimmung wurde die Zustimmung des Liberalen Forums erreicht und so die geforderte Verfassungsmehrheit garantiert. Dem Parlament wurde damit die Möglichkeit gegeben, auf Entscheidungen von Regierungsvertretern in der Europäischen Kommission Einfluss zu nehmen. Ein einziges Mal wurde sie genutzt – in einer Frage der Landwirtschaftspolitik –, dann hat man aber infolge mangelnder Praktikabilität und sinkenden Interesses diese Möglichkeit de facto aufgegeben. So existiert der Nationalrat neben der Wirklichkeit der politischen Entscheidungen in Europa, festgefahren in der Neigung zu öffentlichkeitswirksamen Aktionen, wie sich an der Zunahme von Schrifttafeln und Plakaten bei Abstimmungen zeigt. Man agiert für die TV-Übertragung, nicht für die Demokratie.

An dieser Stelle sei deutlich vermerkt: Ich bin ein Anhänger der parlamentarischen Demokratie und glaube, dass ihr zunehmend noch stärker eine Schlüsselrolle zukommt, als es ohnehin vom Prinzip her vorgesehen wäre. Angesichts des schrittweisen Zerbröselungsprozesses der traditionellen Parteien, des Erstarkens einer zivilen Gesellschaft und der Vielgestaltigkeit der Entscheidungsmechanismen hätte das Parlament eine ungeheure Chance, die es bis jetzt nicht genutzt hat. Der österreichische Verfassungskonvent ist trotz der Teilnahme von Parlamentariern spurlos am Parlament selbst vorübergegangen. Heute ist die Frage der Renovierung des Gebäudes an der Ringstraße offensichtlich von größerer Wichtigkeit als es die inhaltlichen Möglichkeiten dieser Kernzelle praktischer Demokratie sind.

In der Initiative „Demokratie Jetzt" haben einige Altpolitiker versucht, dem entgegenzusteuern. Dazu sieht der Forderungskatalog Folgendes vor:

Ein neues Wahlrecht: Persönlichkeiten vor Parteilisten!

- Die Hälfte der Abgeordneten zum Nationalrat und zu den Landtagen wird in Einerwahlkreisen direkt gewählt (Erststimme). Erreicht kein(e) Kandidatin/Kandidat die absolute Mehrheit, findet eine Stichwahl statt. Bei Freiwerden eines Mandates wird eine Nachwahl durchgeführt. Die andere Hälfte der Abgeordneten wird über Listen gewählt, auf die Männer und Frauen nach dem Reißverschlusssystem aufzunehmen sind. Im ersten Ermittlungsverfahren werden die Mandate nach Zweitstimmen den wahlwerbenden Gruppen mit mindestens vier Prozent Stimmenanteil gemäß der Verhältnismäßigkeit zugeteilt. Erhält eine wahlwerbende Gruppe mehr Direktmandate, als ihr nach dem Zweitstimmenanteil zusteht, werden Überhangmandate zugewiesen, ebenso für Direktmandate, die keiner wahlwerbenden Gruppe zuzurechnen sind.

- Die Wahlkampfkosten der Direktkandidaten und der wahlwerbenden Gruppen sowie die Rückerstattung tatsächlich aufgewendeter und nachgewiesener Kosten sind gesetzlich zu begrenzen.

- Für die Zweitstimmen gilt das Vorzugstimmensystem der Wahl zum Europäischen Parlament.

- **Mehr direkte Demokratie:** für Volksbegehren gilt ein dreistufiges Verfahren: Nach Einreichung der Unterstützungserklärungen und Anhörung der Bevollmächtigten erklärt das Parlament binnen zwölf Wochen, inwieweit es gewillt ist, dem Begehren zu entsprechen. Wird ein Volksbegehren weitergeführt und erfolgreich abgeschlossen, entscheidet der Nationalrat binnen sechs Monaten. Dabei haben Bevollmächtigte und deren StellvertreterInnen beratende Stimme. Über Volksbegehren, die von mehr als 300.000 Wahlberechtigten unterstützt werden, findet eine Volksabstimmung statt. Dies gilt nicht für Begehren, durch die Grund- und Freiheitsrechte oder das europäische Recht eingeschränkt werden sollen.

- Die Ziele eines Volksbegehrens sind hinreichend genau darzustellen. Die gesetzliche Ausgestaltung obliegt dem Nationalrat. Der Verfassungsgerichtshof entscheidet in Streitfällen. Volksabstimmungen über Änderungen der Verfassung erfordern die Teilnahme von mindestens 50 %, sonst von mindestens 30 % der Wahlberechtigten. Die Abstimmung erfolgt durch Ja oder Nein. Die Durchführung von Volksbegehren ist zu erleichtern.

- Die Bundesländer sehen Bürgerbegehren und Volksabstimmungen vor, deren Hürden nicht höher sein dürfen als jene auf Bundesebene.

- **Ausbau der Grund- und Freiheitsrechte:** Alle in der „Europäischen Charta der Grundrechte" verankerten Rechte werden in die österreichische Verfassung übernommen.

- **Ein starkes, unabhängiges Parlament:** Designierte Mitglieder der Regierung stellen sich einem Hearing des Parlaments. Ihre Ernennung kann mit Mehrheit abgelehnt werden.

- Der Nationalrat gibt in erster Lesung Ziele und Inhalt eines Gesetzes vor. Diese sind für die Ausarbeitung von Regierungsvorlagen verbindlich. Abgeordnete und Fraktionen können zur Feststellung der Verletzung ihrer Rechte aus der Geschäftsordnung den Verfassungsgerichtshof anrufen. Für parlamentarische Anträge gilt eine Erledigungsfrist von sechs Monaten.

- Der Nationalrat nimmt seine europäische Verantwortung verstärkt wahr: Beschlüsse zur Übertragung von Souveränitätsrechten oder zu Eingriffen in die Budgethoheit bedürfen der vorherigen Zustimmung des Nationalrates. Der Präsident/ Die Präsidentin des Europäischen Parlaments und der Europäischen Kommission haben ein Rederecht im Plenum des Nationalrates.

- **Kampf gegen die Korruption:** Keine Ausnahmen von den Korruptionsbestimmungen darf es für Regierungsmitglieder, in allgemeinen Wahlen gewählte Vertreterinnen und Vertreter oder für öffentliche Betriebe und Einrichtungen geben. Die Vergabe öffentlicher Aufträge ist nachvollziehbar öffentlich zu machen. Die Unvereinbarkeit von politischen Ämtern und wirtschaftlichen Funktionen ist klar zu regeln. In staatlichen oder staatsnahen Unternehmen sind Bezüge, Abfertigungen und Pensionsansprüche der Organe offenzulegen. Parteipolitische Postenbesetzung wird zu einem eigenen Straftatbestand.

- **Eine unabhängige Justiz:** Zur Unabhängigkeit der Anklagebehörden und der Leitung der polizeilichen Ermittlungen im Rahmen der Strafverfolgung wird ein(e) vom Nationalrat bestellte(n) Generalstaatsanwältin bzw. Generalstaatsanwalt eingerichtet.

- **Unabhängige Medien:** Die Kriterien (analog dem Öffentlichkeitsauftrag des ORF) der Presseförderung werden gesetzlich geregelt. Auf die Förderung besteht ein Rechtsanspruch. Die Vergabe erfolgt durch einen unabhängigen Presserat. Für den ORF wird ein Rundfunkrat gebildet. 5 seiner 15 Mitglieder werden von der Betriebsversammlung, 2 von der Redakteursversammlung und 8 nach einem öffentlichen Hearing vom Hauptausschuss des Nationalrates mit Zweidrittelmehrheit für vier Jahre gewählt und auf die Wahrung der Unabhängigkeit öffentlich vereidigt. Die Redakteursvertretung erhält Mitwirkungsrechte in der Programmplanung und bei Personalentscheidungen. Im Statut wird die journalistische Freiheit garantiert.

- **Ein neuer Föderalismus:** Die Gesetzgebung der Landtage im Bereich Gesundheit, Bildung, Umwelt und Energie wird in die Bundeskompetenz übertragen. Bei ihren Kontrollaufgaben bedienen sich die Landtage tatsächlich unabhängiger Landesrechnungshöfe. Der Bundesrat wird abgeschafft. Seine Antrags- und Einspruchsrechte werden auf die Mehrheit der Landtage übertragen. Im Falle eines Einspruches wird ein Vermittlungsausschuss eingerichtet. Die Landes- und Bezirksschulräte werden abgeschafft.

- **Reform der Parteien:** Die Parteien und ihre Unterorganisationen veröffentlichen sämtliche Einnahmen inkl. Unternehmensbeteiligungen und ihre Ausgaben. Bei Spenden und Sachzuwendungen ab 100 Euro sind die SpenderInnen namentlich anzuführen. Angemessene Strafen und Sanktionen sind festzulegen. Die Kontrolle obliegt dem Rechnungshof. Seine Endberichte sind zu veröffentlichen. Das Parteigesetz legt Mindesterfordernisse der demokratischen Strukturen und der Finanzgebarung fest.

Wir sind als Volksbegehren mit dieser Initiative eindrucksvoll gescheitert, weil sie zwar eine Fülle von Vorschlägen in den politischen Parteien und sonstwo ausgelöst hat, in Wirklichkeit aber nichts passiert ist, wie man auch beim darauffolgenden Wahlkampf gesehen hat und dem Regierungsprogramm entnehmen kann. Auch die Oppositionsparteien waren bislang nicht sehr hilfreich in diese Richtung tätig, wobei man die Hoffnung nicht aufgeben darf. Dass wir schon seit Jahrzehnten eine Wahlrechtsdebatte haben, die immer noch nicht zur Personalisierung des Wahlrechts geführt hat und der direkten Demokratie äußerst bescheidene Chancen einräumt, spricht Bände. Der Entfremdungsprozess der Bürger von den Parteien hat seine wesentlichen Gründe darin, dass es dem Parlament bislang nicht gelungen ist, sich jene zentrale Rolle zu erobern, die es in einer parlamentarischen Demokratie haben muss.

Man sagt immer über die Europäische Union, dass sie nicht demokratisch sei. Das mag hinsichtlich der Dominanz des Europäischen Rates – also der Mitgliedstaaten – mehr als berechtigt sein. Das Europäische Parlament selber nimmt aber seine demokratische Rolle bei der Meinungsfindung und Beschlussfassung überzeugend wahr. Dort gibt es keine Koalitionsvereinbarung, die das Stimmverhalten vorausbestimmt, und die Möglichkeit von parteiübergreifenden Beschlussfassungen wird in einem hohen Ausmaß genutzt. In Österreich tritt das nur jeweils in jenen Zeiten auf, wo eine Regierungsvereinbarung beendet ist und das Parlament zur Wahl ansteht. Das ist wenig glückhaft 2008 passiert, als nach ungeheuer populistischen Vorgaben vor dem Wahltag eine Fülle von Beschlüssen gefasst wurde, unter denen wir heute noch leiden (Hacklerregelung, Universitätsgebühren etc.). Es muss auch mit Bedauern festgestellt werden, dass es den Instrumenten der Öffentlichkeit unter Einschluss der Wissenschaftsdisziplinen nicht gelungen ist, eine ernstere Debatte zum Parlamentarismus selbst zu entfachen. Für die Zukunft der Demokratie in Österreich sehe ich darin allerdings eine Schlüsselrolle.

Sie und wir – die Wirtschaft sind wir alle

Als ich im Juli 1968 in die Bundesleitung des Österreichischen Wirtschaftsbundes eintrat, war ich – für mich ziemlich neu – im Bündesystem der ÖVP gelandet. Der Österreichische Wirtschaftsbund symbolisierte ein beachtliches Stück dieser Tradition, war doch ein Urgestein der ÖVP, nämlich Ing. Julius Raab, der Gründer und sicher auch einer der Hauptschöpfer des bündischen Systems in der ÖVP. Felix Hurdes als erster Generalsekretär war eher für die Form einer einheitlichen Partei zu haben, während die Akteure der Zeit vor 1934 bzw. 1938 natürlich in ihren alten Organisationen zu Hause waren. Leopold Figl war Direktor des niederösterreichischen Bauernbundes vor dem Ständestaat, Julius Raab hatte den Österreichischen Gewerbebund geschaffen, und mit Leopold Kunschak und Lois Weinberger waren alte christlich-soziale Gewerkschafter am Entstehen der ÖVP beteiligt. Das Konzept ging von einer Gesellschaftsauffassung aus, die heute nicht mehr der Wirklichkeit entspricht, damals aber quasi die drei Säulen der Arbeitnehmer, der Wirtschaftstreibenden und der Bauern kannte. Diese Trinität bestimmte sehr lange die inneren Verhältnisse der Volkspartei, wobei ich rückblickend den Eindruck habe, dass Julius Raab die klarste Vorstellung davon hatte. Er wollte die Arbeitnehmerseite unter Kontrolle halten, daher wurde Lois Weinberger nicht nur Minister in der ersten Regierung nach 1945, sondern auch für die Arbeitnehmerseite zuständig – und auch gleichzeitig noch für Wien. Der St. Pöltner Raab ging offensichtlich davon aus, dass man die Bundeshauptstadt der Sozialdemokratie überlassen muss, und hat das Dilemma, das bis heute gilt, dass die Volkspartei in Wien nie sehr stark wurde, mitbegründet. Ich habe im ersten Protokoll des ÖVP-Parlamentsklubs aus dem Jahre 1945 die Mitteilung gefunden, dass Raab damals als Klubobmann mit den Sozialisten als Gegenleistung für die Zustimmung zur Wahl von Karl Renner zum ersten Bundespräsidenten der Zweiten Republik – diese geschah in der Bundesversammlung und nicht durch Volkswahl – vier amtsführende Stadträte für die Wiener ÖVP vereinbart hatte. Die absolute

Mehrheit der SPÖ stand zu dieser Zeit nie in Zweifel, aber es war auch eine klare Vermeidung des Systems von Regierung und Opposition in der Bundeshauptstadt.

Der ÖWB selber wurde im Wesentlichen von einer klein- und mittelständischen Schicht getragen. Die Industrie – in Österreich ohnehin relativ schwach vorhanden – hatte wenige Repräsentanten und war durch die Österreichische Industriellenvereinigung organisiert, stets „Schwarzenbergplatz" genannt. Die inneren Verhältnisse des ÖWB waren durch diese Mittelständler gekennzeichnet, im Wesentlichen durch Familienbetriebe, wie beispielsweise der Bauingenieur Julius Raab, der in einen solchen St. Pöltner Betrieb (Familie Wohlmeyer) eingeheiratet hat.

Gleiches fand ich unter der Präsidentschaft von Ing. Rudolf Sallinger im ÖWB vor. Generalsekretär war Fritz Eckert, jahrzehntelang Bundesratsvorsitzender-Stellvertreter, quasi eine Erbpacht, aus den katholischen Verbänden der Vorkriegszeit kommend und hier ausgezeichnet vernetzt, der eigentlich die Aufgabe hatte, den ÖWB leidlich zu organisieren und ansonsten Probleme vom späteren „Staatsvertragskanzler" fernzuhalten. Eckert war ein geschickter Mann, der es auch verstand, an jene Informationen zu gelangen, die ihm ein leichteres Bewegen in der politischen Landschaft ermöglichten. So war er berühmt dafür, dass er zur Zeit der Kanzlerschaft Raabs immer einige Zeit im Vorzimmer verbrachte, über die beherrschenden Fragen Bescheid wusste, ebenso die Meinung Raabs von den Mitarbeitern kannte und sich damit konfliktfrei und wohlgefällig dem Wirtschaftsbundobmann und langjährigen Kammerpräsidenten und Bundeskanzler präsentieren konnte. Vor mir waren auch bereits „Junge" in die „Falkestraße" geholt worden, die mehr oder weniger bald aufgaben, denn Eckert hatte geschickt eine Art von Gummikäfig um seine Mitarbeiter etabliert, die dadurch nichts Gescheites tun konnten.

Raab war bis zu seinem Lebensende Präsident der Kammer und Obmann des Wirtschaftsbundes und, auch infolge seiner Erkrankung, nicht mehr an Neuerungen interessiert. Sein Nachfolger war der Burgenländer Cafétier aus Stegersbach Leopold Wagner, den auch keine innovatorische Aura auszeichnete. Erst Sallinger erkannte, dass Änderungen notwendig waren. In Wahrheit war der Wirtschaftsbund mehr oder weniger eine Art Wurmfortsatz der Wirtschaftskammer, die infolge ihrer gesetzlichen Rolle, der Größe des Apparates und ihrer finanziellen Stärke den eigentlichen Kern darstellte. Alle fünf Jahre ging es bei der Wirtschaftskammerwahl darum, die Mehrheit des ÖWB zu sichern, was damals infolge einer relativen Statik der wirtschaftlichen und gesellschaftlichen Strukturen verhältnismäßig leicht möglich war. Dort, wo Mehrheiten gefährdet waren, sicherte man diese entweder durch Vereinbarung oder aber auch durch Stimmenkauf. Intern waren die entscheidenden Gruppen klassische alte Wirtschaftsbereiche, wie etwa die Wirte und der Lebensmittelhandel, das Baugewerbe oder die darum gelagerten Berufsgruppen des Bauhilfs- und Nebengewerbes. Mir war diese Welt zunächst fremd, eine Brücke waren für mich die beeindruckenden sozialen Probleme der zunehmend marginalisierten Klein- und Mittelbetriebe, die Frage der mittätigen Ehefrauen und die große Abhängigkeit der Unternehmer im lokalen Bereich von den politischen Entscheidungsträgern. Aktionsprogramm fand ich keines vor, weil die gesamte Situation eher auf Stillhalten abgestellt war, worin Fritz Eckert ein Meister war, indem er in regelmäßigen Abständen Pressemitteilungen von sich gab, Konferenzen von Bezirkssekretären einberief und ansonsten die alles andere als anstrengende Tätigkeit des Vorsitzenden-Stellvertreters des Bundesrates als „ewiges Amt" ausübte. Das scheint im Übrigen ein Charakteristikum dieser Funktion zu sein, denn nach ihm hat Univ.-Prof. Dr. Herbert Schambeck das genauso lang mit den gleichen guten kirchlichen Verbindungen von Vatikan bis Bischöfe wahrgenommen und Orden verteilt.

Schon nach kurzer Zeit musste ich feststellen, dass Tätigkeit nicht sehr erwünscht war, sodass ich versuchte, durch Besuche in den Bezirksgruppen quer durch das Bundesgebiet nicht nur bekannt zu werden, sondern auch eine gewisse Organisationstätigkeit zu entwickeln, was mir durch die offizielle Funktion des Organisationsreferenten auch möglich wurde. Ich habe damals begonnen, viele Kilometer mit meinem eigenen Auto einzusammeln und überall Referate und Diskussionen zu halten. Damit waren spannende Erfahrungen verbunden, weil ich viele Personen und verschiedene Mentalitäten kennenlernte. Unvergesslich wird mir eine solche Veranstaltung in Kleinhaugsdorf im Weinviertel bleiben. Ich fuhr mit einem Austin 850, einem Kleinauto, dorthin. Der lokale Wirtschaftsbundobmann nahm mich mit skeptischem Blick in Empfang. Als ich ausstieg, sagte er: „Was, kein Mercedes?"

Die Veranstaltung selbst fand in einem Wirtshaussaal statt, der offensichtlich auch als Kino diente. Beim Hineingehen fragte ich den Obmann, was er sich erwarte und wie lange ich reden solle. Die Antwort war eindeutig: „Sie san a Akademiker, daher a Stund!" Zum Entsetzen sagte ich dann allerdings noch, dass ich gerne eine Diskussion hätte. Als die Veranstaltung im leidlich gefüllten Saal eröffnet wurde, wurde ich als der Doktor vom Wirtschaftsbund aus Wien vorgestellt, verbunden mit der Bemerkung, dass ich mir auch eine Diskussion wünsche. Der Obmann deutete dann auf drei Personen hin und bestimmte, dass sie nach meinem Referat Fragen zu stellen hätten. Ich habe wirklich eine Stunde geredet und versucht, in irgendeiner Weise das Interesse des Publikums zu wecken. Die vorgesehenen drei Fragen kamen auch, das wirklich Überraschende aber war die Schlussbemerkung des Bezirksobmannes, der sagte: „So, auf geht's in die Kellergassn, da werd' ma sehen, wos da Herr aus Wien wirkli kaun." Politik war damals immer noch sehr alkoholisch, noch dazu in einer berühmten Weingegend. Wie ich mit meinem Auto dann nach Wien gekommen bin, weiß ich bis heute nicht mehr …

Schritt um Schritt gelang es mir, einige Aktivitäten zu entwickeln. Es gab damals einen ÖVP-Stadtrat in Wien, DDr. Pius Prutscher, der teilweise für die Wirtschaft zuständig war. Er, ein unruhiger Geist, Nachfahre eines Architekten im Roten Wien der Ersten Republik, aber eigentlich Vorarlberger, ging allen mit der Forderung auf die Nerven, dass man auf die wirtschaftliche Funktion der Gemeinden mehr ach-

110

ten sollte und zu versuchen hätte, eine vernünftige Partnerschaft mit der Wirtschaft zu erzielen sowie kommunale Betriebe zu privatisieren. Heute würde man das Public Private Partnership (PPP) nennen. Er entwickelte auch eine Reihe von Modellen, wie man etwa Bauhöfe privatisieren könnte, kommunale Unternehmen verkaufen etc. Im Grunde wollte das in den höheren politischen Ebenen niemand hören, wenngleich die Belastung durch die wirtschaftliche Tätigkeit der Kommunen für die Privatwirtschaft eine beträchtliche war. Wir haben gemeinsam Konferenzen und Tagungen entwickelt und Broschüren herausgegeben, die diese Gedanken verbreiten sollten. Ebenso ging es darum, eine Verbindung zwischen Wissenschaft und Wirtschaft herzustellen, wobei mir der Wirtschaftshistoriker der Welthandelshochschule, heute Wirtschaftsuniversität Wien, Prof. Alois Brusatti, sehr behilflich war. Mit ihm habe ich auch Gesprächsrunden zustande gebracht, die wiederum Sallinger sehr interessierten, weil wir Journalisten gegenüber damit Konzepte wirtschaftlicher Veränderungen präsentieren konnten. Das hat mir Schritt um Schritt eine stärkere Position bei Rudolf Sallinger geschaffen und dazu geführt, dass Generalsekretär Eckert auf eine Weise marginalisiert wurde. Natürlich hatte ich den Wunsch, diese Funktion zu übernehmen, doch war ich noch zu jung dafür. Ich wurde dann mit 30 Jahren Generalsekretär des Wirtschaftsbundes, wobei die verlorene Wahl 1970 den Prozess der Veränderung selbstverständlich dynamisiert hat. Ich war also quasi der Gewinner einer Niederlage.

Es gelang auch, die Mannschaft in der Bundesleitung zu erweitern, wobei der spätere Geschäftsführer der Tageszeitung „Die Presse", Johann Fritz, eine beachtliche Verstärkung des Teams darstellte. Zuerst ging es darum, das Bewusstsein über die zentrale Rolle der Wirtschaft in der Öffentlichkeit zu erweitern. „Sie und wir – die Wirtschaft sind wir alle", war das Motto einer Kampagne, begonnen zur Vorbereitung von Handelskammerwahlen, dann aber ein durchgehendes Prinzip. In einer einheitlich gestylten Kampagne machten wir auch auf die Rolle des Staates aufmerksam, etwa mit Aufklebern, was der Staat an einer Tankstelle beim Benzin verdient (mehr als die

Hälfte des Preises) und natürlich auch mit entsprechenden Informationen über Steuer- und Verwaltungsbelastungen. „Die Wirtschaft geht uns alle an", versuchten wir zu verbreiten. Das war auch notwendig, weil inzwischen die Regierung Kreisky eine Reihe von ideologisch bestimmten Maßnahmen setzte, die sich als beachtliche Belastung herausstellten. Rudolf Sallinger brachte es zustande, mit den meisten Regierungsmitgliedern der diversen Kreisky-Regierungen ein gutes Verhältnis zu haben, was allerdings kaum zu Entlastungen führte. Legendär waren die berühmten Runden einmal in der Woche mit dem Bundesminister für Handel, Gewerbe und Industrie, Josef Staribacher, ebenso die morgendlichen Besprechungen (ca. 6:30 Uhr) mit dem Präsidenten des ÖGB, Anton Benya. Bei einigen dieser Unterhaltungen war ich dabei. Sie beeindruckten mich in ihrer Pragmatik. Es war lange noch nicht die Zeit, wo man mit Papieren, wissenschaftlichen Ausarbeitungen und Statistiken versuchte, einander zu beeindrucken, sondern es war mehr eine praktische Sprache der Erfahrung. Als es um die Mitwirkung der Arbeitnehmervertreter im Aufsichtsrat von Aktiengesellschaften bei der Bestellung des Vorstandes ging, sagte Anton Benya etwas, das mir in Erinnerung geblieben ist: „Ein Arbeiter kann sich seinen Chef nicht aussuchen."

Schwieriger waren die Themen rund um die Verstaatlichte Industrie, die ja Schritt um Schritt in Turbulenzen geriet, aber einen privilegierten Teil der Kreisky'schen Wirtschaftspolitik darstellte. Nach langem Zögern hat sich Rudolf Sallinger entschlossen, eine Demonstration der Wirtschaft zu organisieren. Straßenmanifestationen waren nicht seine Sache, er setzte immer auf das persönliche Gespräch. Als wir mit Autobussen, Sonderzügen und einer entsprechenden Werbekampagne einen solchen Protestzug zum Bundeskanzleramt zustande brachten, war Sallinger sehr nervös, eigentlich unsicher und am Abend merklich froh, dass wir das halbwegs erfolgreich hinbekommen hatten.

Der „Rudi", wie er auch liebevoll genannt wurde, war kein Mann von Manifestationen, und schon gar nicht von ständigen Pressekonferenzen. Überhaupt waren für ihn öffentliche Auftritte mühsam, er bereitete sich gewissenhaft vor, schrieb alle Redetexte und Erklärungen mit eigener Hand und bunten Filzstiften ab, was ihm offensichtlich mehr Vertrautheit mit dem Text vermittelte. Die Arbeit mit ihm habe ich sehr geschätzt, weil es immer eine offene Aussprache war, man wusste, woran man war, Erfolge hat er anerkannt, Kritik unvermittelt mitgeteilt – und letztlich war er ungeheuer solidarisch.

Der ÖWB wurde nach Übernahme des Generalsekretariates 1971 für mich eine Versuchsstation für eine neue Parteiarbeit. Wir gründeten eine eigene Arbeitsgemeinschaft für Unternehmerfrauen, weiters die Kommunalpolitische Vereinigung, die später von der ÖVP übernommen wurde, entwickelten eigene Aktivitäten für die freien Berufe und erste Bemühungen um Fragen der Umwelt, weil leicht zu erkennen war, dass diese Notwendigkeiten einerseits eine Chance, andererseits aber auch eine Belastung für die Wirtschaft sein konnten.

Entscheidend war die Gründung des Management Clubs, der aus meiner Überlegung stammte, dass das traditionelle Publikum des ÖWB, Personengesellschaften und Einzelunternehmer, von einer Entwicklung abgelöst wurden, die mehr und mehr Unternehmensleitung und Eigentum voneinander trennte. Sallinger hat all diese Dinge mitgemacht, wobei ich immer den Verdacht hatte, dass er eigentlich nicht genau wusste, worum es ging, aber darauf vertraute, dass es Sinn machte. Es war eigentlich ein angewandtes unternehmerisches Prinzip, denn der Erfolg gibt schließlich Recht. Wenn wir keinen Erfolg hatten, dann war es eben meine Verantwortung. Der Management Club selbst nahm eine interessante Entwicklung, die sich bis heute gehalten hat und nicht nur darauf abgestellt war, angestellte Unternehmensleiter zu gewinnen, sondern die Gruppe der leitenden Angestellten insgesamt, die eine Unternehmerfunktion innehatten. Sallinger nannte sie „Manager-Männer". Er selber war ein ausgezeichneter Netzwerker, wobei ich mich immer an die Abende im Keller seines Hauses in der Nikolsdorfer Gasse im 5. Bezirk erinnere. Ich hatte dort die Gelegenheit, viele aus der österreichischen Politik und Journalistik kennenzulernen, denn seine Einladungen mit ausgezeichneter und handfester Küche, die seine Frau Toni bereitete, waren legendär. Apropos Toni! Wolfgang Schüssel, Ingrid Tichy-Schreder und ich, die ihm näher standen, haben nicht nur ihm bis zu seinem Tod, sondern auch Toni Sallinger die Treue gehalten. Ich habe organisiert, dass sie die von ihr geliebten Salzburger Festspiele besuchen konnte, die für ihren Mann ein Gräuel waren. Ich kam daher sehr früh in den Genuss von Festspielkarten, weil Rudi Sallinger zwei besorgte, dann aber nie in die Vorstellungen ging. Er zog sich allerdings immer einen Smoking an – besser muss man sagen: der Smoking wurde ihm angezogen – und erschien in der Pause der jeweiligen Premieren, um seine Präsenz zu zeigen. Für Toni habe ich bis zu ihrem Tod mit Hilfe von Helga Rabl-Stadler die Teilnahme an den Festspielen samt darauffolgendem Essen beim „Goldenen Hirschen" organisiert, und zu Weihnachten waren wir eine traditionelle Gruppe, die diese persönliche Freundschaft aufrecht hielt. Die Sallinger'sche Gastlichkeit hatte damals in der politischen Sozialisierung eine gewisse Bedeutung, von Compliance hat damals niemand geredet, es hatte auch nichts mit Korruption zu tun, sondern mit dem Versuch, menschliche Kontakte zu pflegen und zu bewahren.

Die Bundesleitung des Wirtschaftsbundes hat mit Hilfe der Handelskammer-Organisation in dieser Zeit die Tageszeitung „Die Presse" besessen, die damals schon hinsichtlich der Eigentumsverhältnisse einige schwierige Wege gegangen war. Das Defizit wurde durch jene Mittel abgedeckt, die wahlwerbende Gruppen innerhalb der Handelskammer nach festgelegten Prozentsätzen erhielten. Es gab also eine Art Parteienfinanzierung auch im Interessensvertretungsbereich, die damals relativ wenig diskutiert wurde und natürlich bei Arbeiterkammer, Gewerkschaft und Landwirtschaftskammer genauso üblich war. Das Verhältnis Sallingers zu „seiner" Zeitung war allerdings schwierig, weil er wiederholt wegen verschiedener Artikel angesprochen wurde, als hätte er die Texte selbst geschrieben.

Das führte zu schwierigen Unterhaltungen, vor allem mit dem langjährigen Chefredakteur Dr. Otto Schulmeister, den ich aufgrund meiner Verbindungen zu Otto Mauer und Karl Strobl sehr gut kannte. Er war mit den Genannten und mit Anton Böhm Herausgeber von

„Wort und Wahrheit", der einzigen nachhaltigen intellektuellen Zeitschrift Österreichs, von Katholiken ediert. Sallinger und Schulmeister hatten ein äußerst schräges Verhältnis zueinander. Schulmeister, der immer der Versuchung einer gespielten Dämonie anheimfiel, kam bei diesen Gesprächen stets mit einer Auftrittsszene zur Tür herein: „Was sind die Befehle, Herr Präsident? Wie können wir die bürgerliche Welt retten, welche himmelstürmenden Pläne zur Revolution haben Sie?" Das war natürlich eine Form von Theater, dem Rudolf Sallinger nicht gewachsen war. Einige Male hat er mir vor oder nach den Gesprächen gesagt: „Ich könnte ihn umbringen", was er aber mit Sicherheit nicht so meinte. Bei den Gesprächen versuchte er freundlich zu sein und vorsichtig seinen Standpunkt darzulegen, natürlich immer mit dem Versuch, keinen Vorwand für irgendwelche Gerüchte zu schaffen. Ich bin überzeugt, dass Sallinger unter diesen Unterhaltungen sehr gelitten hat, während Schulmeister mit seinen Auftritten kompensierte, dass er vom Eigentümer in einer gewissen Weise abhängig war und sich dennoch seine Selbständigkeit erhalten wollte. Es waren jedenfalls zwei Welten, die hier zusammentrafen.

Ähnliche Unterhaltungen habe ich auch mit dem Generalintendanten des ORF Gerd Bacher erlebt, wobei beide füreinander zwar großen Respekt zeigten, aber durchaus eine konfliktreiche Unterhaltung liebten.

Die so wiedergewonnene Aktivität des Österreichischen Wirtschaftsbundes, der damit sein Image in der Öffentlichkeit verbessern konnte, hat uns auch einige innerparteiliche Konkurrenz eingetragen. Ich erinnere mich noch an ein Wort von Claus Raidl – oder war es Wendelin Ettmayer –, die mir sagten, dass quasi mit der Breite des Engagements die Wirtschaft offensichtlich die ÖVP übernehmen wolle. Dieses Gefühl entstand auch dadurch, dass natürlich die Finanzierung der Partei, insbesondere bei Wahlkämpfen, aus dem Wirtschaftsbereich kam, wobei es die Bundesfinanzreferenten der ÖVP verstanden, das Geld an verschiedenen Stellen einzusammeln. Da vom ÖWB immer ein gewisser sicherer Beitrag kam, hat das die Freundlichkeit der

Bundesparteiobmänner gegenüber dem Wirtschaftsbund im Vorfeld von Wahlen immer erhöht …

Eine persönliche Bemerkung: In den politischen Organisationen, aber auch in anderen Bereichen, in denen ich tätig war, habe ich immer Situationen übernommen, die von Schulden gekennzeichnet waren. Das begann in der Katholischen Mittelschuljugend (dort waren es ein paar Tausend Schillinge) und setzte sich später in der Wiener ÖVP und der Bundes-ÖVP fort. Als ich Bundesparteiobmann wurde, hatte die „Kärntner Straße" fast 140 Millionen Schilling Schulden. Einzig und allein während meiner Zeit im Wirtschaftsbund musste ich mir hier keine Sorgen machen. Man sprach mit dem „Onkel Rudi", musste begründen, wofür man das Geld brauchte, und erhielt es auch. Ich kann mich allerdings auch daran erinnern, dass ich über seine Veranlassung bei Banken, Industriellen und Wirtschaftsvereinigungen um Mittel vorstellig werden musste, die offensichtlich über den ÖWB der Politik zugutekamen. Bei der heutigen Diskussion um die Parteienfinanzierung beschleicht mich immer ein ungutes Gefühl in der Erinnerung, denn die Art und Weise, wie damals diese Finanzierungen durchgeführt wurden, ging mit Sicherheit an Bilanzen, Steuerbehörden und Vorstands- und Gesellschafterbeschlüssen vorbei. Es darf allerdings auch eingewendet werden, dass der Politikbetrieb von damals weitaus billiger war als heute. Nebenbei: Das Geldeinsammeln für kulturelle und wissenschaftliche Institutionen ist mir bis heute geblieben …

Im Österreichischen Wirtschaftsbund habe ich mich sehr wohl gefühlt. Ich hatte ein gutes Verhältnis zu den Landesorganisationen, auch war durch die Tatsache, dass ich regelmäßig die Bezirksorganisationen besuchte, das Echo durchgehend positiv. Es gelang mir, persönliche Kontakte herzustellen, die in den späteren Funktionen durchaus hilfreich gewesen sind. Seit damals bin ich der Überzeugung, dass echte politische Arbeit eigentlich nur im direkten Kontakt geschehen kann und Werbemaßnahmen und mediale Übungen bestenfalls eine Ergänzung darstellen. Es gab auch ein ganz beachtliches „gesellschaftliches" Leben. Ich erinnere mich an die Unzahl der Wirtschaftsbälle, die ich quer durch Österreich in der Faschingszeit abgearbeitet habe, wobei diese Art von Geselligkeit zunehmend seltener wird. In meiner besten Zeit in der Politik von Wien habe ich in einer Saison ca. 80 Bälle und Tanzveranstaltungen absolviert, an Wochenenden waren es sechs bis zehn, die von einer Karnevalsnacht in einem Ortsteil des Bezirkes Donaustadt bis hin zum Techniker Cercle reichten. Ich darf gestehen, dass mir das wenig Freude gemacht hat, aber es war sehr zweckmäßig. Heute weine ich diesem Engagement keine Träne nach. Am Opernball war ich nie – und bin stolz darauf.

Natürlich bin ich auch sehr stark in Wien eingesetzt gewesen, wobei die soziale Schichtung der in der Wirtschaft Tätigen in der Bundeshauptstadt wahrscheinlich am stärksten zum Ausdruck kam. Es gab die geringer werdende Zahl kleiner Lebensmittelhändler, die durch technische Entwicklung bedrohten Branchen, das langsame Aufkommen von Ketten und Supermärkten und die dominante Rolle der Stadt Wien als Unternehmer. Im Hinblick auf Wien habe ich damals sehr viel verstehen gelernt. Daher wurde mir in der Vorbereitung der Wahlen von 1975 die Chance eingeräumt, auf einen sicheren Platz für den Nationalrat gereiht zu werden. Ich folgte dem Wirtschaftstreuhänder DDr. Kurt Neuner nach, der von sich aus verzichtete und meine Kandidatur kräftigst unterstützte. Es war die Besonderheit des Wirtschaftsbundes, nicht übertriebene Konkurrenzkämpfe durchzuführen, sondern praktisch zu überlegen, wer im Sinne der Organisation und ihrer Wirksamkeit wo am besten am Platze sei.

Manches bereitete sich auch für mich vor, was ich allerdings erst später sah. Nach 1970 war der langjährige Generalsekretär Hermann Withalm Kurzzeitobmann, der vielleicht den historischen Irrtum beging, die Zeit der Koalition zwischen Bruno Kreisky und Friedrich Peter bzw. Rot und Blau als sehr kurzfristig anzusehen. Es verdient festgehalten zu werden, dass Josef Klaus trotz der oft ausgesprochenen Vermutung, dass er dem rechten Spektrum in Österreich näher stehe als Mitte-Links, eine Koalition mit der FPÖ verweigerte. Bei

Hermann Withalm war es als gestandenem Niederösterreicher noch fundamentaler. Er hatte zwar seinerzeit mit seiner Weigerung, als Generalsekretär der ÖVP seine Unterschrift unter die Koalitionsvereinbarung 1963 zu setzen, auf eine gewisse Weise das Ende der Großen Koalition eingeläutet, wobei seine Kritik darin bestand, dass der damalige Bundesparteiobmann Alfons Gorbach zu weich verhandelt habe und der Druck der Reformergruppe innerhalb der ÖVP schon deutlich spürbar war. Koalition mit der FPÖ war aber die Sache des „Eisernen Hermann" nicht. Er gehörte auch dem Präsidium des Österreichischen Wirtschaftsbundes an, was mir jeden Mittwoch Morgen einen ziemlich direkten Einblick in das politische Geschehen vermittelte. Sallinger legte auf diese Morgenübung ungeheuren Wert, wobei es eine Reihe von Regierungsmitgliedern gab, die etwa Anreisen aus Graz und Linz auf sich nahmen, nur um an dieser Sitzung von der Dauer von einer bis eineinhalb Stunden teilzunehmen. Dafür wurde aber oft Wesentliches besprochen. Im Übrigen habe ich diesem Präsidium auch nach meinem Ausscheiden als Generalsekretär des Wirtschaftsbundes angehört, später als Vize-Bürgermeister und Minister. Es ist hier auch der Platz festzustellen, dass mir im Wesentlichen der ÖWB politisch immer die Treue gehalten hat, bis hin zu Christoph Leitl. Die von ihm verliehene „Goldene Julius-Raab-Medaille" halte ich in Ehren.

Inzwischen war Karl Schleinzer nach Hermann Withalm Bundesparteiobmann geworden, wobei ich mich persönlich mit Schleinzer seiner spröden Art wegen immer schwer getan habe. Ich erlebte als Mitglied der Bundesparteileitung auch meinen ersten Gewissenskonflikt, als es darum ging, einen Kandidaten für das Amt des Bundespräsidenten zu finden. Für mich war Hermann Withalm der natürliche Kandidat, aber Karl Schleinzer hatte Alois Lugger dafür vorgesehen, was dem langjährigen Landeskapo von Tirol, „Walli" Eduard Wallnöfer, sehr recht war. Rudolf Sallinger hat mich davon abgehalten, mich der Stimme zu enthalten, aber das Ergebnis habe ich vorausgesehen. Schleinzer hat mich durchaus mit einigen Aufgaben betraut, so zum Beispiel im neu geordneten ORF als Mitglied des Kuratoriums. Der heutige ORF verdankt einem erfolgreichen Volksbegehren, das auf diese Art 1964 ein erstes Mal durchgeführt wurde, seine Existenz. Es war eine Kampagne der Zeitungen, bei der die damals markanten Chefredakteure wie Hugo Portisch, Otto Schulmeister, Fritz Csoklich und Hermann Polz eine eindrucksvolle Rolle spielten. Als Klubsekretär durfte ich die Gesetzwerdung dieser Vorlage betreuen, wobei mir das im zuständigen Ausschuss des Parlaments – es war ein Sonderausschuss – auch beachtliche persönliche Kenntnisse der Journalisten, aber auch des Rundfunks bescherte. Die Organisatoren hatten sich intern auf Gerd Bacher für die Funktion des Generalintendanten geeinigt, Hermann Withalm folgte dieser Linie bedingungslos und Josef Klaus hat Gerd Bacher über die Salzburg-Schiene gut gekannt. Die katholische Kirche entsandte schon damals einen Vertreter, den Präsidenten der Katholischen Aktion Österreich, Schuldirektor Hofrat Dr. Kriegl, der seine Stimme abzugeben hatte. Die Stimmenverhältnisse waren eng und ich bekam aufgrund meiner Verbindungen zur Katholischen Aktion den Auftrag von Withalm, Kriegl zu einer entsprechenden Stimmabgabe zu bewegen. Kriegl war CVer und unbedingter ÖVPler, aber distanziert genug, um in erster Linie jene Interessen zu vertreten, die er aufgrund seiner Entsendung zu verfolgen hatte. Bacher hat entsprechende Zusagen betreffend Kirchenfunk gemacht und später auch eingehalten. So bin ich dann später im Kuratorium gelandet, allerdings zu einer Zeit, in der Bruno Kreisky bereits beschlossen hatte, eine weitere Amtszeit von Gerd Bacher zu verhindern. Ich habe an diesen nächtelangen Sitzungen teilgenommen, mein Sitznachbar war Fritz Wotruba, renommierter Künstler und gestandener Sozialist. Wotruba war mit Bacher befreundet und hielt ihn für einen überzeugenden Akteur, aber für ihn war die Bindung an die Partei so stark, dass er für Otto Oberhammer stimmte, der zunächst von Kreiskys Gnaden und über Vorschlag von Christian Broda Generalintendant wurde. Oberhammer war ein gestandener Konservativer Tiroler Prägung, aus einer führenden Familie dieses Landes, die etwa auch einen Generaldirektor des Kunsthistorischen Museums gestellt hat. Ich verstehe, dass Oberhammer diese Karriere faszinierte. Es war deutlich merkbar, dass seine Kenntnisse der Rundfunkwelt eher bescheiden waren. Der eigentliche Inszenator seiner Wahl war Karl Blecha, dessen List und Rabulistik in der Argumentation ich zu dieser Zeit kennenlernte, was mir später, als ich mit ihm in seiner Funktion als Bundesminister für Inneres zu tun hatte, sehr geholfen hat.

Es wurde für mich noch enger im Hinblick auf Bundesfunktionen. Ich wurde von Karl Schleinzer eingeladen, ihn in seinem Landhaus in St. Oswald in Kärnten zu besuchen. Ich wusste nicht warum, kam aber. Er nahm mich dann in seinem Auto mit. Auf dieser langen Fahrt breitete er den Plan aus, seinen Generalsekretär Dr. Herbert Kohlmaier auszuwechseln und ihn beim nächsten Bundesparteitag durch mich zu ersetzen. Für mich war das ein Schock, denn ich wäre nie auf die Idee gekommen, mich mit meinen 33 Jahren für dieses Amt zu interessieren. Ich verstand den Wunsch Schleinzers insofern, als es Kohlmaier bis dahin nicht gelungen war, die Partei präsentabler zu machen, sah aber in mir keine Alternative. Ich versuchte, Schleinzer das klar zu machen, der es schließlich akzeptierte, weil ich vor allem auch auf mein Loyalitätsverhältnis zu Rudolf Sallinger hinwies. Eine Bemerkung aber kam mir später in Erinnerung: „Der Weg auf die Bundesebene wird dir nicht erspart bleiben …" Schleinzer hatte Recht, dass aber sein Unfalltod das auslösende Moment dafür war, ist und bleibt für mich schrecklich.

Meine übrigen Erfahrungen mit dem Wirtschaftsbund waren gemischt. In meiner Zeit als Wiener ÖVP-Obmann war mein Gegenüber Ing. Karl Dittrich als Landesgruppenchef, der ein durchaus erfolgreicher und ehrgeiziger Unternehmer war, aber meines Erachtens in der Kooperation mit der sozialistischen Rathausmehrheit viel zu weit ging. Am Beginn unterstützte er mich, dann aber zählte er zu jenen, denen meine „grüne" Linie, aber auch die andere Auffassung von Parteiorganisation, ziemlich auf die Nerven ging und zu einer entsprechenden Ablehnung führte. Er war es schließlich auch, der später, 1989, meine Ablöse als Parteiobmann betrieb. Gebraucht hat mich der Wirtschaftsbund in späteren Zeiten eigentlich nie mehr. Inzwischen bin ich überzeugt, dass sich diese Organisationsform Schritt um Schritt verabschiedet, weil sich auch die Strukturen und die Mitglieder der Wirtschaftskammer ändern. Die Ich-AGs werden immer stärker, der beratende Bereich und der Dienstleistungssektor sind zahlenmäßig die stärksten Gruppen in der Kammermitgliedschaft, und der Kern der Wirtschaftswelt eines Julius Raab existiert inzwischen längst nicht mehr. Ich persönlich nehme an, dass es für den Wirtschaftsbund nicht leicht sein wird, seine dominierende Stellung in der Wirtschaftskammer zu behalten.

Als ich gebeten wurde, 2007 den Vorsitz im „Senat der Wirtschaft Österreich" zu übernehmen, habe ich das aus alter Bindung zur Wirtschaft gerne getan. Hier beobachte ich, dass sehr viele aus den traditionellen Wirtschaftsorganisationen fliehen, eher für ungebundene Formen sind, sich zwar selbst als politisch verstehen, eine engere Bindung mit einer Partei aber ablehnen. In dieser Organisation ist das Interesse an der Politik sehr groß, noch aber ist nicht zu erkennen, ob es auch eine Bereitschaft zum politischen Engagement gibt. Bei bestimmten Fragen, wie etwa der Lehrlingsausbildung, den Formen der Korruptionsbekämpfung, der Steuerbelastung oder Sachthemen wie der Energiewende oder der Donauregionalinitiative, ist diese Bereitschaft vorhanden. Heutzutage werden an sich informelle Organisationsformen immer stärker bevorzugt, wobei zunächst der Ereignischarakter solcher Formen im Vordergrund steht. Auch hier ist die Welt in Bewegung.

Mein eigentliches Verständnis für die Sorgen von Wirtschaftstreibenden, die Grundsteine für meine spätere politische Karriere und eine Fülle von ganz praktischen Verhaltensregeln sowie zu unverbrüchlicher Treue zu stehen, verdanke ich Rudolf Sallinger. Aus heutiger Perspektive war er ein Typ, den es nicht mehr gibt, einer, der durch den Betrieb geht, mit den Mitarbeitern redet, sie womöglich persönlich gut kennt und ihre Sorgen versteht, gleichzeitig aber ein klares Verhältnis zu Autorität hat und sich auch vorstellt, dass man sich an Regeln hält. Ihm sei ein Memento gewidmet:

Brief an einen väterlichen Freund

Lieber Onkel Rudi,

die Wirtschaftswelt von heute und ihre Organisation sind mit Sicherheit nicht mehr deine Welt. Du warst verständig genug, um zu wissen, dass die Dinge nicht gleich bleiben werden und wir Veränderungen unterliegen. Ich habe dir für alles zu danken, was du mir mitgegeben hast. Zu dem, was ich kann, haben viele beigetragen, vor allem aber du, wobei es die unverbrüchliche Treue zu mir war, für die ich dir ewig dankbar sein werde. Du hast auch ein Talent entwickelt, neue und junge Leute heranzuziehen. Wer die Liste der Mitarbeiter-Innen des Wirtschaftsbundes, die von dir betriebenen Karrieren in der Politik, sieht, kann feststellen, was du geleistet hast. Dazu gehört nicht nur mein Lebensweg, sondern etwa auch der des Wolfgang Schüssel, der Ingrid Tichy-Schreder, von Helga Rabl-Stadler, Kurt Bergmann, Johannes Ditz und vielen anderen. Man hat dir diese Strategie nicht angesehen. Du hast allerdings keine „Spin-Doktoren" gebraucht, sondern einen gesunden Menschenverstand und das Gefühl für das Unternehmerische eingesetzt. Vor allem hattest du eine Eigenschaft, die heute oft fehlt: Du bist persönlich hinter allem gestanden, was du gemacht hast. Mag sein, dass deine Art des Auftrittes in unserem PR-Zeitalter hoffnungslos verloren wäre. Sie hat aber dafür ungeheuer viel menschliche Sympathie erzeugt und vielen vieles mitgegeben. Ich würde mir wünschen, dass die väterliche Obsorge, die du mir und anderen entgegengebracht hast, auch heute noch in der Politik existierte. Du warst für mich eine Autorität, jemand, bei dem man sich gut aufgehoben gefühlt hat, der auch notwendige Anmerkungen gemacht hat, wo du das Gefühl gehabt hast, mich vor mir beschützen zu müssen. Ich werde nie vergessen, was du mir auf den Stiegen des Parlaments gesagt hast: „Der Alten Rat, der Jungen Tat, macht Krummes grad!" Klugheit aus einer früheren Generation. Deinen Platz im Memento der Zweiten Republik nahe dem Grab der Bundespräsidenten und von Raab, Figl, Kunschak etc. hast du dir verdient!

In meinem Memento erst recht!

Dein Erhard

Zwei kalte Knackwürste mit Brillen

Karl Schleinzer hat seinen Wahlkampf für das Jahr 1975 minutiös vorbereitet. Er zog eine Mannschaft jüngerer Politiker heran, die rückblickend eine wegweisende Zusammensetzung hatte, von der sich die Betreffenden selber nichts träumen ließen. Sie wurden werblich die „jungen Löwen" genannt – ihre Namen waren Alois Mock, Sixtus Lanner, Josef Taus, Josef Krainer jun., Stephan Koren und ich. Wir wurden zu den verschiedensten Aufgaben herangezogen, z.B. zum Bundesparteitag, der 30 Jahre Österreichische Volkspartei feiern sollte. Jeder hatte einen der Arbeitskreise zu übernehmen, mich ereilte jener, der sich mit Kultur und Identität Österreichs auseinandersetzen sollte. Den genauen Titel weiß ich heute nicht mehr, aber das war jedenfalls der Inhalt. Ich war damals auf der Suche nach einem Referenten und mein Freund Gerhard Wilflinger hat mir Jörg Mauthe empfohlen, der damals mit seinem Roman „Die große Hitze" für große Aufmerksamkeit gesorgt hatte und einen Teil der österreichischen Identität ironisch beschrieb. So begann meine bis zum Tod Jörgs während Freundschaft mit ihm, die sich etwas mühselig anließ, denn auf das Erste war Mauthe kein angenehmer Partner. Er kritisierte vor allem, dass die Volkspartei sich nicht mit Wien auseinandersetze, was später eine tiefe Wirkung auf mich ausübte.

Wir machten allerlei Vorbereitungen medialer Art. So erinnere ich mich, dass wir auf einem Rumpfstück der Allander Autobahn für einen Wahlfilm das gemeinsame Marschieren mit Karl Schleinzer üben mussten. Stephan Koren war mit dabei, der natürlich alles andere als ein „junger Löwe" war und eine gesunde Portion Zynismus an den Tag legte, uns allerdings die mühseligen Foto- und Filmübungen bei großer Hitze durch seine bösen Bemerkungen erleichterte. Koren war ja der Konkurrent, als Withalm als Bundesparteiobmann zurücktrat. Ich habe damals Stephan unterstützt, vor allem auch, weil er für mich einfach ein spannenderer Partner von intellektueller Kapazität war, Wolfgang Schüssel – mein Nachfolger als Klubsekretär seit 1969 – hat für ihn nicht nur Werbung, sondern

auch Überzeugungsarbeit geleistet. Was wir alle noch nicht voraus-
ahnen konnten, war die Tatsache, dass Karl Schleinzer im Juli 1975,
schon mitten im Wahlkampf, bei einem Autounfall ums Leben kommen würde. Das war ein sehr dramatisches Ereignis. Rudolf Sallinger
wurde geschäftsführender Bundesparteiobmann und musste die
Wahl des Nachfolgers vorbereiten. Mich ereilte die Nachricht auf der
Fahrt durch Oberösterreich per Radio. Ich kehrte sofort um und wir
hielten bei Rudolf Sallinger Kriegsrat. Sallinger war sofort für Josef
Taus, aber es gab auch Gruppen innerhalb der Partei, die damals
schon für Alois Mock eintraten. Es war eine Auseinandersetzung
zwischen der wirtschaftsorientierten und der beamtengebundenen
Partei. Sallinger wurde seine Werbung dadurch erleichtert, dass
Josef Taus ein prominenter ÖAABler war. Ich habe es übernommen,
mit Alois Mock betreffend seiner Kandidatur ein Gespräch zu führen, wobei ich ihm erklärte, dass seine Zeit noch kommen werde
und es besser sei, Josef Taus den Vortritt zu überlassen. Was mir von
diesem Gespräch in Erinnerung geblieben ist, war eine Bemerkung
von Mocks Frau Edith, die mir zuredete, ihrem Alois diese Funktion auszureden. Sie meinte damals, dass es gesundheitliche Gründe
gebe, warum er eine solche Funktion nicht übernehmen solle. Dass
das viel später schmerzliche Wirklichkeit wurde, konnte ich damals
nicht ahnen. Die steirische ÖVP war massiv für Josef Taus, den sie
inzwischen als Spitzenkandidat für den Nationalrat in ihrem Bundesland aufgestellt hatte. Krainer Vater und Sohn hatten immer einen guten Riecher, wohin der Weg gehen sollte. Sie hatten natürlich
auch die Vorteile der „Grünen Mark" betreffend Wirtschaft im Auge.
Kampfabstimmungen waren angesichts der dramatischen Situation
der Partei knapp vor einem Wahltermin nicht angesagt. Es war auch
aus der Rivalität Schleinzer/Koren der ganze Schmerz einer solchen
Auseinandersetzung noch in Erinnerung.

Unvergesslich wird mir die Verpflichtung der „jungen Löwen"
bleiben, Karl Schleinzers Sarg in die Stephanskirche zu tragen. Seitdem habe ich für jeden Mitgefühl, der zu einer solchen Aufgabe herangezogen wird. Man trägt mit dem Toten viele Erinnerungen und

die Last des Erkennens von Endlichkeit und Ewigkeit gleichermaßen mit sich.

Sehr überrascht war ich, als mir Rudolf Sallinger mitteilte, dass Josef Taus mich als Generalsekretär der ÖVP an seiner Seite verlange. Ich hatte weder mit einem solchen Vorschlag und schon gar nicht mit diesem Amt gerechnet, weil ich mich – wie gesagt – im Wirtschaftsbund sehr wohl fühlte. Mein Appell an Rudolf Sallinger, mich nicht gehen zu lassen, beschied mir die kurze Antwort: „In einer solchen Situation kann man nicht Nein sagen, ich nicht und du schon gar nicht!" So wurden wir mit überzeugenden Mehrheiten am 31. Juli 1975 gewählt, von den Medien und der eigenen Parteiwerbung zum Wunder hochstilisiert und mit der Marke „T & B" in den Wahlkampf geschickt. Meine ironische Selbststilisierung von uns beiden in einer Pressekonferenz lautete: „zwei kalte Knackwürste mit Brillen". Gemeint hatte ich, dass wir mehr intellektuelle Typen mit einer gewissen Distanz zu allem waren. Solche Sprüche bleiben allerdings hängen …

In der Folge lernte ich die „Kärntner Straße" kennen, ein Gebäude aus der Ringstraßenzeit, das damals der Bundesländerversicherung gehörte und selbstverständlich durch die praktische Tätigkeit einer Organisation nun nicht gerade im besten Zustand war. Goldverkleidungen kontrastierten mit Kabeln für alle möglichen technischen Geräte, in die einstmals beeindruckende Ringstraßenschönheit hatte auch schon lange niemand etwas investiert, und so hatten die Stockwerke einen heruntergekommenen Charme, der nicht das Ambiente einer moderne Parteiarbeit ausstrahlte. Staunenswert, was dort doch immer wieder geleistet wurde! Ich bezog jenes Zimmer, in dem ich früher Hermann Withalm besucht hatte, während für Taus wie vorher schon für Schleinzer am anderen Ende ein Parteiobmannzimmer eingerichtet wurde. Solange die ÖVP in der Regierung war, gab es nämlich für den Obmann kein Zimmer, er wurde jeweils im sogenannten „Kanzlerzimmer" positioniert, wobei der Name beibehalten wurde, als wir schon nicht mehr den Kanzler stellten. In diesem Sinn sind wir eine konservative Partei.

Der Wahlkampf war sofort zu übernehmen, mit der gleichen Mannschaft, allerdings personenbedingt mit einem veränderten Konzept. Heribert Steinbauer war Wahlkampfleiter und alles andere als erbaut, mich als Generalsekretär vorgesetzt zu bekommen. Einige Mitarbeiter kannte ich schon von früher, hatte zu manchen auch ein gutes persönliches Verhältnis, wie etwa zu Peter Bochskanl, der später das von mir geschaffene „Wiener Journal" übernahm, oder zu Peter Mahringer als Organisationsreferent, der mir nach meinem Umzug in die Wiener ÖVP und in allen darauffolgenden Funktionen treu diente und eine enorme politische Begabung darstellte, die aus der zweiten Linie wirksamer wurde, als er es je in der ersten gewesen wäre. Gerhard Wilflinger ist nicht zu vergessen, der eigentlich sein berufliches Leben, im ÖVP-Archiv beginnend, abgesehen von einer gewissen Zeit im „Wiener Journal", in der Partei zubrachte und ein ungeheuer begabter Redenschreiber war, vor allem aber ein gebildeter und analytisch veranlagter Mensch, den sich jede Partei nur wünschen könnte. Ich behaupte allerdings, dass das niemand so richtig geschätzt hat. Ihm, der uns 2013 verlassen hat, bewahre ich ein ehrendes Angedenken.

Der Wahlkampfverlauf ist hinreichend bekannt, wir waren von großen Hoffnungen begleitet, die durch das TV-Duell Kreisky-Taus einen ungeheuren Dämpfer erhielten. Josef Taus auf etwas vorzubereiten war sehr schwer, weil er immer überzeugt war, dass er ohnehin alles wusste. Es war eine gewisse Abwehrhaltung, wahrscheinlich auch dadurch bedingt, dass er insbesondere in der Politik des Öfteren sehr viel dümmeren Menschen begegnet ist. Parallel dazu hatte ich eine TV-Diskussion mit Zentralsekretär Fritz Marsch durchzuführen, die ich haushoch gewann, was einen gewissen Hoffnungscharakter für die treuen Parteianhänger hatte. Mir ist allerdings auch ein Ungeschick passiert, denn ich habe die mediale Abhandlung einer finanziellen Angelegenheit ziemlich versaut. Der „profil"-Redakteur Georg Nowotny teilte mir mit, dass er von dem der Industrie nahestehenden Abgeordneten Leopold Helbich 100.000 Schilling bekommen hätte, um während des Wahlkampfes für die ÖVP zu schreiben. Ich war davon überrascht und noch naiv genug, das zwar Helbich zuzutrauen, konnte aber die Folgen der Geschichte nicht abschätzen. Es stellte sich später heraus, dass mithilfe von Mitteln des Schwarzenbergplatzes Helbich mehrere Journalisten mit solchen „Geschenken" versah. Nowotny schrieb es, was zur Folge hatte, dass Leopold Helbich sein Mandat zurücklegen musste und im Wahlkampf selber ein gewisser Geruch zurückblieb, der zwar nicht wahlentscheidend war, aber sicher auch nicht hilfreich. Das Ergebnis ist bekannt, das Mandatsverhältnis blieb, wie es war, und die Hoffnungen, die mit Taus und Busek verbunden waren, verflüchtigten sich.

Was blieb also? Die Mühen der Ebene nennt man das, nämlich der Aufbau einer neuen Möglichkeit innerhalb der vier Jahre der Legislaturperiode. Ich versuchte systematisch daranzugehen, indem wir Befragungen machten: Ein Team, bestehend aus meinem alten Freund Rudolf Bretschneider, damals Fessel-Institut, und Richard Kruspel, der mit mir Ministrant in Liechtenthal gewesen war und es inzwischen zum Manager bei C&A in Deutschland gebracht hatte, dem noch oft zu nennendem Peter Mahringer, Gerhard Wilflinger und anderen, bereiste die Bundesländer und versuchte so, eine Situationsbeschreibung der Partei und der Politik zustande zu bringen.

Für mich war es ein Lernvorgang, für Josef Taus eher ein Leiden. Dieser ungeheuer begabte und intellektuell versierte Mann war von der Wirtschaft das Siegen gewöhnt. Er war zwar im Kummer-Institut verankert, das mit dem Namen von Karl Kummer versucht hat, die christlich-soziale Tradition im Umfeld der Österreichischen Volkspartei aufrecht zu erhalten. Taus, aus Neu-Erdberg stammend – seinem Wiener Akzent merkte man das auch an –, war relativ bald im Sparkassensektor erfolgreich, um schließlich in der Girozentrale, dem Spitzeninstitut dieses Sektors, Generaldirektor zu werden. Dazwischen war er allerdings auch Staatssekretär in der Regierung Klaus, der ihn für die Verstaatlichte Industrie hereingeholt hatte, weil er dort über eine gewisse Akzeptanz und Kompetenz verfügte. Die schlichte Agitation, um Stimmen zu gewinnen, war nicht seines. Als er nach wiederum verlorener Wahl 1979 aus der Politik ausschied, erfüllte er sich mit einigen Übergängen den Wunsch, ein

Industrieführer zu werden. Es wurde zwar kein großes Imperium, aber er blieb eine interessante Figur des Wirtschaftslebens mit politischem Einfluss. Spannend ist auch, dass Hannes Androsch nach seiner politischen „Liquidation" durch Bruno Kreisky den gleichen Weg ging. Heute treten sie manchmal paarweise auf. Taus hat das Amt des Bundesparteiobmanns ordentlich, aber ohne jegliches Feuer administriert, sein Generalsekretär war nach mir Sixtus Lanner, als ich durch Josef Taus quasi nach Wien versetzt wurde.

Taus hatte die richtige Erkenntnis, dass es für die ÖVP nicht besser wird, wenn wir nicht auch in Wien Erfolge haben. Der Einsturz der Reichsbrücke am 1. August 1976 bot ihm dazu die Möglichkeit, weil die Reaktion der damals schon längere Zeit in Opposition befindlichen ÖVP nicht überzeugend geriet. Der Spitzenkandidat der letzten Wahl, mein alter Freund Fritz Hahn, sagte auf die Frage, welche Erfolge die Wiener Volkspartei vorweisen könne, dass die Öffnungszeiten der Friedhöfe verbessert worden seien, der Landesparteiobmann Dr. Franz Josef Bauer gefiel sich in markigen Sprüchen wie etwa, dass die Sozialdemokratie am Schindanger der Geschichte landen werde. Alles in allem bot die ÖVP kein imponierendes Bild.

Meine Begeisterung über diesen Jobwechsel hielt sich in Grenzen. Ich habe sogar versucht, über Medien meinen Weg dorthin zu verhindern, weil ich irgendwie das Gefühl hatte, dass da nichts zu gewinnen sei. Taus war aber konsequent und führte in rascher Folge einen Wechsel an der Spitze durch. Konsequenterweise wurde nach der Wahlniederlage 1979 auch der Bundesparteiobmann ausgetauscht – es wurde Alois Mock gewählt, was viele schon früher ersehnt hatten.

Für eine gewisse Zeit haben Mock, Lanner und ich eine Art Trias gebildet. Wir waren, bevor wir unsere Spitzenämter antraten, so etwas Ähnliches wie eine Hoffnungsgruppe und versuchten, uns auch in diese Richtung zu stilisieren. Es gab gemeinsame Pressekonferenzen, gemeinsame Auftritte, gemeinsame Urlaube in der Wildschönau, und wir vermittelten das Gefühl, eine junge Truppe der Zukunft zu sein. Wir haben uns in dieser Zeit ganz gut verstanden, aber eine innere Harmonie ist nie zustande gekommen. Rückblickend muss ich sagen: Alois Mock war zu sehr überzeugt davon, dass er der „Chef" sei, Sixtus Lanner hatte ein beachtliches Talent für Öffentlichkeitswirksamkeit und ich fühlte mich von beiden nicht so recht verstanden und irgendwo am falschen Platz, wieso, kann ich auch heute noch nicht sagen. Unsere unterschiedlichen Funktionen haben dann Distanzen zwischen uns entstehen lassen, wobei sicher mein Weg in Wien in Richtung Stadt und „Grün" sowie einige Kritik an der Bundesparteiebene dazu beigetragen haben.

Bruno Kreisky als Ereignis

Politik ist ganz selbstverständlich getragen von den sich ständig verändernden Umständen des Lebens und der Gesellschaft. Das eigentliche Problem besteht darin, sie zu erkennen, zu deuten und darauf so rasch wie möglich zu reagieren. In der zweiten Hälfte der 70er Jahre war mit Sicherheit die „Nachkriegszeit" vorüber. Eigentlich hat die Regierung Klaus dieses Ende symbolisiert, als man nicht nur Abschied von der Großen Koalition nahm, sondern auch in der Methodik der politischen Arbeit erkannte, dass andere Antworten erforderlich sind. Es war eine neue Schicht von Menschen, die sich hier politisch engagierte, wobei die Zunahme der Wissenschaftlichkeit und Sachorientierung herausragende Kennzeichen waren.

In dieser Zeit fand eine weitere Veränderung statt, nämlich eine gewisse „Linksverschiebung" der Politik. Das war die Folge von „1968", die einer gewissen Gruppierung von Menschen in der Politik zum Aufstieg verhalf, aber nie in der Form in Österreich stattgefunden hatte, wie wir es aus Frankreich und Deutschland kennen. Ich war mehr durch Zufall bei der berühmten Veranstaltung im Neuen Institutsgebäude der Universität Wien anwesend, die heute immer als eine „68er-Manifestation" angesehen wird. Die Veranstaltung selber fand erst Januar 1969 statt und war mehr eine des Aktionismus der „Wiener Gruppe" als eine politisch-ideologische Präsentation. Es ist eine der Eigenarten in Österreich, Geschichte so umzuschreiben, dass die Begründungen für ein Ereignis im Nachhinein geliefert werden. Profitiert hat durch diese Entwicklung die Sozialdemokratie unter Kreisky. Der langjährige Bundeskanzler hatte aber mit den 68ern herzlich wenig zu tun. Im Gegenteil. Er schuf jedoch mit Unterstützung des Ford-Institutes, später Institut für Höhere Studien genannt, ein Art Schrebergarten für Repräsentanten dieses Denkens. Er selbst war dankbar für jeden, der „ein Stück des Weges" mit ihm ging, ließ sich aber mit Sicherheit nicht davon vereinnahmen. Auf eine gewisse Weise war Bruno Kreisky eigentlich konservativ, vor allem auch im Lebensstil, vielleicht auch jenen Sehnsüchten verhaftet, die er in der Jugend im Elternhaus erlebte, wogegen er mit seiner Hinwendung zur Sozialdemokratie auch ordnungsgemäß protestiert hatte. Seine Inhaftierung im Ständestaat prägte ihn. Von daher muss man verstehen, dass er gegenüber den Nazis, insbesondere am Beginn seiner Amtszeit 1970/71, von einer politischen Sehschwäche befallen war. In einem Gespräch mit mir betonte er einmal, dass es ja die Christlich-Sozialen gewesen seien, die ihn ins Gefängnis gebracht hätten, während er dort viele Nazis vorfand, die er auch schätzen lernte. Interessant ist, dass er sich davon nie befreien konnte und offensichtlich auch aus der Tatsache, dass Millionen Juden während des Hitlerregimes ermordet worden waren, keine Konsequenzen zog. Keine Bundesregierung der Zweiten Republik hatte so viele ehemalige NS-Parteigenossen als Mitglieder wie jene 1970/71. Seine jüdische Existenz war überhaupt eines seiner Probleme. Ich habe einmal etwas scharf formuliert, dass die Beziehung zu Friedrich Peter, dem FPÖ-Mann dieser Zeit, wahrscheinlich davon bestimmt war, dass Peter ihn „entjudete", während er Peter „entnazifizierte". Das ist natürlich eine Schwarz-Weiß-Zeichnung, aber es gibt hinlänglich Zitate und Verhaltensweisen von Bruno Kreisky, gerade gegenüber Israel und den Juden, die mehr als problematisch anzusehen sind. Das im „Spiegel" veröffentlichte Zitat über die Juden, „wenn die Juden ein Volk sind, dann ist es ein mieses Volk", beschreibt das auf eine schreckliche Weise. Auch die gesamte Auseinandersetzung mit Simon Wiesenthal gehört hierher, wobei die Mitwirkung von Dr. Heinz Fischer in der Vorgangsweise Kreiskys wahrscheinlich einen der dunkelsten Flecken in der Beurteilung des Bundespräsidenten von heute darstellt.

Das taktische Geschick von Kreisky ist zu bewundern. Strategisch war das Konzept nicht so groß, wie es später beschrieben wurde. Er war aber ein ausgezeichneter „Futterverwerter", der aus herumliegenden Tendenzen, Vorschlägen und Ideen unendlich viel zustande brachte. Er beschäftigte damit auch geschickt die Medien, wenn ich etwa daran denke, wie die Hinweise auf den Ombudsmann in Skandinavien einige Zeit zu einer Hauptangelegenheit hochstilisiert wurden und das Thema heute noch die politische Landschaft in Österreich bereichert. Sein Talent im Umgang mit Journalisten ist hinlänglich beschrieben worden. In der Tat war er ein beeindruckender Erzähler. Für mich entsprach das einer Tradition des Wiener Judentums, das im Erzählen von Geschichten ein gewisses Talent hatte. Hinsichtlich meiner Begegnungen mit Kreisky erinnere ich mich, dass Sachfragen relativ rasch in den Hintergrund traten und er aus dem reichen Erfahrungsschatz immer einiges erzählte, so dass er ein erstauntes Publikum zurückließ. Wer allerdings die Reden Kreiskys analysiert, wird erkennen, dass er eigentlich nie einen Satz zu Ende sprach. Andeutungen blieben im Raum stehen und damit vermittelte er eine Art Weltgefühl, das für den Zuhörer und Zuseher leicht „begehbar" war. Im Lauf der Jahre gewann er eine dominante Stellung, die ihm Autorität verlieh. Ich erinnere mich an die Verhandlungen anlässlich der Zwentendorf-Krise, als es zur Konfrontation kam. Wir wurden zu einer Krisensitzung ins Parlament gerufen, zu der Kreisky zu spät kam. Bei ihm waren diese Verspätungen eine Art von taktischem Spiel. Wir alle waren tief beeindruckt von den Vorgängen in der Hainburger Au, während Kreisky zunächst einmal die Zeit dazu verwendete, uns zu erzählen, was ihn gerade bei seiner Reise ins Ausland – ich weiß nicht mehr, wo er gewesen war – beschäftigte. Dadurch senkte er den Pegel der Erregung, beleidigte dann zielgerichtet den Zweiten Nationalratspräsidenten Roland Minkowitsch, der eine grundsätzliche Erklärung abgeben wollte, und begann dann zu erklären, wie er die ganze Angelegenheit sehe, so dass am Schluss der Dampf völlig heraußen war.

Zwei Ereignisse betreffend Kreisky sind mir bleibend im Gedächtnis. Als Helmut Zilk Leopold Gratz nachfolgte, rief Kreisky an, um mich zu fragen, wie ich nun mein neues Gegenüber empfände. Ich weiß nicht mehr, was ich damals erklärte, aber Kreisky war deutlicher: „Ich wünsche Ihnen viel Vergnügen mit dem Hutschenschleuderer und seiner Tschinellen-Fifi!" Seine bekannte „Liebe" für Helmut Zilk und Dagmar Koller konnte er nicht deutlicher ausdrücken. Eine andere Anekdote verdanke ich der ORF-Diskussionssendung „Café Central", in der die Auseinandersetzung mit der Monarchie thematisiert wurde. Auch hier kam Kreisky zu spät, damals schon gestützt auf einen Stock mit silbernem Knauf, mit dem er sich mitten in der Sendung seinen Weg bahnte. Es wurde die Frage nach der Abschaffung der Monarchie gestellt. Zu meiner Überraschung attackierte mich Kreisky sofort, indem er meinte, dass die Christlich-Sozialen die Habsburger abgeschafft hätten, während die Sozialdemokratie immer für die Monarchie gewesen sei. Als ich versuchte, ein wenig historisch zu argumentieren, brachte er eine Tasche mit einigen Büchern zum Vorschein und erklärte, dass da alles drinnen stehe, was seinen Standpunkt unterstütze. Eine sachliche Diskussion war nicht vorgesehen und wahrscheinlich hatte er die Meinung der Zuseher auf seiner Seite. An diesem Abend nahm auch der Sohn Otto von Habsburgs, Karl, teil. Wir hatten vorher bereits gerätselt, wie Kreisky diesen anreden werde. Karl hatte beim Bundesheer gedient und wurde als Fähnrich ausgemustert. Als Kreisky im Verlauf der Diskussion gezwungen war, Karl anzureden, warteten wir alle, ob er nun „Erzherzog" oder „Herr Habsburg" sagen würde. Da aber kam Kreisky'sche Qualität zum Vorschein: Er betitelte ihn mit „Herr Fähnrich". Niemand von uns wäre auf eine solche Idee gekommen.

Ansonsten ist zu sagen, dass die Volkspartei in dieser Zeit nicht sehr viel zu bestellen hatte, weil die Mediengesellschaft bereits voll wirksam war. „Hoffnung" gab es für die ÖVP durch Berichte über

132

Krankheitserscheinungen bei Bruno Kreisky und natürlich durch die Auseinandersetzungen mit Hannes Androsch. Von einer Reihe von Skandalen wie etwa rund um den Bau des Neuen AKH oder vom Volksbegehren zum UN-Konferenzzentrum konnte die VP in Wirklichkeit nichts profitieren.

In dieser Zeit, auch nach dem Ausscheiden als Generalsekretär der Partei, wurde ich im Nationalrat von Klubobmann Stephan Koren immer als Brandredner eingesetzt, oder um irgendwelche prekären Situationen abzufangen. Daneben war ich aber bereits Stadtrat. Ich musste das Mandat im Parlament beibehalten, um überhaupt eine Öffentlichkeit zu haben, denn als ich in die Wiener Stadtregierung eintrat, war den nicht amtsführenden Stadträten, die nicht so geheißen haben, sondern nur schlicht und einfach „Stadtrat", kein Rederecht im Gemeinderat und Landtag gegeben. Auf diese Weise wollte ich mir eine gewisse Öffentlichkeit erhalten, die ich auch zu nutzen versucht habe, wesentlich war es aber nicht. Ich habe das Parlament in meiner Wiener Zeit stets besucht, weil es für einen Landespolitiker wertvoll ist, auf der bundespolitischen Ebene Informationen zu bekommen und den Lauf der Dinge zu beobachten. Mir bleibt als eigentliche Erinnerung ein wachsendes Verständnis für die Verantwortung im Gemeinwesen und für die Rolle der Politik, denn schon damals hatte ich kräftige Zweifel an der mehr zur Öffentlichkeit hin orientierten Erscheinungsweise von Politik und Partei.

Die Rolle der Politik heute

Wenn Politik bedeutet, für das Zusammenleben von Menschen verantwortlich zu sein, um es hoffentlich friedlich zu gestalten, dann ist die Funktion der Ideen eine Selbstverständlichkeit. Im Rahmen jener Vorstellungen, die Politik beeinflussen, haben sie sogar eine dominante Funktion. Alles, was wir unter einer Wertediskussion verstehen, ist ganz sicher in Europa, wenn nicht auf der ganzen Welt, sehr wesentlich von grundsätzlichen Haltungen beeinflusst. Jede politische Entscheidung ist eine Werteentscheidung, denn schon bei jedem Budget entscheiden wir darüber, welcher Aufgabe wir Priorität einräumen, gar nicht zu reden von elementaren Problemen der Politik, dem Wert des Lebens und der Familie, dem sozialen Ausgleich und dem Frieden.

Hauptsache Schlagzeilen und Seitenblicke! Ein wichtiges Element ist heute die Tatsache, dass sich die handelnde Politik zum Marginalen hin verabschiedet, also Randfragen mehr Bedeutung beimisst als existenziellen. Die Medien haben darin eine ganz beachtliche Verantwortung.

Eine andere Dimension ist die Tatsache, dass die Globalisierung vor allem ökonomisch gesehen wird. Das Verhältnis von Arm und Reich aber wird dazu führen, dass Nächstenliebe bzw. Solidarität in immer stärkerem Ausmaß für das Gemeinwohl gefordert sind. Politik und Gesellschaftsordnung von heute geben dem aber relativ wenig Raum.

Ich habe das früh schon sehr kritisch gesehen, bin aber in meinem Überlegungsprozess durch meinen Gang in die Kommunalpolitik abgelenkt worden. Interessant ist für mich, dass in dieser Zeit auf eine für mich neue Art und Weise Korruptionsfragen auftauchten. Es ging dabei nicht um die Vereinnahmung von Geld oder den üblichen Postenschacher, sondern ich hatte den Eindruck, dass eine der negativen Seiten der Kreisky-Zeit auch der Verlust gewisser moralischer Kategorien war. Die Trennlinien des Verhaltens, die prinzipielle Wichtigkeit mancher Haltungen, sind in ihrer Bedeutung mehr und mehr geschwunden. Man hat sich von einer gewissen Klarheit verabschiedet und war mit der Schlagzeile in der Zeitung des nächsten Tages oder der entsprechenden Meldung in Rundfunk und Fernsehen schon sehr zufrieden. Natürlich halte ich das der Kreisky-Zeit vor, aber man muss auch deutlich sagen, dass die Volkspartei als Opposition dieser Situation nichts entgegengesetzt hat. Wir haben auch die stark zunehmenden Veränderungen mit Sicherheit nicht in vollem Umfang und aller Schärfe erkannt. Die Nachkriegszeit war eine Zeit der Stabilität, mit geringen Veränderungen und zu einem beachtlichen Teil von der Erfahrung von vor 1945 bestimmt. Die Welt aber begann sich zu ändern, um schließlich in der Instabilität unserer Zeit zu landen.

Politik und Instabilität haben ein ambivalentes Verhältnis zueinander. Politik kann weder der Stabilität noch der Instabilität zugeordnet werden. Politik ist ja schließlich auch nicht Selbstzweck, sondern wird von Menschen für Menschen gemacht, wobei eine entscheidende Voraussetzung darin besteht, ob Politik allein der Machtausübung dient oder ob sie auch Dienstcharakter hat. Es ist vergessen, dass „Ministerium" übersetzt „Dienst" heißt. Die ideelle Perspektive der jeweils konkreten Politik bestimmt den Umgang mit den Instrumenten der Politik und erst recht mit Instabilitäten. Es gibt politische Systeme, die im Wesentlichen auf Erhaltung von Stabilität ausgerichtet sind (meistens als konservativ bezeichnet), oder die Instabilität als Voraussetzung für die Erzielung einer erwünschten Veränderung ansehen (meistens revolutionär oder reformatorisch genannt). Das demokratische System bewegt sich in der Mitte, weil es darauf abgestellt ist, einerseits dem Menschen ein Gefühl der Sicherheit zu geben, andererseits all jene notwendigen Veränderungen vorzunehmen, die den Menschen persönliche Freiheiten garantieren.

Insbesondere in unserer von Paradigmenwechsel, Globalisierung und einem tiefgreifenden technischen Wandel gekennzeichneten Zeit ist die Sehnsucht des Menschen nach Stabilität höher zu veranschlagen. Fundamentalismen und Populismen aller Art bauen darauf auf. Die Geschichte der Menschheit ist allerdings eine Geschichte der Instabilität, denn das Handeln der Menschen setzt immer neue Wirklichkeiten, so dass jede Zeit ihre Instrumente im Umgang mit der Instabilität entwickelt hat. Allein in der jüngeren Geschichte gab es „Heilige Allianzen", um stabile Verhältnisse zu erzielen, die Zahl der politischen Systeme, die nach Ewigkeitscharakter streben, ist größer als jene, die die Veränderung als gegeben annehmen und nur nach Instrumenten suchen, um sie menschenwürdig durchzuführen.

Dabei sind Faktoren der Erziehung und Bildung ungeheuer relevant, denn sie entscheiden über die Kenntnis der Instabilität sowie über die Möglichkeiten der Politik, über die vermittelten Prioritäten sowie über das Gefühl der menschlichen Verantwortung.

Meinem Urteil nach gehen wir auf mehr Instabilität zu: Die Koalitionen von VP und SP sind bald nicht mehr möglich, es gibt neue Parteien, die Sozialpartnerschaft ist längst keine „Nebenregierung" mehr, die katholische Kirche ist marginalisiert, die Wertvorstellungen sind „säkularisiert" und die Position Österreichs seit dem Fall des Eisernen Vorhangs und der EU-Mitgliedschaft ist dramatisch verändert. Haben wir das alles begriffen? Man bezeichnet das oft als eine „Normalisierung" Österreichs – die nächste Zeit wird zeigen, ob wir die Veränderungen zum Positiven nutzen können.

Wien, Wien nur du allein

Meine Begeisterung hielt sich, wie gesagt, in Grenzen, als ich im August 1976 zum geschäftsführenden Landesparteiobmann der Wiener ÖVP bestellt wurde, was ein Landesparteitag dann legitimierte. Ich erinnere mich eines klugen Wortes von Gerhard Wilflinger, der mir gratulierte, dass ich nach Wien gehe. Er hat sehr richtig analysiert: „Du bist für jede weitere Karriere auf Bundesebene zu jung und die Zeit in Wien wird dir gut tun!" Er hatte Recht, weil ich heute meine politische Zeit in der Bundeshauptstadt als die schönste und spannendste ansehe. Das mag eigenartig wirken, denn immerhin waren es 13 Jahre Opposition – zwar mit einer beachtlichen Aufwärtsentwicklung, aber schließlich dann von Verlusten und einer hässlichen Abwahl aus der Parteifunktion begleitet. Trotzdem: Auch diese Erfahrungen möchte ich nicht missen, weil sich mein inneres Verhältnis zum politischen Geschehen und auch zu meiner Partei damit bleibend stabilisiert hat. Ich habe nie zu jenen gezählt, die etwa wie Fred Sinowatz sagten: „Durch die Partei bin ich alles geworden." Sie war auch nie mein Lebensinhalt, sondern ich habe sie als das verstanden, was sie in Wirklichkeit auch ist: ein Instrument zur Erreichung mancher Gestaltungsziele – und das war mir in Wien reichlich geschenkt.

Der Anfang war nicht leicht. Ich hatte Peter Mahringer und meine langjährige Assistentin Christine Hutterer gebeten, mit mir in die „Falkestraße" zu gehen. Wir wurden dort nicht sehr freudig empfangen. Ich möchte allerdings festhalten, dass der Landesparteisekretär Anton Fürst ein fairer Partner war und wir durch die Jahre ein ausgezeichnetes Verhältnis hatten. Zunächst ging es darum, Zeichen der Veränderung zu setzen. Mein Glück war das Engagement von einigen Freunden wie Johannes Hawlik und Wolfgang Schüssel, die schon für den Spitzenkandidaten der letzten Wahl, Fritz Hahn, ein entsprechendes Konzept erstellt hatten; Univ.-Prof. Dr. Erich Bodzenta und Univ.-Prof. Dr. Hans Tuppy waren auch dabei.

Inhaltlich hieß das Programm 1973 „Für ein gesundes Wien", was allerdings bedeutet, dass die Wahlwerbung damals der Versuchung anheimfiel, auf Plakaten festzustellen „Wien ist krank". Das war der strategische Fehler, der letztlich dazu führte, dass die Volkspartei zunächst keinen Erfolg einfahren konnte. Meine Überzeugung war, dass eine Negativkampagne nicht sinnvoll sei, sondern man versuchen müsse, die Rathausmehrheit positiv zu unterfahren, wobei in manchen Aussagen genügend Kritik verpackt sein konnte. Wir etablierten daher sofort Arbeitsgruppen, die um vier Themen gelagert waren: Grün, Wohnen, Verkehr und Gesundheit. Diese Linie hielten wir durch, sie war auch maßgebend für die Wahlwerbung 1978. Eine zweite Neuerung war die Etablierung von „Pro Wien"-Referenten. Auch hier ging es darum, die Identität zwischen Wien und der Volkspartei zu stärken. Unter dem Einfluss von Jörg Mauthe hatte ich im Nationalratswahlkampf 1975 eine Busfahrt quer durch Wien gemacht, auf der ich die Skandale und Korruptionsfälle aufzählte. Das war an sich medial sehr wirkungsvoll, verstärkte aber zunächst den negativen Eindruck.

Apropos Mauthe: Bei der Mitwirkung an einer Arbeitsgruppe für den Bundesparteitag 1975 hatte mein näherer Kontakt mit ihm begonnen, er war es, der das Manuskript für die Busfahrt erstellte und voll des Ärgers war, dass man aus Wien nicht mehr machte. Er war ein interessanter Fall, denn er hatte in früheren Zeiten ein Naheverhältnis zur SPÖ und hatte an Wahlwerbefilmen mitgewirkt. Auch sein Freundeskreis aus dem Bereich der Freimaurer war mehrheitlich dorthin orientiert, allerdings kritisch und nicht parteiloyal. Mauthe hat sich für mich sehr engagiert, hat auch aus den Bereichen, in denen er verankert war, Freunde und Ratgeber eingebracht, was schließlich, zum Zeitpunkt der Erstellung der Kandidatenlisten für den Gemeinderat, beim Abschied nach einem Besuch auf seiner Burg im Weitental zu einem eigenartigen Gespräch geführt hat, das letztlich Mauthes Weg ab da für lange Zeit bestimmte. Wir waren per Sie und ich war mir nie darüber im Klaren, ob er mich eigentlich mochte, denn ihm war eine Art grantige Natur zu eigen, die positive Emotionen selten zeigte. Beim Hinausgehen fragte ich ihn, ob er nicht bereit wäre, auf die Liste der ÖVP zu gehen. Seine Antwort: „Warum nicht?" Mehr Worte fielen nicht, aber damit war ein bestimmter Weg für ihn und für mich beschritten.

Es gelang mir noch, Verbesserungen unter den Kandidaten zustande zu bringen, wenngleich das Talent des Parteiapparats, beharrend zu wirken, ein bleibendes Merkmal der Wiener Volkspartei darstellt. Wer ist die Wiener Volkspartei? Wer etwas Wert auf sich legte, tendierte bei der ÖVP auf die Bundesebene. Wien war eigentlich immer zweite Wahl, wobei das katholische Vereinswesen der Vergangenheit eine große Rolle spielte. Als CVer ging man auf die Bundesebene, als MKVer (Mittelschülerkartellverband) engagierte man sich in Wien. A-Beamte orientierten sich nach dem Bund, B-Beamte waren entweder gewerkschaftlich engagiert oder eben in der Stadt vertreten. Wo wir den Bezirksvorsteher stellen konnten (damals fünf von dreiundzwanzig Bezirken), war ein Gerangel um die Plätze der Bezirksräte festzustellen. In den großen SPÖ-dominierten Bezirken war es schwierig, überhaupt Interessenten zu bekommen. Zu vergeben war nicht viel, denn es gab für die zweitplatzierte Gruppe nur den Bezirksvorsteher-Stellvertreter mit so gut wie keinen Wirkungsmöglichkeiten.

Die Bezirksautonomie war überhaupt nicht entwickelt, hatte eher Alibi-Funktion, statt eine demokratische Einrichtung zu sein. Für die lokale SPÖ war ihre Bezirksorganisation die eigentlich „demokratische" Einrichtung, denn dort wurden die Dinge in Sektionen und Gremien beraten, die dann relativ kaltblütig durchgesetzt wurden. Dass durch Jahrzehnte die SPÖ deckungsgleich mit den Wiener Institutionen war, hat zu dieser Selbstverständlichkeit geführt und dem demokratischen Bewusstsein der Wienerinnen und Wiener sehr geschadet. Es sei anerkannt, dass durch die Zeit auch innerhalb der SPÖ Strömungen entstanden, die das alles sehr kritisch sahen. Es war aber nicht das Verdienst der Opposition, sondern eher der Medien, wenn hier Änderungen stattfanden. So waren es die „Kronen Zeitung", die einige Lokalfragen aufgriff (Sternwartepark), und andere lokale Ereignisse, die schließlich zur Ablöse von Bürgermeister Felix Slavik führten. Slavik was das Symbol des Apparats und der Rathausbürokratie, langjähriger Finanzstadtrat und Repräsentant jener Apparatschiks, die für Wien damals typisch waren.

Man erkannte, dass man auf diese Weise politisch gefährdet sei und schickte Leopold Gratz ins Rennen, dessen Charme bekannt war und der durchaus eine grundlegend sympathische demokratische Haltung hatte. Er war allerdings nicht sehr willensstark, was entweder durch den Alkoholkonsum bewirkt war oder zu diesem geführt hatte. Irgendwo muss das beim Wiener Bürgermeisteramt erblich sein, denn seine Nachfolger haben bis heute nach wie vor eine Vorliebe für einschlägige Getränke. Traditionell hatte ich mit Leopold Gratz ein Treffen Dienstag früh, denn da war Stadtsenatssitzung. 8:00 Uhr war der Termin, und meiner Lebensgewohnheit folgend stand auch schon ein „Großer Brauner" mit einem Glas Wasser auf dem Tisch. Gratz legte sehr viel Wert auf die Einhaltung dieser Wiener Sitte. Mir fiel allerdings auf, dass Gratz nur aus dem Wasserglas trank und die Kaffeeschale unberührt ließ. Als er einmal auf das WC musste, habe ich am Wasserglas genippt und bin draufgekommen, dass es purer Gin war – für 8:00 Uhr früh eine interessante Konsumentscheidung. Wir hatten eine ausgezeichnete Beziehung zueinander, die wir auch nach dem Ausscheiden von uns beiden aus der Politik mittels Telefonkontakt aufrecht hielten, und die bis in seine letzten Lebenstage hielt. Die Wertschätzung war eine beidseitige, wie ich inzwischen genau weiß.

Die Gemeinderatswahl 1978 brachte den erhofften Erfolg. Wir gewannen fünf Mandate dazu (von 30 auf 35 von insgesamt 100). Was noch entscheidender war: Wir hatten nun neun Bezirksvorsteher, wobei vor allem die Eroberung von Bezirken interessant war, die zwar traditionell als bürgerlich verstanden wurden, aber im Besitz der SP (Döbling, Hietzing) waren.

Vor Beginn des Wahlkampfes geschah allerdings etwas, das ich nicht verschweigen möchte. Ich habe die ÖVP Wien mit zwei Million Schilling Schulden übernommen und habe in der ersten Phase aus meinem Sparbuch die Gehälter der Angestellten gezahlt. Erst der Industriellenvereinigungspräsident Hans Igler hat mich aus dieser Verlegenheit befreit. Ich war daher bereit, Geld zu nehmen, woher ich es bekommen konnte. Meine Assistentin Christine Hutterer sowie ein Dienstauto wurden von Kommerzialrat Berger finanziert, der ein erfolgreicher Unternehmer im Personalleasing war und sich im ÖWB engagierte. Als sich später herausstellte, dass er offensichtlich zur Vermögenssicherung illegal Kunstwerke erworben hatte, die er in seinem Tiroler Anwesen versteckte, war ich natürlich auch davon betroffen und wurde entsprechend in der Öffentlichkeit attackiert. Auf Anraten meiner Frau habe ich allerdings etwas Richtiges gemacht: Ich habe alles den Medien erzählt, was zwischen mir und Berger diesbezüglich gelaufen war. Ich kann diese Offenheit im Ernstfall nur jedem empfehlen, denn die stückweise Mitteilung von Fakten macht immer einen schrecklichen Eindruck. Ich habe meine Lektion daraus gelernt und hatte in den vielen Funktionen, die ich nachher ausübte und die natürlich immer mit Finanzierungsproblemen verbunden waren, nie wieder irgendwelche Probleme.

Stadtbelebung, Stadterneuerung

Der Wahlerfolg führte zu einer Neuformierung der Stadtsenatsmannschaft, in die Jörg Mauthe einzog sowie die Polizeiärztin Dr. Gertrude Kubiena, die in ihrem sozialen Engagement eine ungeheuer überzeugende Mitwirkende war, aber von so etwas wie einer Partei keine Ahnung hatte. Fritz Hahn, Günther Goller und Anton Fürst blieben treue Mitwirkende, so dass wir neu formiert auftreten konnten. Auf der Seite der SPÖ blieb das natürlich nicht ohne Wirkung, sie ging mit einer gezielten Strategie vor. Man erkannte, dass wir im Bereich der Stadtkultur ansetzen wollten, denn die später legendär gewordenen Grätzelfeste wurden ebenso lanciert wie die 1978 elementare Neuerung „Stadtfest", mit dem wir beweisen wollten, dass man nicht aus der Stadt ausziehen muss, sondern auch innerhalb der Stadt Feste der Begegnung feiern kann. Der Traum von Jörg Mauthe war, einen Tisch durch die großen Straßen der Stadt zu ziehen, an dem die Menschen einander beim Essen und Trinken begegnen. Das war nicht durchführbar, aber die Stadtfeste selbst waren in ihrer ersten Phase wirklich Gelegenheiten für die Bürger, festlich zusammenzukommen. Überhaupt gelang es durch eine Fülle von Bezirks- und Grätzelfesten, dass die WienerInnen ihre Stadt wieder in Besitz nahmen. Das war die Zeit der „Bunten Vögel", die in meiner Erinnerung ein Charakteristikum für diese Zeit sind. Ich werde immer noch darauf angesprochen, wobei man sich auch daran erinnert, dass wir 1983 37 von 100 Mandaten im Rathaus erreichten, wovon die Volkspartei heute nicht einmal mehr träumen kann.

Natürlich gab es auch parteiintern Kritik, denn man glaubte immer noch an Parteilokale, bedrucktes Papier und interne Treffen. Das öffentliche Echo auf die Neuerungen war jedoch so groß, dass sich die Kritiker zurückhalten mussten.

Die Veränderungen auf der SPÖ-Seite brachten Dr. Helmut Zilk ins Spiel, der nach seiner Entsorgung aus dem ORF (zu Bacherorientiert und kritisch zu Kreisky) Kulturstadtrat wurde, was natürlich die „Kronen Zeitung" bleibend auf die Seite der Rathausmehrheit brachte. Ich werde ein Gespräch mit dem Chefredakteur der „Krone", „Altvater" Hans Dichand, nie vergessen, der mir im üblichen Winkel des Hotel Bristol anvertraute: „Wir werden über Sie jetzt nicht mehr schreiben, denn jetzt sitzt mein Freund Zilk im Stadtsenat!" Dichand und das Blatt haben sich daran gehalten und das später noch zu einer sehr aggressiven Anti-Busek-Linie gesteigert. Alle Versuche, das zu ändern – mehrere Seiten haben es probiert –, sind letztlich gescheitert, weil Dichand Bedingungen stellte, die inakzeptabel waren. Als ich Bundesparteiobmann der ÖVP wurde, wollte er mir in der Frage der Immigration und der EU-Erweiterung eine Linie vorschreiben, die ich ganz und gar nicht vertreten konnte. Ich war eben nicht bereit, Briefe zu unterschreiben, wie das später Alfred Gusenbauer und Werner Faymann getan haben. Keine Frage, dass ich dafür einen Preis zu bezahlen hatte.

Der zweite elementare Beitrag zur Veränderung von Wien war neben der Stadtbelebung die Stadterneuerung. Das war das Leib- und Magenthema von Jörg Mauthe, dem es auch gelang, eine Reihe von Mitwirkenden zu motivieren, ganz wesentliche Beiträge dafür zu leisten. Allen voran ist Erwin Wippel zu nennen. Er war Inhaber einer Gebäudeverwaltungs- und Immobilienfirma, der naturgemäß der schlechte Ruf der Branche vorauseilte. Wippel selber aber war mit dieser Positionierung äußerst unzufrieden. Er, gebürtiger Steirer, der durch die Schrecken des Krieges (in Narvik!) gegangen war und gelernt hatte, auf sich selbst angewiesen zu sein, entwickelte eine unkonventionelle Fantasie und hat bei Wohnbauten bewiesen, dass der private Bereich ebenso in der Lage ist, günstigen Wohnraum zu bauen, wie die Gemeinde, und noch dazu qualitativ besser sein konnte. Mit ihm gelang es, renommierte Architekten zu bewegen, daran mitzuwirken, wie etwa Heinz Tesar, Ottokar Uhl und andere, inzwischen ist es eine imponierende Liste, die zur Veränderung des Wiener Wohnbaus führte, denn auch die anderen Wohnbaugesellschaften und die Gemeinde Wien selbst lernten daraus.

Wir können ruhig in Anspruch nehmen, dass die Einförmigkeit des kommunalen Wohnbaus dadurch beendet wurde und die Stadt wieder ein Gesicht gewann. Wir waren allerdings der Meinung, dass auch die alte Bausubstanz entsprechend erneuert werden musste, denn die Tendenz, dass die Wiener an den Stadtrand oder gar ins Umfeld siedeln, ist nicht gut für Wien selbst. In dieser Zeit ist der sogenannte „Speckgürtel" entstanden, in den betuchtere Mitbürger Wiens einer besseren Wohn- und Lebensqualität wegen gezogen sind. Dass die Stadt damit nicht nur Bürger, sondern auch Steuern verlor, versteht sich von selbst. Mir bleibt in Erinnerung, dass Wien in dieser Zeit zwischen 1,2 und 1,3 Millionen Einwohner hatte mit der Perspektive, um 2020 unter eine Million zu rutschen. Wir mussten bereits Volks- und Hauptschulen sperren und hatten Bezirksteile mit ungeheurer Überalterung, in die auch niemand ziehen wollte. Verzweifelt versuchten wir auch mehr Grünflächen zu schaffen, denn es war auch die Zeit, wo „grün" zu einer politischen Kategorie wurde.

Aus einem gewissen Instinkt heraus habe ich nach der erfolgreichen Wien-Wahl an der Kampagne gegen das Atomkraftwerk Zwentendorf mitgewirkt, wo ich in Kontakt mit den späteren Grün-Politikern Freda Meissner-Blau, Johannes Voggenhuber und Günther Nenning kam. In der Folge entwickelte sich im Kampf rund um die Au in Hainburg auch das Duo Jörg Mauthe/Günther Nenning, deren Auftritt im Tierkostüm bei einer Pressekonferenz heute Legende ist. Wir hatten durch all diese Aktivitäten einen ungeheuren Zulauf interessierter, intelligenter und aktionsbereiter Mitbürger. Wahrscheinlich war es für die Demokratie in der Stadt die beste Zeit überhaupt.

Ergänzt wurde das alles noch durch die Veranstaltungen des „Club Pro Wien". Mir war klar, dass ein städtisches Leben intellektuelle und kulturelle Kraft braucht. Den Zugang zur Kunst hatte ich durch Otto Mauers „Galerie nächst St. Stephan" und durch Oswald Oberhuber, an Literatur war ich selbst interessiert, und das politische Geschehen dieser Zeit deutete bereits die Veränderungen von 1989 mit dem Fall des Eisernen Vorhangs an, ohne dass wir auch nur ahnen konnten, dass wir diese dramatische Neuinszenierung von Europa und damit auch von Österreich und Wien sehr bald erleben würden. In den „Club Pro Wien" lud ich eine illustre Zahl von Gästen ein, wobei wir die Orte wechselten, um die Vertrautheit mit der Stadt zu dokumentieren und manches in den Vordergrund zu stellen, was teilweise auch für die Wiener unbekannt war. Die Liste ist beeindruckend: Daniel Bell, Vance Packard, Maximilian Schell, Betty Williams, Jeanne Hersch, Elisabeth Noelle-Neumann, Paul Watzlawick, Carl Amery, Efim Etkind, Sir John Eccles, Władysław Bartoszewski, Józef Tischner, Erwin Chargaff, Christopher G. Trump, Karl Rahner, Alexander Sinowjew, Richard von Weizsäcker, Hans-Georg Gadamer, Peter L. Berger, Pinchas Lapide, Leszek Kołakowski, Stefan Kisielewski, Carl Friedrich von Weizsäcker, Stanisław Lem, Aleksander Gieysztor, György Konrád, Alfred Grosser, Péter Hanák, Robert Spaemann, Ljuba Tadić, Peter Sloterdijk, Ernst-Wolfgang Böckenförde, Neil Postman, Reiner Kunze, Richard Schifter, Tadeusz Mazowiecki und Bohdan Hawrylyshyn. Das sind nur einige mit prominentem Namen. Vor dem

Fall des Eisernen Vorhangs war die Präsenz des Geisteslebens von Mitteleuropa in Wien wichtig für die Zukunft.

Rückblickend muss ich sagen, dass diese Wien-Strategie in einem Buch von mir entwickelt wurde, ohne dass ich mir dessen sehr bewusst war. „Wien – ein bürgerliches Credo" habe ich über Anregung von Fritz Molden bei ihm herausgebracht. Das Buch ist längst vergriffen, lässt sich aber auch heute noch unter diesem Gesichtspunkten lesen.

Reisen nach Mitteleuropa

Zur gleichen Zeit begannen auch die Reisen nach Mitteleuropa. In der Rückschau muss ich sagen, dass ich da etwas irgendwie geahnt habe. 1968 gaben Meinrad Peterlik und ich ein Buch mit dem Titel „Die unvollendete Republik" heraus. Wir vermuteten, dass zum 50-Jahr-Jubiläum der Republik niemand etwas schreiben würde. Dem war auch so, wir waren es, die versuchten, den Zustand der Republik und die Möglichkeiten Österreichs herauszuarbeiten. In meinem Beitrag habe ich damals schon eine Art Strategie der Nachbarschaft entwickelt, die ich übrigens im Österreichischen Bundesjugendring mit Einladung an die Jugendverbände aller Nachbarstaaten, auch der kommunistischen, zu realisieren begann. In Erinnerung an die Erzählungen meiner Großeltern und Eltern kamen jene Länder in der Nachbarschaft Österreichs in den Blick, die heute ein selbstverständlicher Teil Europas sind, damals aber Niemandsland waren. Ich lebe heute noch von diesen Reisen, nicht nur in der Erinnerung, sondern auch in den persönlichen Kontakten, wenngleich durch die Zeit jene weniger geworden sind, die ich damals traf, und die Emotionalität dieser Treffen heute Vergangenheit ist. Die heutige Donauregionalinitiative, das Vienna Economic Forum, das Gustav-Mahler-Jugendorchester, das Lockenhauser Kammermusikfest – von Gidon Kremer und Josef Herowitsch gegründet – und das Center for Democracy and Reconciliation in Southeast Europe, Sitz in Thessaloniki, sind in der Geografie der Tätigkeit und im persönlichen Bezug ein Rest aus dieser Zeit. Nur um ein Gefühl dafür zu vermitteln, führe ich die Liste der Reisen an, an der Mitarbeiter und Journalisten teilnahmen, wobei mir gerade die Journalisten diese Erweiterung ihres Horizontes in eine unbekannte Welt, von der man auch nicht annahm, dass sie bald eine Bedeutung haben würde, hoch anrechneten.

Eine unvollständige Dokumentation der Mitteleuropa-Reisen

PRAG 1979
Charta-77-Mitglieder
....

PRAG 7.–9.12.1980
Charta-77-Mitglieder
....

POLEN 11.–18.4.1981
Warschau, Tschenstochau, Krakau, Nowa Huta, Zakopane, südpolnische Dörfer

Bartoszewski, Mazowiecki, Stomma, Drewnowski, Turowicz, Wieczorek, Reiff, Szaniawski, Antoł, Oszon, Dzida, Michalski, Załuska, Solidarność -Vertreter, erste Gespräche über das Institut für die Wissenschaften vom Menschen
....

SLOWENIEN, KROATIEN Ostern 1982
Laibach und Zagreb

Erzbischof Šuštar, Studentenvertreter, Vertreter der Caritas, Rektor des Priesterseminars
....

POLEN 20.–25.11.1982
Zakopane, Krakau, Sandomierz, Warschau, Tschenstochau

(Bauern-Solidarność), Turowicz, Szumowski, Büro für die politischen Häftlinge; Professoren, Dozenten und Studenten der Krakauer Universität; Tischner, Herz, Krol, Szajna, Janjzszepański, Grzywacz, Rodziński

SERBIEN 1983
Belgrad

Milovan Đjilas, Danilo Kiš, Dejan Medaković u.a.
....

POLEN 14.–24.8.1983
Breslau, Thorn, Danzig, Allenstein, Wolfschanze, Warschau, Tschenstochau, Krakau, Przemyśl, Zakopane

Wałęsa, Rakowski, Wiejaz
....

POLEN 23.–29.1983
Breslau, Posen, Thorn, Danzig, Warschau, Krakau, Zakopane

....

UNGARN 3.–8.4.1984
Pannonhalma, Budapest, Kecskemét, Pécs, Kaposvár, Balaton, Fertőd, Nagycenk

„Donau-Kreis", junge Wissenschaftler, Dissidenten-Zeitschriften, kirchliche Vertreter, Szent-Ivany, Demszky, Lajos Rajk, Nirjri, Baba, Bischof Cserháti u.a.
....

POLEN 17.–26.8.1984
Łopuszna, Szczawa, Ochoticna (Südpolen), Krakau, Nowa Huta, Tschenstochau, War-schau, Danzig, Thorn, Posen, Trebnitz, Breslau

Tischner, Antol, Turowicz, Susil, Skwarnicki, Henelowa, Lachowska, Micewski, Bischof Miziolek, Morawski, Barlay, Wałęsa, Präl. Sienki-ewicz
....

SERBIEN – UNGARN 31.10.–4.11.1984
Budapest, Pécs, Belgrad

Baba, Szent-Ivanyi, György Konrád, Bischof Cserháti, Patriarch German, Erzb. Turk, Ivanji, Đjilas, Bogdanovich, serbische Oppositionelle
....

DDR 4.–9.6.1985
Dresden, Weimar, Buchenwald, Erfurt, Magdeburg, Berlin

Künstler und Intellektuelle, Vertreter der Kirchen und Studenten

POLEN – UNGARN 13.–21.8.1985

Südpolnische Dörfer, Krakau, Auschwitz/Birkenau, Kattowitz, Tschenstochau, Warschau, Danzig, Lublin, Sandomierz, Przemyśl, Kosice, Eger, Budapest

Tischner, Tygodnik Powszechne, Bischof Bednarz, Erzb. Dabrowski, Kard. Glemp, Wałęsa, Sliwinski, Bartoszewski, Micewski, Gieysztor, Mazowiecki, Bischof Tokarczuk, Dzida, Baba, Rajk u.a.

....

UNGARN September 1985

Budapest, Pannonhalma

Konrád und ungarische Schriftsteller, stv. Ministerpräsident Aczél, Erzabt Szennay

....

POLEN 1.–9.8.1986

Breslau, Posen, Danzig, Warschau, Auschwitz, Krakau, Zakopane

Gieysztor, Kurowski, Wierzbicki, Geremek, Stomma, Kisiliewski, Mazowiecki, Król, Kubiak, Bratkowski, Trzeciakowski, Kard. Glemp, Wałęsa, Erzb. Macharski, Tischner u.a.

....

SERBIEN 2.–5.7.1987

Belgrad, serbische Klöster (Žiča, Ljubostina, Studencia)

Intellektuelle, Künstler und kirchliche Vertreter; Popović, Danilo Kiš, Bischof Stefan, Medaković, Patriarch German

....

PRAG Februar 1988

Kard. Tomášek, Benda, Charta 77 und andere oppositionelle Gruppen; Němcová, Sternová, Reszek, Rokyta, Palouš u.a.

....

POLEN 15.6.–2.7.1988

Breslau, Gnesen, Danzig, Warschau, Krakau, Lodz, Auschwitz

Tischner, Drawicz, Michnik, Kard. Glemp, Mokry, Micewski

PRAG Februar 1989

Kard. Tomášek, Němcová, Kučera u.a.

Damals ist der Grundstein für meine Beziehung zum Europa von heute gelegt worden. Diskussionen darüber, wo Europa beginnt und aufhört, vertrage ich sehr schlecht, weil es letztlich eine innere Entscheidung ist, wer überhaupt zu Europa gehören möchte. Persönlich bin ich überzeugt, dass wir damals auch für die österreichische Außenpolitik, die eigentlich eine europäische Innenpolitik ist, den Grundstein gelegt haben. Die Entscheidung von Ursula Plassnik, das Außenministerium in „Bundesministerium für europäische und internationale Angelegenheiten" umzubenennen, war goldrichtig. Nicht nur für ein Land wie Österreich ist heute alles europäische Innenpolitik und nicht mehr Außenpolitik, und die Chancen eines kleinen Staates, hier wirksam zu werden, liegen schlicht und einfach in der Nachbarschaft.

Mir ist immer nachgesagt worden, dass meine Mitteleuropavorstellungen einfach weltfremd seien. Ich habe aber damit niemals beabsichtigt, eine politische Identität wie die alte Donaumonarchie wiederzuerrichten, sondern letztlich das Prinzip der europäischen Nachbarschaft zu realisieren. Gerade in den letzten Jahren waren die österreichischen Unternehmen in diesem Bereich weitaus aktiver als die Außenpolitik unseres Landes. Damals wurde mir nachgesagt, dass ich eine Alternative zur Europäischen Gemeinschaft aufbauen wolle, was ganz und gar nicht der Fall war. Ich musste sehr oft Erklärungen pro EG abgeben, um keinen falschen Eindruck entstehen zu lassen. Es darf allerdings auch kritisch angemerkt werden, dass die „Westeuropäer" von einst immer noch nicht gelernt haben, was das Europa von heute ist. Der Umgang der EU mit der Ukraine hat das 2013/14 wieder schmerzlich gezeigt. Mir wird immer im Gedächtnis bleiben, dass ich als ein durch die Ereignisse von 1989 engagierter Minister mit den Möglichkeiten von Wissenschaft und Forschung versucht habe, in diese Länder zu wirken, während die Beamtenschaft im Außenministerium mich etwas abfällig „Minister für unsere befreiten Ostgebiete" nannte. Dass diese Terminologie mehr der Nazizeit entsprochen hätte, war den Akteuren nicht bewusst.

Alois Mock hatte partiell dafür etwas übrig, wobei bei ihm eher der katholische Hintergrund eine Rolle spielte, wie man beim

Zerfall von Jugoslawien an seinem Eintreten für Kroatien deutlich merken konnte. Wien bot damals allerdings eine sehr gute Plattform, denn die Erinnerung an die ehemalige Reichs-, Haupt- und Residenzstadt war in den Menschen unserer Nachbarschaft weitaus stärker als das Bewusstsein in der Stadt selbst. Wien hat die starke Immigration der letzten Jahre dadurch besser bewältigt, weil wir in der Mentalität den zu uns Gekommenen nach wie vor nahe stehen. Wien war 1900 nach Prag die zweitgrößte tschechische Stadt, es ist heute die zweitgrößte serbische Stadt. Wenn man sich in den Massenverkehrsmitteln und auf den Straßen bewegt, kann man das durchaus registrieren. Große Konflikte hat das aber bislang noch keine erzeugt. Wien hat bis jetzt seine Probe in dieser Hinsicht gut bestanden. Ich behaupte, dass wir mit dem „Club Pro Wien" und dem Hereinholen von Mitteleuropa dazu einen wesentlichen Beitrag geleistet haben.

Das Ende der Wien-Zeit

Zurück zur Kommunalpolitik. Vizebürgermeister Hans Mayr, Finanz- und Wirtschaftsstadtrat und Obmann der Wiener SPÖ, war ein ganz wichtiger Partner. Er hatte ein etwas cholerisches Temperament, hatte aber einen gesunden Instinkt für gute Ergebnisse. Mir ist es durch die Zeit gelungen, eine Art von „stiller" Koalition mit ihm aufzubauen, die ihm letztlich sehr viel gebracht hat, weil er das tat, was später Bürgermeister Helmut Zilk so beschrieb: Die Volkspartei hätte die Ideen und er würde sie realisieren. Der, der sie wirklich realisiert hat, war Hans Mayr, weil er einen Sinn für das Praktische und Machbare besaß und uns irgendwo auch leben ließ.

Dies ist der Punkt, wo man eine Betrachtung darüber anstellen muss, inwieweit für eine Oppositionspartei Kooperation sinnvoll ist. Ich war damals überzeugt und bin es heute noch, dass im Sinne des Gemeinsamen in der Demokratie Oppositionsparteien konstruktive Beiträge zu leisten haben. Es ist uns damals gelungen, die Politik der Stadt Wien entscheidend zu beeinflussen, weniger erfolgreich waren wir, das auch den BürgerInnen klar zu machen. Das ist ein Konfliktbereich, der letztlich nie gelöst werden kann. Wie kann man als Zweiter sichtbar machen, welchen Anteil man hat? Es ist ein ewiger Kampf um Positionierung, Sichtbarkeit, Geltendmachung der notwendigen Kritik und gleichzeitige konstruktive Mitwirkung. Dazu kommt noch, dass die Mitwirkenden natürlich in der eigenen Partei auch gerne Positionen hätten, um sichtbar zu werden, und ihren Anteil sichtbar dargestellt haben wollen. Mit Ausnahme der Tatsache, dass Erwin Wippel einer der Geschäftsführer des Wiener Stadterneuerungsfonds wurde und einige Gemeinderäte in Aufsichtsgremien saßen, ist mir diesbezüglich herzlich wenig gelungen. Ich war aber überzeugt, in der Sache Gutes zu tun und hatte einen grundlegenden Optimismus, dass unsere Tätigkeit für Wien auch der Wiener Volkspartei nutzen werde. Ich kann nur hoffen, dass in Zukunft irgendjemand ein besseres System erfindet, als es mir damals geglückt ist.

Inzwischen hatte uns 1986 Jörg Mauthe nach einem halben Jahr schwerer Krebserkrankung verlassen, wobei er diesen Weg samt seinem Vermächtnis in seinem Büchlein „Demnächst" eindrucksvoll dokumentiert hat. Wer immer von dieser schrecklichen Krankheit eingeholt wird, dem empfehle ich die Lektüre dieser Meditation über Krankheit, Tod und das, was zu vererben ist. Ernst Wolfram Marboe ist es gelungen, ein bewegendes Fernsehinterview mit dem Todkranken zustande zu bringen, in dem er eine letzte Frage an Jörg richtete, wie das nun sei mit Auferstehung und Himmel. Mauthe antwortete berührend: „Ich glaube zwar nicht dran, aber lachen täte ich schon …" Inzwischen weiß er es.

Etwas anderes hat die Ergebnisse der Wiener ÖVP und schließlich auch mich sehr stark beeinflusst, nämlich die inzwischen wieder in Gang gekommene Große Koalition 1987. Die Begeisterung in Österreich hat sich in Grenzen gehalten, wobei der inzwischen von Krankheit gezeichnete Alois Mock nicht in der Lage war, ein überzeugendes Programm an Personen und Inhalten als Beitrag der ÖVP auf Schienen zu setzen. Zu seiner Entlastung sei gesagt, dass dieses Problem nach wie vor existiert. Hier begann nun der Zulauf zur Freiheitlichen Partei Österreichs, der sich erstmals dann im Wiener Wahlergebnis 1987 niederschlug. Die FPÖ bekam mehr Sitze im Gemeinderat, Zilk gewann mit Mühe und mehr durch Wahlarithmetik ein Mandat, während die ÖVP fünf verlor und wieder bei 30 landete. Für mich war dieses Ergebnis schon vorher merkbar, denn im Wahlkampf ließen plötzlich die eigenen Mitarbeiter nach und mit unseren Erfolgen konnten wir eigentlich niemanden mehr so recht beeindrucken. Wir hielten zwar „unsere" Bezirke, was auch meine „Bezirkskaiser" dazu veranlasste, sich als die eigentlich Erfolgreichen zu sehen, aber der Charme des Aufstiegs war vorüber. Ich blieb im Stadtsenat, war wieder einfacher Stadtrat und versuchte einen zweiten Beginn. Allerdings baute sich unter reger Mitwirkung alter Kritiker, vor allem der Gruppe um Johannes Prochaska und die Junge Volkspartei, aber auch unter tätiger Mithilfe des Wirtschaftsbundobmannes Karl Dittrich, eine Alternative auf. Prochaska glaubte als Berufsjugendlicher an die allein seligmachende Wirkung der Partei und warf mir immer Linksabweichung und Verlust der Kernideologie vor. Er würde heute als Fundamentalist bezeichnet werden, wobei ich nicht verkenne, dass er sehr intelligent war, aber von geringer Beweglichkeit und Dialogfähigkeit. Dittrich wiederum hat sich oft auf schamlose Weise mit der SPÖ und insbesondere mit Hans Mayr arrangiert. Es war sicher zum Nutzen der Wirtschaftskammer, auch zu seinem persönlichen. Dieses Arrangement zwischen Rathaus und Wirtschaft ist das bleibende Dilemma der Wiener ÖVP, denn schließlich war sein Nachfolger Walter Nettig die längste Zeit informelles Mitglied der Stadtregierung von SPÖ-Gnaden. Ich habe einmal später eine peinliche Szene miterlebt, wo Bürgermeister Häupl erklärte, dass Walter Nettig sein bester Mann sei und alles tue, was er wolle. Nettig war bei dieser Darstellung anwesend und nickte brav. Mehr braucht man nicht zu sagen.

Wie immer war es die Frage nach Alternativen, als es um den Landesparteiobmann ging. Durch eine Politik der Nadelstiche hat sich Dr. Wolfgang Petrik aufgebaut, dem ich die Funktion des Vizepräsidenten des Wiener Stadtschulrates anvertraut hatte und der inzwischen signalisierte, dass er zu Höherem berufen sei. Es entstand daraus ein zähes Ringen in Vorbereitung des Landesparteitages, der für mich umso schwieriger zu bestehen war, als ich zur Wiederwahl nach 13 Jahren Amtszeit per Statut eine Zweidrittelmehrheit brauchte. Die Strategie der Gegner war einfach: Sie stellten keinen Kandidaten auf, sondern arbeiteten für Nein-Stimmen. Neben Karl Dittrich war ein besonderer Stratege der Hernalser Bezirksparteiobmann Fritz König. Er lag mehr am rechten Rand des Parteispektrums und vertrat eine enge ordnungspolitische Linie, die eigentlich mit der sozialpolitischen Verantwortung eines ÖAABlers wenig zu tun hatte. Es war eine Eigenart dieser Parteigruppierung, dass sie weder im Bereich der christlichen noch der sozialen Verantwortung eine große Offenheit hatte. Es war vielmehr eine Organisation, mehrheitlich von Beamten aller Art, die für die eigene Karriere, ihren Vorteil und die Abgrenzung gegenüber anderen arbeitete. Sie hatten Erfolg. Ich habe am Landesparteitag im Oktober 1989 in Oberlaa 57 Prozent erreicht, nicht aber die notwendigen 66,6 Prozent. Ich war dafür gerüstet, hatte aber offensichtlich in Vorbereitung zu wenig Kampagne für eine Alternative gemacht. Der Bezirksvorsteher von Mariahilf, Kurt Pint, kandidierte zur Überraschung meiner Gegner, erhielt ein respektables Ergebnis, aber nicht die Mehrheit. Ich erinnere mich noch an das Triumphgeheul meiner damaligen Kritiker, von denen manche später zu verbergen versuchten, dass sie für Wolfgang Petrik eingetreten waren. Diesem ist es faszinierend rasch gelungen, selbst mein schlechtestes Wahlergebnis nach unten zu übertreffen und jenen Weg einzuleiten, der der Wiener Volkspartei zum Schattendasein von heute verhalf.

Eckpfeiler meiner Wien-Politik

Noch als Generalsekretär der ÖVP wurde ich von Josef Taus als Kultur- und Wissenschaftssprecher eingesetzt. Taus erkannte die Wichtigkeit des Themas und gab mir daher auch Möglichkeiten, in der Öffentlichkeit Profil zu gewinnen. Ich habe das in einigen Aktivitäten getan, die ich nur ganz kurz darstellen möchte: Ich gründete die Österreichische Forschungsgemeinschaft, da es die SPÖ mit der Ludwig-Boltzmann-Gesellschaft verstand, Wissenschaftsbereiche in ihrem Sinn zu beeinflussen. Unterstützt wurde ich dabei von Landeshauptmann Hans Lechner, der dafür Verständnis hatte, wobei ich meinerseits damit argumentierte, dass die Bundesländer hier aktiv werden müssten. Wir haben eine Reihe von interessanten „Semmering-Tagungen" gemacht, die die Wissenschaftsthemen dieser Zeit behandelten. Das ist alles hinreichend dokumentiert. Besonderes Augenmerk habe ich natürlich auf Mitteleuropa gerichtet, wobei die Ideen von Professor Gerald Stourzh, eine der wesentlichen Stützen meines Engagements, von großer Bedeutung waren. Er hat uns den „Anton-Gindely-Preis" eingeredet, der für jene Historiker da war, die aufgrund der Sprachen der alten Monarchie unter Einschluss des Jiddischen wissenschaftlich publiziert haben. Irgendwie wurde damit in dieser Zeit der Fall des Eisernen Vorhangs ein wenig vorbereitet, wobei wir die Rostlöcher nutzten, die damals schon sichtbar waren. Die Reihe der Ausgezeichneten ist imponierend, persönlich verdanke ich die Freundschaft von Dr. Emil Brix der Tatsache, dass er im Rahmen dieses Programms einen Förderungspreis erhielt.

Wir machten natürlich auch jede Menge Befragungen, weil sich mehr und mehr die Problematik der Firnberg'schen Universitätsreform herausstellte. So sehr die Änderung der Beschlussfassungen innerhalb der Universitäten richtig war, entstand durch die Drittelparität auch in den „Mittelbauern" (a.o. Professoren, Universitätsassistenten) eine Pressure Group, die sich in Teilen erheblich ideologisch formierte, ohne auf die notwendige Qualität zu achten. Das hat mich später als Wissenschaftsminister sehr beschäftigt.

Ebenso habe ich als Kultursprecher versucht, Spuren zu ziehen, was mir in der bildenden Kunst aufgrund der Tätigkeit in der Galerie nächst St. Stephan in Teilen sehr leicht fiel. Schwieriger war es schon im Bereich von Theater und Literatur, weil damals auch dort die „68er" oder besser gesagt das „Regietheater" zugeschlagen hatte. In dieser Zeit habe ich eine Reihe von Konflikten erlebt, die sich mit den problematischen Konsequenzen des Regietheaters, das auch ausgezeichnete Ergebnisse hervorbrachte, beschäftigten. Bei einer Inszenierung von Faust I im Burgtheater hatte man das Vorspiel einfach weggelassen, worauf ich kritisch bemerkte, dass junge Menschen in ihrer ersten Begegnung mit Faust die Parabel dann nicht begreifen könnten. Der Schlusssatz von Goethes Stück – „Sie ist gerichtet!" „Ist gerettet" – stehe dann sinnlos im Leeren, ebenso der Dialog zwischen Gott und Mephisto. Die Kulturkritik war aber längst umgepolt, so dass daraus eine gewisse Konfliktsituation mit Burgtheaterdirektor Claus Peymann entstand. Ich erinnere mich an einen Besuch von ihm, sinnigerweise im Sekretariat der ÖVP, wo er bei der Tür hereinkam und mir erklärte, dass er eigentlich der bessere CDUler sei und ein Anhänger des Kapitalismus. Dies allerdings präsentierte er auf eine Art und Weise, die der Schmiere nahekam. Mein unangenehmster Konflikt entstand später durch eine Manipulation eines alten Freundes, des Chefredakteurs der Presse, Dr. Thomas Chorherr. Thomas Bernhards Stück „Heldenplatz" hatte damals die Gemüter erregt. Auch ich wurde dazu gefragt und meinte schlicht und trocken: „Wer es nicht will, soll nicht hingehen!" Chorherr machte daraus als Titelschlagzeile die Empfehlung, den Besuch des Stückes im Burgtheater zu boykottieren, was ich ganz und gar nicht gemeint hatte und dem ich auch nicht gefolgt bin. Als ich Chorherr zur Rede stellte, erklärte er mir, dass er das journalistisch manipuliert habe, um auf diese Weise mehr Wirkung zu erzielen. Meine Klarstellungen nützten mir nichts, in unzähligen Artikeln wurde ich aufs Ärgste verurteilt. Meine Kritik am Regietheater halte ich aufrecht, obwohl es Schritt um Schritt heute im Entschwinden ist.

In der Frage der Museen und deren Darstellung habe ich gemeinsam mit Jörg Mauthe eine gemeinsame Linie verfolgt. Die Umstände brachten es mit sich, dass wir mit einem Studienkollegen von Mauthe, dem Direktor des Kunsthistorischen Museums, Prof. Hermann Fillitz, in Kollision kamen, dessen Auftreten dazu führte, dass sich die Amtszeit von Hans Tuppy verkürzte. Brix, der inzwischen Kabinettschef von Tuppy war, redete ihm ein, ein Generalsekretariat für die gesamten Bundesmuseen zu schaffen, das Wilfried Seipel bekleiden sollte – eine Person, über die später noch zu reden sein wird. Es kam zu einer Fernsehkonfrontation, wobei die beiden älteren Herren ein nicht gerade schönes Bild wechselseitiger Aggressivität lieferten, die Problemstellungen aber zum Nachteil des Ministers nicht richtig herüberbrachten. Das hat offensichtlich dazu geführt, dass man beschloss, sich von Hans Tuppy zu verabschieden. Persönlich verdanke ich Tuppy sehr viel, weil er später auch im Europäischen Forum Alpbach eine ganz entscheidende Rolle bei der Programmgestaltung spielte und ich ihn heute mit seinen Beiträgen, die immer noch von einer ungeheuren Wachheit und Präzision getragen sind, sehr bewundere und schätze.

Bleibend aber ist für mich die Faszination des Urbanen. Mein Politik- und Demokratieverständnis ist davon wesentlich bestimmt, weil ich glaube, dass eben diese Demokratie in der Stadt entstanden ist und ihr geistiges Leben einbezieht. Ich bin überzeugt, dass Wien vor allem durch die politische Veränderung Europas mit dem Fall des Eisernen Vorhangs, der Entwicklung der Europäischen Union und der Herausforderung, das „Narrativ Europa" zu entwickeln, noch mehr Chancen hat. Dass wirtschaftlich gesehen die Standortfrage ebenso eine Rolle spielt, ist unbestritten, denn die Tatsache, dass die Zahl der „Headquarters" hier zugenommen hat, spricht eine deutliche Sprache. Genutzt hat man diese Chance allerdings nach wie vor noch viel zu wenig. Die kulturelle Faszination dieser Stadt braucht man nicht zu beschreiben. Sie schlägt sich in den täglichen Programmen der Kultureinrichtungen nieder, deren Attraktivität in die umliegenden Länder und Regionen nach wie vor wirkt. Ein wenig kritisch möchte ich sagen: Das alles hat sich im Wesentlichen ohne Politik entwickelt, wenngleich ich meine, dass ich mit meinen Freunden gemeinsam in der Stadt dafür Grundlagen geschaffen habe, die heute noch nachwirken.

Es gibt nicht wenige, die mir nach wie vor sagen, dass ich stolz auf das Ergebnis meines Wien-Engagements sein kann. Ich verhehle nicht, dass mich die Absenz der Wiener Volkspartei, die Reduktion der Grünen auf Radfahren und Mariahilfer Straße und die Reduktion der Freiheitlichen auf eine Anti-Europa- und Anti-Migrationspartei deprimiert. So kann ich nur junge Menschen auffordern, in die Politik dieser Stadt einzutreten, aber nicht nur dort, sondern überhaupt in Österreich, in Europa!

In meiner Tätigkeit habe ich mich bemüht, nicht nur Nachfolger für die verschiedensten Gebiete, in denen ich Verantwortung übernehmen durfte, zu finden, sondern vor allem junge Menschen anzusprechen. Ich greife ein Beispiel heraus, von dem ich glaube, dass es recht gut gelungen ist. Es ist das Europäische Forum Alpbach, wo ich lange vor der Übernahme von Funktionen sehr von einer Initiative junger Teilnehmer beeindruckt war, die eine „Liebeserklärung an Alpbach" verabschiedet hatten. Der Autor hieß Matthias Strolz, der später die „Neos" gründete und offensichtlich damals schon begonnen hatte, sich für Veränderung zu engagieren. Er und viele andere Junge waren mit dem Zustand von Alpbach unzufrieden und haben unter meinem Vorgänger als Präsidenten, Herrn Botschafter Dr. Heinrich Pfusterschmid-Hardtenstein, jenen Weg eröffnet, der zum Europäischen Forum Alpbach in seiner heutigen Form geführt hat und von Franz Fischler ausgezeichnet fortgesetzt wird. Damals wurden Schritt um Schritt Gruppen geschaffen, nicht nur in Österreich, sondern in der Mitte Europas, im Osten sowie im Südosten, die sich nicht nur immer wieder in Alpbach einfanden, sondern jeweils auch in ihren Ländern Netzwerke bildeten, um mit den Veränderungen vor allem in den Transformationsländern fertig zu werden und eine entsprechende Zukunft zu eröffnen. Ohne mich berühmen zu wollen, bin ich überzeugt, dass das einer der wesentlichen Beiträge für die Zukunft der europäischen Entwicklung war, den ich leisten durfte. Hier entstand eine besondere Qualität, die sich – um nur ein Beispiel zu nennen – etwa darin äußerte, dass die Gruppen von Serbien und Kosovo eine gemeinsame Fotoausstellung über Europa schufen, die nicht nur in Wien, Alpbach, Brüssel etc. gezeigt wurde, sondern vor allem in Serbien und Kosovo, ja sogar im umstrittenen Gebiet von Mitrovica. Diese Jungen wollten es einfach nicht hinnehmen, dass Konflikte ihre Zukunft überschatten. Daher schreibe ich einen Brief an eben diese junge Generation in der Überzeugung, dass sie eigentlich sehr rasch das Schicksal in die Hand nehmen muss, um ihre Welt zu gestalten.

Aufruf an die Jungen

Liebe junge Freunde,

Der Jugend ist es eigen, alles kritisch zu sehen. Das ist gut so! Kritik beinhaltet die Gabe der Unterscheidung der Geister und den Versuch, die Dinge besser zu machen. Davon lebt die Politik, denn es entstehen ständig neue Probleme, wobei es nicht nur auf die Leistung des Einzelnen in der Gemeinschaft in allen Lebensbereichen ankommt, sondern schlicht und einfach auf die Fantasie der Jungen. Das habe ich versucht in Wien zu realisieren, wobei ich glaube, dass auch heute mehr Fantasie notwendig ist, um das Wunderbare dieser Stadt weiterzuentwickeln. Auch Österreich ist bislang einen guten Weg gegangen, wobei ich mit Sorge registriere, dass die Jungen zwar in einem hohen Ausmaß politisch sind, aber sich nicht unbedingt engagieren wollen. So rufe ich euch zu: Unzufriedenheit genügt nicht, man muss die Dinge in die Hand nehmen. Zum Beispiel für Wien oder für Österreich, schließlich für Europa und diese Welt. Politik besteht nicht aus langweiligen Parteien, Sektionsveranstaltungen, Werbeplakaten, Konferenzen und primitiven Sprüchen, sondern aus Fantasie und deren Verwirklichung. Dazu braucht es euch Junge, weil ihr über manches hinwegkommen könnt, was euch als Belastung vorkommt oder gar unverständlich ist. Ihr könnt Grenzüberschreitung immer wieder versuchen, wenngleich es auch dann wieder notwendig ist, Grenzen zu setzen. Es muss euch gelingen, politisches Engagement nicht als eine Last zu verstehen, sondern als eine faszinierende Herausforderung. Es ist einfach spannend, seine Welt zu gestalten und dafür zu sorgen, dass sie in entsprechender Form weiter besteht und sich entwickelt. Das beginnt in den Orten, in den

Städten, Regionen, Staaten, in unserem Kontinent und schließlich in der Welt. Noch nie gab es so viele Möglichkeiten, die geschickt dazu genutzt werden können, dass wir nicht eine Versuchsstation für Weltuntergänge sind, wie es einmal Karl Kraus für unser Land formuliert hat, sondern wir Europa als ein Laboratorium für eine bessere Zukunft der Welt ansehen. Ihr habt die Chancen dazu, wenn ihr die gebotenen Möglichkeiten nutzt, aber es braucht den Willen dazu, diese Chance zu nützen. Schon in der Bibel steht quasi als eine politische Aufforderung: „Wollet der Stadt Bestes!" Gemeint ist hier die Gemeinschaft, wobei heute noch mehr Möglichkeiten bestehen, als wir sie etwa hatten. Ich habe den lateinischen Satz gelernt: „Cupidus rerum novarum" – Begierig der neuen Dinge. Das ist die Aufgabe von euch Jungen – vor allem in der Politik. Also hinein ins politische Leben – es ist es wert.

Auf geht's!
Euer „Dinosaurier"
Erhard

Die Zeit am Minoritenplatz

Heinrich Drimmel hat in seiner Biografie von den „Häusern meines Lebens" gesprochen. Ich verstehe diesen Bezug, denn Ämter im öffentlichen Leben sind immer beeinflusst von den Plätzen, an denen sie zu finden sind. Gewöhnlich wird auch die Adresse ein Synonym für eine Institution, wie es für die Bundesleitung der Volkspartei mit der „Kärntner Straße" lange Zeit der Fall war. Der „Minoritenplatz" ist seit 1860, also seit der Monarchie, der Ort der Verwaltung für Unterricht und Wissenschaft. Er wird auch sicher all die Wandlungen in Kompetenzen, Ministerienkompositionen etc. überstehen. Es ist ursprünglich ein Palais Starhemberg gewesen, das diese Familie wiederum von den Festetics gekauft hatte. Schon in der Monarchie wurde ein Teil baulich hinzugefügt, den man im Inneren immer noch merkt, weil er ein zweites Stiegenhaus hat und nicht wirklich in die Grundstruktur des alten Palais passt. Die Tatsache, dass seit 1970 jeweils zwei Minister dort zu Hause waren, hat zu einer Trennung der Prunkräume geführt. Auf den Minoritenplatz hinaus war der oder die UnterrichtsministerIn zu Hause (ich hatte diese Räume noch mit Heinrich Drimmel und Piffl-Perčević erlebt), während die etwas dunklere Seite auf die Bankgasse hin das Reich des Wissenschaftsministers war.

Die Rituale der Einführung werde ich nie vergessen: Zunächst wurde ich darauf hingewiesen, dass man den Schreibtisch des legendären Unterrichtsministers Thun-Hohenstein hat, den ich während meiner Amtszeit immer in Ehren hielt. Inzwischen ist er irgendwohin verschwunden. Weiters wurde mir mitgeteilt, dass auf meinem Tisch ein grünes Telefon stehe, auf dem ich jeden Mittwoch angerufen werde, um den Krisenfall zu testen. Das Losungswort wurde in zeitlichen Abständen (für mich war es „Richard Löwenherz") gewechselt und die Testanrufe sind nie erfolgt. Neugierig, wie ich war, habe ich mich erkundigt, was ich dann zu tun habe. Ich wurde angewiesen,

dann in den Keller des Ministeriums zu gehen und den Gang zu benützen, der hinüber in das Bundeskanzleramt führt. Mein Interesse
hat sich fortgesetzt und ich habe den mir zugewiesenen Amtsdiener
gefragt, wie ich dort hinkomme. Inzwischen sind diese Exemplare
selten geworden, die durch die Zeit immer irgendwo mit dem Gebäude zusammengewachsen sind, in dem sie ein Leben lang dienten. Auf
meine Frage erntete ich schallendes Gelächter! Danach wurde mir
mitgeteilt, dass der Gang völlig durch Akten verlegt sei, die man nicht
mehr brauche …

Interessanter war schon die Begegnung mit der Bürokratie,
die naturgemäß dem neuen Minister mit Skepsis gegenübertrat, wobei die älteren Semester immer betonten, wie viele Minister sie schon
in ihrem Beamtenleben gesehen hätten. Ich habe gegenüber solchen Apparaten immer eine grundsätzliche Einstellung gehabt: Ich
wollte mit ihnen leben und nicht gegen sie. Das ist wahrscheinlich
einer der großen Fehler der gegenwärtig Regierenden, dass sie gi-
gantische Kabinette aufziehen (Vizekanzler Spindelegger hatte etwa
20 Personen um sich, von denen nur drei aus dem Außenministerium
kamen), womit dokumentiert wurde, dass man gegen den Apparat
mit eigenen Mitarbeitern regieren wolle. Ich kann nur dringend
empfehlen, von dieser Übung abzugehen und sich mehr der Qualität
der MitarbeiterInnen zu widmen. Das politische Argument, dass eine
in eine bestimmte Richtung eingefärbte Beamtenschaft nicht ordentlich arbeite, kann ich aus meiner Erfahrung nur bestreiten. Ich habe
eine SPÖ-Mehrheit bei Personalvertretungswahlen vorgefunden,
muss aber sagen, dass die Kooperation bis auf wenige Ausnahmen
ausgezeichnet funktionierte, wobei diese Ausnahmen auf Konflikte
persönlicher Art zurückzuführen waren und wirklich nichts mit Politik zu tun hatten. Im Gegenteil: Ich habe erlebt, dass Mitarbeiter
anderer Couleurs bemüht waren, für den Standpunkt des Ministers
in den Reihen ihrer Partei zu werben. So wären die Maßnahmen
im Bereich der Hochschule und ihre Reform ohne das SPÖ-Mitglied
Sektionschef Dr. Sigurd Höllinger nie zustande gekommen.

Die Arbeitsvorhaben waren ziemlich klar: Es ging darum, Verbesserungen an der Firnberg'schen Hochschulreform durchzuführen, die das Funktionieren der Universitäten sicherstellten. Es ist das in einem ersten Anlauf in kleinen Dingen gelungen, wozu ich dann auch als Gruppenleiter Raoul Kneucker heranzog, der später Sektionschef für internationale Angelegenheiten wurde und diese Aufgabe beeindruckend bewältigte. Es wäre hier eine lange Liste von Vorhaben anzuführen, deren Bewältigung eine interessante Herausforderung war. Die Ergebnisse sind leicht aus den Berichten abzulesen. Mir hat es im ersten Schwung eine relativ gute Bewertung an den Universitäten und Hochschulen eingebracht.

Unter den Geschichten, die ich erlebt habe, sind zwei bemerkenswert, die ich auch erwähnen möchte. Zum einen fällt in diese Zeit die Auffindung des „Ötzi". Dieser Fund in den Tiroler Alpen hat zahlreiche Verwicklungen erzeugt. Die Fundstelle selber war an der Grenze zu Italien, auf italienischem Staatsgebiet, die Österreicher haben aber die Sicherstellung unternommen. Natürlich tauchte sofort der Gedanke auf, dass die Grenzziehung nach dem Vertrag von St. Germain gerade dort nicht richtig gewesen war und Ötzi eigentlich ein „Österreicher" sei. Dann gab es auch noch den Streit um die Zuständigkeit: Der Anatom der Universität Innsbruck erklärte, dass „Ötzi" ein menschlicher Leichnam sei, für den es noch keinen Totenschein gebe und Ötzi daher in seine Kompetenz falle. Der Denkmalschutz wiederum erklärte, dass er infolge seiner Tätowierungen ein Kunstwerk sei, was wieder in diesem Kompetenzbereich abgehandelt werden müsse. Die allgemeine Erwartungslage im Bereich der Wissenschaft war, dass sich damit nicht nur eine Reihe von interessanten Projekten ergäbe, sondern auch gehörig Geld verdienen ließe. Der interessanteste Kommentar kam von der italienischen Seite: Ein italienischer Ministeriale erklärte mir, dass er froh sei, dass die Österreicher den Ötzi übernommen hätten, denn angesichts des Verwaltungschaos hätte man zwar das Fundstück in eine italienische Kaserne gebracht, dort wäre es aber zugrunde gegangen. Ihn heute in Bozen herzuzeigen ist eine salomonische Lösung und ist wohl auf die bestmögliche Weise geschehen.

Der andere Vorfall war noch weit amüsanter. Relativ bald nach meinem Amtsantritt erreichte mich eine Unmenge Briefe, in denen mir nicht nur gratuliert wurde, sondern ich darauf hingewiesen wurde, dass ein Auszeichnungsantrag für einen Orden, eine Professur oder was die Republik sonst noch zur Schmückung von Visitkarten vergeben kann, nicht erledigt sei. Als diese Feststellungen eine kritische Masse erreichten, habe ich den zuständigen Abteilungsleiter dazu befragt. Dieser erklärte mir, an Orden und Auszeichnungen überhaupt nicht interessiert zu sein, weil er das ohnehin für einen Unsinn erachte. Er habe das an eine Amtsrätin abgetreten. Der von mir beauftragte Präsidialchef des Ministeriums, Sektionschef Frühauf, widmete sich dann über meinen Wunsch dieser Causa. Er stellte fest, dass die besagte Amtsrätin alle Auszeichnungsakten in einem Kasten, dann infolge der Menge hinter einem Kasten deponiert hatte. Unter Anwendung der eigenen Leibeskräfte habe der Sektionschef den Kasten verschoben und es seien alle Akten herausgequollen. Ich versuchte dem Missstand abzuhelfen und beauftragte einen inzwischen pensionierten Sektionschef, alles aufzuarbeiten. Er hatte nur eine Bedingung: Er wollte nicht Geld dafür, sondern wollte bei jeder der Verleihungen dabei sein. Nichts leichter als das!

Es trat allerdings dann ein Problem auf, mit dem ich nicht gerechnet hatte: der Bundespräsident. Da zur Gegenzeichnung die Unterschrift des damaligen Amtsinhabers Kurt Waldheim notwendig war, stellte sich heraus, dass er die Menge der Verleihungen nicht unterschreiben wollte. Er bediente sich einer eigenartigen Argumentation: Das Unterrichtsministerium habe 600 Beamte, das Wissenschaftsministerium nur 400 und man könne Auszeichnungen nur in dieser Relation vergeben. Zutreffend war die Argumentation nicht, denn sie hatte ja schließlich nichts mit den Beamten zu tun. Ein Besuch bei Waldheim brachte keinerlei Ergebnisse, wodurch ich in eine Verlegenheit kam, die ich der inzwischen zuständig gemachten neuen Amtsrätin anvertraute. Sie reagierte sehr pragmatisch und ersuchte mich, mit ihr gemeinsam den Bundespräsidenten noch einmal zu besuchen, denn sie würde ihm das schon auf eine entsprechende Weise erklären. Ich habe das auch gemacht, wir haben ordentlich argumentiert, Waldheim hat seine Ansicht wiederholt, worauf die Amtsrätin ihm erklärte: „Schaun S', Herr Bundespräsident, was können Sie denn schon machen? Damit können Sie einer Reihe von Menschen eine Freude machen. Das muss doch auch schön sein für Sie!" Waldheim hat sich dieser Argumentation gebeugt und unterschrieben. Ich habe die Amtsrätin Pollak daraufhin zur Regierungsrätin befördert, weil sie der Regierung wirklich einen guten Rat gegeben hat …

Ein Exkurs zur Causa Waldheim

Das politische Leben von Kurt Waldheim hat für mich insofern eine Rolle gespielt, als es mich vor eine Fülle kritischer Fragen stellte. Ich hatte ihn als Außenminister der Regierung Klaus kennengelernt, in der er nach Lujo Tončić-Sorinj das Amt übernahm. Er war sofort eine Zielscheibe der Sozialisten, wobei Heinz Fischer sich sehr engagierte, ihm nachzuweisen, dass er bei der Übersiedlung von New York zu viel verrechnet habe. Die Dringliche Anfrage der SP ging ins Leere, aber der Umgang mit Waldheim lehrte mich, dass er ein ziemlich aggressiver Chef gegenüber seinen Mitarbeitern war. In dieser Ansicht bestärkte mich später Peter Mahringer, der ihn bei der ersten Wahlkampagne für das Amt des Bundespräsidenten 1972 betreut hatte. Er schilderte ihn als einen nicht sehr angenehmen Patron, was er mir bei der zweiten Kandidatur Waldheims zur Kenntnis brachte. Bei Besuchen in New York war es selbstverständlich, Waldheim als Generalsekretär der Vereinten Nationen aufzusuchen. Man wurde mit erlesener Höflichkeit behandelt, meistens gab es irgendeinen Empfang oder ein Essen und man bekam den Eindruck, dass auf diese Weise für ihn guter Wind im Heimatland gemacht werden sollte.

Ich persönlich war bei der Beratung und Beschlussfassung angesichts meiner Vorkenntnisse eher zurückhaltend und habe den Salzburger Landeshauptmann Dr. Wilfried Haslauer für das Bundespräsidentenamt vorgeschlagen, dessen intellektuelle und rhetorische

Brillanz unbestritten war und der ein Format hatte, das weit über die Landesgrenzen hinausging. Von den späteren Vorwürfen gegen Waldheim wussten wir damals nichts, ich habe mich aber trotzdem im Bundesparteivorstand der Stimme enthalten. Ein anderer Skeptiker war Jörg Mauthe, der Hugo Portisch für dieses Amt in Vorschlag brachte, mit dem wir auch Gespräche führten, der schließlich aber definitiv ablehnte. Waldheim wusste von meiner Verhaltensweise, hat mich mit erlesener Freundlichkeit behandelt, was mir eine Reihe von Mittagessen im Hotel Sacher eintrug.

Die Sache entwickelte sich dramatisch. Als ich gerade eine Veranstaltung mit Waldheim sinnigerweise in Ottakring hatte, wo ich meine Beziehungen zur Volksmusik nutzte, um den Abend mit Wienerlied-Darbietungen attraktiver zu machen, erreichte mich ein Telefonat aus den USA im Speckkammerl des Wirtshauses. Die Ironie wollte es, dass der Girk Kurtl, einer der prominenten Vertreter des Wienerliedes, gerade sang: „Ich bin der Kaiser von Österreich …",was Kurt Waldheim sichtlich schmeichelte. Im Anruf aus den USA wurden mir die Schlagzeilen der „Washington Post" – oder war es die „New York Times" – mitgeteilt, die auf die Vergangenheit Waldheims in Bezug auf die NSDAP, aber auch auf seine Rolle im Generalstab in Thessaloniki hinwiesen.

Das hatte für mich eine Vorgeschichte: Ich hatte ein gewisses Naheverhältnis zu Johannes Eidlitz, dem Sohn von Alma Seidler und dem Burgschauspieler Karl Eidlitz. Er war einer der ersten Kulturreferenten der ÖVP-Bundesparteileitung nach 1945, gemeinsam mit dem späteren Generalsekretär des Konzerthauses und Staatsoperndirektor Egon Seefellner. Er suchte mich als Wiener Landesparteiobmann auf, erzählte mir, dass er eigentlich die Waldheim-Memoiren geschrieben habe und sich aus Loyalität gegenüber der ÖVP verpflichtet fühle, mir mitzuteilen, dass es zwei ungeklärte Punkte im Buch gebe. Der eine betraf den Übergang von Kurt Waldheim aus dem Ständestaat in das Österreich des März 1938. Der andere Punkt betraf sein Verschwinden aus Thessaloniki und die Heimkehr in die Ramsau, wo seine Frau auf ihn wartete. Eidlitz erzählte mir, dass

Waldheim nicht bereit gewesen sei zu erzählen, was in beiden Fällen wirklich geschehen war, und Fragen mit dem Hinweis abtat: „Das waren dunkle Zeiten, über die man besser nicht redet." Eidlitz hat hier nichts vermutet, sondern nur darauf verwiesen, dass die Auskünfte unpräzise waren, und auch ich habe mir nicht allzu viel dazu gedacht. Beim Telefonat aus New York wurde mir klar, dass es diese Punkte waren, die zum Problem werden konnten. Meine Mitteilungen an die Bundespartei wurden insbesondere von Generalsekretär Dr. Michael Graff abgeschmettert. Ich bin auch das Risiko eingegangen, bei einem Bundesparteirat, dem zweithöchsten Gremium der ÖVP, in Vorbereitung einer Präsentationsveranstaltung für Waldheim in Linz auf diese Problematik aufmerksam zu machen, weil ich mir sicher war, dass wir die Angelegenheit nicht loswerden würden. Waldheim schob sie beiseite und wies darauf hin, dass er zu den jüdischen Kreisen von New York und den USA beste Verbindungen habe. Nicht so Sissi Waldheim! Sie war die intellektuell Stärkere, sehr klarsichtig und analytisch. Sie sagte, dass man meine Einwände ernst nehmen sollte und erklärte: „Die Ostküste bekommen wir nicht so leicht los!" Ich habe diesen Satz immer noch im Ohr.

Waldheim hatte schon registriert, dass ich zu den Skeptikern zählte. Er war nicht ungeschickt und hat mich gebeten, ihn bei der Textierung seiner Reden gerade in Hinblick auf diese Bereiche zu unterstützen, wobei ich insbesondere bei seiner berühmten TV-Erklärung zu seiner Geschichte herangezogen wurde, den Text zu verfassen. Ich habe das auch gemacht, wobei ich zur Bedingung stellte, dass mir die Endfassung noch vor Veröffentlichung zur Verfügung gestellt wird. Das geschah. Waldheims künftiger Schwiegersohn, Othmar Karas, überbrachte mir den Text, zog ihn vor mir in meinem Büro im Rathaus aus dem Kuvert, las ihn – und bekam blitzartig einen roten Kopf. Ich erinnere mich, dass er sagte: „Jetzt hat er es wieder nicht gestrichen." Es war die Erklärung, dass er eigentlich nur „seine Pflicht getan" habe, eine Formulierung, die Waldheim zu Lebzeiten nie mehr loswurde. Ab diesem Zeitpunkt habe ich mich geweigert, auch nur irgendetwas für ihn zu schreiben. Während seiner Amtszeit hatten wir ein brauchbares, freundliches, aber distanziertes Verhältnis. Es war später meine Aufgabe als Bundesparteiobmann der ÖVP, ihm klar zu machen, dass eine zweite Amtsperiode nicht in Frage käme. Zu seiner Ehre sei gesagt, dass er sich, meinem Urteil nach, darüber auch im Klaren war. Persönlich bin ich überzeugt, dass er sich nichts zuschulden hat kommen lassen. Er war einer, der ein Talent hatte, sich anzupassen, nicht von besonderem Heldenmut getragen war (wer ist das schon!) und schlicht und einfach überleben wollte. Damit war er eigentlich ein typischer Österreicher. Ich fürchte allerdings, dass er seine eigene Problemlage bis zum Schluss seines Lebens entweder nicht verstanden oder nicht akzeptiert hat.

Erinnerlich ist mir in diesem Zusammenhang auch noch ein Konflikt, den ich mit der Bundespartei hatte. Michael Graff hat das berühmte Plakat „Wir Österreicher wählen, wen wir wollen" affiliert, das ich für mehr als fragwürdig hielt. Für den Bereich Wien ließ ich es überkleben, was zu einer Sondersitzung der Bundesparteigremien führte. Mein Glück war, dass ich zu dieser Zeit mit Vertretern der Bundesländer auf einer Chinareise war, wo mich die Einberufung zur Sondersitzung erreichte. Karl Dittrich hat mich vertreten. Danach hat er sich ein Leben lang beschwert, dass das wenig vergnüglich war. Mir hat das in bestimmten Bereichen der Bevölkerung Respekt eingetragen, was nicht meine Absicht war. Ich wollte mir einfach treu bleiben, denn bis heute bin ich dafür, in der Auffassung der Geschichte klare Standpunkte einzunehmen, auch wenn man dabei seine Fehler zugeben muss. Die Vorgänge rund um Waldheim haben aber dazu beigetragen, in Österreich einen Klärungsprozess anzugehen, den wir reichlich spät, aber doch gemacht haben. Ich habe daher Vranitzky bei seinen Erklärungen hinsichtlich der Rolle Österreichs rund um den März 1938 immer unterstützt, was mir insbesondere seitens Alois Mock und seiner Freunde Kritik eingetragen hat. Ich stehe aber dazu!

Wo immer man sich mit solchen Klärungsprozessen Zeit lässt, handelt man zum eigenen Schaden. Das gilt inzwischen auch für die kommunistische Vergangenheit unserer Nachbarländer, wo wichtige Klärungsprozesse und Verantwortungen noch ausstehen. Das ist auch der Grund, warum ich am „Center for Democracy and Reconciliation in Southeast Europe" als Vorsitzender an der Aufarbeitung der Geschichte beteiligt bin. Seiner eigenen Geschichte kann man nie entrinnen. Nirgendwo. Erst recht nicht am Balkan.

Mehr Angebote für die Zukunft

Meine Zeit als Wissenschaftsminister war ab 1991 wesentlich davon bestimmt, die Qualitätssicherung der wissenschaftlichen Einrichtungen und der Forschung vorzunehmen. Es gelang mit dem UOG 1993 die „kleine Universitätsreform", die die spätere von Elisabeth Gehrer vorbereitete. Es war zwar noch nicht möglich, die Autonomie der Universitäten zu schaffen – die SPÖ und eigentlich auch die Universitäten selbst haben das immer abgelehnt –, wohl aber den Instituten mehr Eigenverantwortung zu geben, wodurch auch die Finanzierungssituation im Wege der Drittmittelbeschaffung erleichtert wurde. Die Durchführung war aber ungeheuer langsam, was ich nach wie vor für einen Fehler der Universitäten halte. Unvergesslich wird mir ein Besuch der Rektoren knapp vor der Verabschiedung des UOG 93 bleiben, wo die Rektoren auf eine sehr liebenswürdige Art meinten, man solle von dem Gesetz Abstand nehmen, denn es sei einfacher für sie, nicht teilautonom zu sein, der Minister mache die Sache ohnehin großartig und man könne dann jeweils auf ihn schimpfen und von ihm etwas verlangen. Das ist eine der üblichen Einstellungen in Österreich, in der der Obrigkeitsstaat alter Tradition sehr deutlich zum Ausdruck kommt.

Damals gelang auch die Schaffung der Fachhochschulen, eine wesentliche Neuerung. Dabei wurden Wege verankert, die richtungsweisend waren, etwa Studiengebühren einheben zu können (ich verstehe nicht, warum einige Bundesländer eben diese Studiengebühren übernehmen), sowie die Möglichkeit einer privaten Trägerschaft zu schaffen, die allerdings nicht sehr genutzt wurde. Es gibt zwar inzwischen private Universitäten, die allerdings immer eine eigenartige Entstehungsgeschichte haben. Am eindrucksvollsten ist noch die Paracelsus-Universität, die der Red-Bull-Eigentümer Dieter Mateschitz ermöglicht hat, aber auch da sind bei den letzten Regierungsverhandlungen bereits Staatsmittel zur Aufrechterhaltung verlangt worden.

Es ging damals auch um Programme zur Verbesserung der Forschung, so wurden Stipendien unter dem Gendergesichtspunkt geschaffen (Marie-Curie-Stipendien), aber vor allem leistungsorientierte Einrichtungen, die einer Spitzenqualität den Weg öffnen sollten. Das geht sicher nicht von heute auf morgen, aber ich bin überzeugt, dass mit der Einrichtung des IST Austria in Klosterneuburg (eigentlich Gugging) ein Weg gegangen wurde, der für Österreich dringend notwendig ist.

Es ließe sich hier noch ein reicher Katalog von Maßnahmen anführen. Der aber ist besser der Bewertung jener überlassen, die damit zu tun haben und schließlich mit den Ergebnissen leben. Ich habe im späteren Verlauf meines Lebens auch die Konsequenzen meiner eigenen Tätigkeit zu testen gehabt. Für sieben Jahre war ich Rektor der Fachhochschule Salzburg (2004–2011), wobei ich das immer als „spiegelnde Strafe" bezeichnet habe, dem alten germanischen Recht folgend. Dort hat man zum Beispiel dem, der etwas gestohlen hat, die Hand abgehackt, mir hat man zugemutet, eine Fachhochschule aufgrund des von mir veranlassten Gesetzes zu leiten. Der Test ist mehrheitlich positiv ausgefallen, wobei ich der Bildungspolitik in Österreich nur empfehlen kann, die Anzahl der Studienplätze der Fachhochschulen zu vergrößern. Sie haben nämlich auch den Vorteil einer Studienplatzfinanzierung, die Studierenden werden ausgewählt und die große Mehrzahl der Absolventen findet einen Arbeitsplatz, weil die Fachhochschulen richtigerweise auch eine stärkere praktische Orientierung haben. Die Sehnsucht mancher Fachhochschulen nach Doktoratsstudien halte ich für einen Unsinn. Es genügt völlig, den Studenten den weiteren Weg zu einer Universität zu eröffnen. Ebenso unsinnig ist die Ablehnung der Fachhochschulen durch die Universitäten, weil durch den Ausbau der Fachhochschulen etwa das Studienplatzproblem leichter bewältigt werden könnte. Eine sachorientierte Diskussion zu diesen Problemen steht noch aus, aber wer interessiert sich schon für Wissenschafts- und Forschungspolitik – natürlich außer den Betroffenen?

Schmerzliches Trostschreiben an einen ehemaligen Minister

Vale! Karlheinz Töchterle!

Mit Schmerz musste ich zusehen – und konnte es nicht verhindern –, wie du aus der Regierung verabschiedet wurdest. Man hat gleich ordentlich reinen Tisch gemacht, indem man das eigenständige Ressort „Wissenschaft und Forschung" abschaffte. Ich bin überzeugt, dass es wiedererstehen wird, mehr schmerzt mich aber dein Ausscheiden aus der Regierung. Es muss einem „lucidum intervallum" entsprochen haben, dass man überhaupt auf die Idee kam, dich in die Regierung zu holen. Da spreche ich insbesondere deine Qualitäten im geisteswissenschaftlichen und historischen Bereich an. Das hat der Politik gefehlt, war auch bislang nicht in der Regierung vertreten. Es ist ein Vergnügen, deinen Reden zuzuhören, der Tiefe der Gedanken und dem historischen Bezug. Wer glaubt, auf dich verzichten zu können, schädigt die Politik und die Demokratie. Das ist in hohem Ausmaß gelungen! Es hat dich auch merkbar getroffen, wobei ich dir zureden möchte, darüber hinwegzukommen, denn du hast aufgrund dieses schmerzvollen Weges weiter eine Aufgabe in der Politik, die ja nicht nur aus Regierung, Nationalrat oder sonstigen Gremien besteht, sondern auch aus einer Öffentlichkeit. Wenn du heute sagst, dass du keine Ämter mehr übernehmen möchtest, insbesondere nicht durch die Partei, die dich auf diese beschämende Weise entsorgt hat, dann verstehe ich das. Du hast aber einen Sinn für die „res publica" und die Verantwortung, die wir alle dafür haben. Ich wünsche mir, deine Stimme weiter zu hören, nicht nur für Wissenschaft und Forschung, sondern für das Geistesleben dieses

170

Landes. Du weißt, dass es nicht um Funktionen geht, sondern um Qualitäten. Da du Stoiker bist, lade ich dich ein, auch daraus die Weisheit der Ausdauer, der Perseveranz, zu beziehen, die wir um des Geistes Willens in diesem Land brauchen. Suche dir den „kairos", den rechten Augenblick, und den „topos", den rechten Ort, aus, dazu noch beizutragen. Cicero hat man meiner Erinnerung nach einmal das Zitat nachgesagt, dass er die Ämter „suo tempore", also offensichtlich zur richtigen Zeit, bekommen hat. Ich glaube, dass „suo tempore" für manches in der Republik, auch für dich, noch möglich sein sollte.

Gratias agimus tibi, amice
Erhardus

… und doch Bundesparteiobmann

Der Wunsch, Bundesparteiobmann der ÖVP zu werden, war mir in der Summe meiner Jahre eigentlich fremd. Einmal bin ich der Versuchung verfallen, es mir doch zu überlegen. Es war jene Zeit, in der Alois Mock sichtlich schwächer wurde, wir keine Erfolge hatten und ich in Wien in meiner besten Zeit war. Ich habe mich damals entschieden, eine Reise durch die Bundesländer zu machen, um mit einigen Schlüsselfiguren der ÖVP und ihrem Umfeld Gespräche zu führen. Das Ergebnis war eindeutig: Es gab eine breite Mehrheit dafür, an Alois Mock festzuhalten und nicht unbedingt eine starke Sehnsucht, mich an dieser Stelle zu sehen. Die Verluste bei der Wiener Landtagswahl 1987 ließen für mich den Gedanken verschwinden und das auch dann, als man mir rund um meinen 50. Geburtstag erzählte, dass ich eigentlich im Gespräch sei. Verlorene Nationalratswahlen führten dazu, dass Josef Riegler sehr rasch Abschied von seinem Amt nahm. Ich möchte nochmals festhalten: Ich verdanke ihm sehr viel, nämlich die Möglichkeit, nach den Wien-Jahren im Bund mit dem Ministeramt eine neue Chance vorzufinden, und ich erinnere mich, eine sehr klare Aussage von ihm erhalten zu haben, die ich bis heute schätze. Er erzählte mir anlässlich eines Gesprächs vor seiner eigenen Obmannschaft, dass ich nie Chancen hätte, Bundesparteiobmann der ÖVP zu werden, weil die Ablehnung mir gegenüber in einigen Schichten der Partei zu stark sei. Er nannte im Besonderen jene Gruppen, die unter der Überschrift „Stahlhelm" im ÖAAB und in Niederösterreich zu Hause waren, aber auch alle Arten von Cartellverbänden und ansonsten eine stattliche Truppe von Menschen, die sich von mir infolge der Schärfe meiner Aussagen schon einmal beleidigt gefühlt haben.

Es war allerdings nicht klar, wer Riegler wirklich nachfolgen sollte und die Wege zu dieser Nachfolge waren auch sehr eigenartig. Die genannte Stahlhelmgruppe und Freunde von Alois Mock zauberten überraschend Dr. Bernhard Görg hervor. Ich kannte ihn durch die Jahre sehr gut, er war auch schon einmal der Kandidat von Alois Mock für das Amt des Generalsekretärs gewesen. Der Parteivorstand von damals war sehr überrascht, denn außer der Tatsache, dass er das Beratungsunternehmen Neumann führte und irgendwelche Arbeitsgruppen wussten nicht sehr viele etwas über ihn. Ich kannte ihn durch seine Schwester, Brigitte Görg, die mit mir in der Katholischen Hochschuljugend jahrelang tätig gewesen war und mir auch die Bekanntschaft ihres Bruders vermittelt hatte.

Generalsekretär wurde er nicht, ich war unter jenen, die massiv für Michael Graff eintraten, weil ich dessen Brillanz der Rede und Argumentation und den scharfen Verstand sehr schätzte. Später entzweiten wir uns nicht nur in der Waldheim-Angelegenheit, sondern vor allem wegen meines „Grünkurses". Für Graff war das Ganze eine linke Angelegenheit, er war auch in seiner Verhaltensweise nicht besonders ökologisch „gesinnt". Ich erinnere mich, dass er eine besondere Vorliebe dafür hatte, bei den „Drei Husaren" zu speisen, wobei er die paar Male, wo ich das mit ihm tat, meistens rund um die Nachspeise bereits entschlummerte, dann aber mit seinem Auto durch die Fußgängerzone fuhr. Er war ein sehr erfolgreicher Rechtsanwalt, in manchen Positionen ein Fundamentalist, aber auch ein ausgezeichneter Kenner des Justizbereiches. Wahrscheinlich war die

ÖVP mit ihm als Justizsprecher in ihrer ganzen Zeit am besten bedient. Michael Graff hat mich auch in Wien unterstützt, manchmal, in kritischen Zeiten, auch materiell, was er sich aufgrund seiner florierenden Kanzlei leisten konnte. Rückblickend muss ich sagen, dass es sein besonderer Schmerz war, nicht Justizminister geworden zu sein. Die SPÖ hatte ihn einfach abgelehnt.

Bernhard Görg tauchte also auf. Im Vorfeld habe ich immer standhaft erklärt: Ich bin kein Kandidat! Die Tatsache aber, dass sich jemand zum Bundesparteiobmann berufen fühlte, der eigentlich nie auf irgendeiner Ebene innerhalb der Volkspartei je eine Funktion ausgeübt hatte und auch keine Kenntnis einer Regierungstätigkeit nachweisen konnte, hat mich einigermaßen geärgert. Ich bin darauf von vielen angesprochen worden und habe mich vor allem auf Zureden nicht nur meines väterlichen Freundes Rudolf Sallinger, sondern auch des Salzburger Landeshauptmanns Hans Katschthaler, bewegen lassen, doch in die Kandidatenrolle zu schlüpfen. Die Verhältnisse in der Volkspartei selbst wurden als offen eingeschätzt, eine Lagerbildung war erkennbar, die mich den Rest meiner Amtszeit begleitete. Wir gingen in den Bundesparteitag, wobei niemand das Resultat voraussagen konnte. Es waren dann 56,4 Prozent der Delegierten des Bundesparteitages, die mir das Vertrauen aussprachen. Mir war von Anfang an klar, dass mir eine begrenzte Zeit geschenkt war, es sei denn, ich hätte einen großen Erfolg bei der nächsten Nationalratswahl erzielt und wäre Erster geworden. Diese Einsicht hat mich aber nicht belastet.

Der Tag der Wahl hatte einen eigenartigen Mitteleuropabezug. Es war nämlich der 28. Juni 1991, an dem die Jugoslawische Volksarmee in die Teilrepublik Slowenien einmarschiert ist. Das hat auch zur Verkürzung des Bundesparteitages geführt, weil die Steirer aus verständlicher Sorge dringend nach Hause fahren wollten und daher die Debatte abgekürzt wurde. Es wird immer behauptet, dass das Vertrauen in mich auch dadurch verstärkt wurde, dass ich eine gute Kenntnis dieses Teils der politischen Landkarte hatte. Ob das stimmt oder nicht, weiß ich nicht, es beeindruckte mich allerdings auch wenig. Ich habe versucht, mein Team breit aufzustellen, mit Helga Rabl-Stadler und Erwin Pröll als Vize-Obleute, mit Ingrid Korosec und meinem alten Freund Ferdinand Maier als Generalsekretäre. Die „Chefs" der Gegenfraktion, der niederösterreichische Landeshauptmann Siegfried Ludwig und ÖAAB-Repräsentant Robert Lichal haben mir zunächst ihre Loyalität versichert, ich war aber ganz sicher, dass sie in gewissen Zeiträumen an Alternativen dachten. Das spielt bis in die heutige Zeit eine Rolle, denn Michael Spindelegger hat angesichts meiner Kritik an ihm als Außenpolitiker sehr deutlich gesagt, dass er schon immer gegen mich gewesen sei. Wolfgang Schüssel blieb es überlassen, mir vor einiger Zeit in der Erinnerung nachzuhelfen: Es gab eine Gruppe, die sich immer in Maria Plain in Salzburg versammelte und das eigentliche Ziel hatte, die ÖVP in die „Zeit nach Busek" zu führen. Ähnliches ist mir schon vorher in der Wiener ÖVP begegnet. Diese Gruppe war von Johannes Prochaska geführt. Mit der Jungen Volkspartei (JVP) hatte ich nie viel Glück. Meine beste Zeit mit ihr ermöglichte mir Johannes Hahn als JVP-Obmann, mit dem ich sehr gut zusammenarbeitete und heute noch befreundet bin, wobei uns seine Tätigkeit als Wissenschaftsminister, dann aber noch mehr als EU-Kommissar, enger zusammengeführt hat.

Das Erbe, das ich in der Bundespartei anzutreten hatte, war kein leichtes. Unter Josef Riegler war infolge einer gewissen Großzügigkeit in der Wahlwerbung die Situation eingetreten, dass die Bundesparteileitung mit 137 Millionen Schilling (heute etwas über zehn Millionen Euro) verschuldet war. Das war für damalige Verhältnisse und wahrscheinlich auch für heute ein erschreckend hoher Betrag, wobei die Perspektiven, ihn auf normale Weise zu finanzieren, nirgendwo sichtbar waren. Mein Dank gilt nach wie vor Ferdinand Maier und dem damaligen Finanzreferenten Andreas Treichl, der noch bei einer amerikanischen Bank arbeitete und erst in dieser Zeit in die Erste Österreichische Sparkasse überwechselte. Ferry Maier war mir als Landesparteisekretär in Wien vertraut, Andreas Treichl war quasi ein Mitarbeiter der ersten Stunde, der im Wahlkampf 1978 eine entscheidende Rolle in der Gewinnung von Nichtwählern gespielt hatte.

Als ich die „Kärntner Straße 51" betrat, war mir klar, dass wir von diesem Gebäude Abschied nehmen würden müssen. Daraus ein Parteihauptquartier moderner Prägung zu machen, war infolge der Architektur und der Tatsache, dass eigentlich so gut wie alles ziemlich heruntergekommen aussah, völlig aussichtslos. Es ist das große Verdienst von Ferry Maier, mit dem Eigentümer des Palais, früher Bundesländerversicherung, heute UNIQA, einen Weg gefunden zu haben, wo uns der Verzicht auf die Mietrechte der ÖVP abgegolten wurde. Das hat naturgemäß nicht den ganzen Betrag erbracht, aber wir haben doch den Umzug in die heutige Parteizentrale in die Lichtenfelsgasse geschafft. Der Widerstand in den Parteigremien war ungeheuer, weil man fürchtete, eine Trademark zu verlieren. Mein Argument gegenüber den Landesparteien war aber immer: „Wenn ihr mir das Geld gebt, dann können wir davon Abstand nehmen …" Wir erhielten kein einziges Angebot dieser Art. Heute ist das längst kein Thema mehr, die Schulden sind vergessen, was meine Nachfolger nicht daran hinderte, immer wieder solche anzusammeln.

Mit dem Hut in der Hand

Ein paar Gedanken über die undankbare Rolle, Geld einzusammeln: Seit meiner Tätigkeit in der Katholischen Mittelschuljugend komme ich von der Aufgabe nicht los, z.B. verschuldete Einrichtungen zu übernehmen, zu sanieren, meistens auch mit einem Finanzpolster weiterzugeben, um dann zu erleben, dass immer wieder Schulden auftreten. Im Katholischen Jugendwerk waren es ein paar Tausend Schillinge, in der Wiener Volkspartei fehlten zwei Millionen Schilling, nur meine Zeit im Österreichischen Wirtschaftsbund war mit zeitlichen Gütern gesegnet. Ich bin dieser Rolle in späteren Aufgaben, vor allem im Kulturbereich, treu geblieben, auch das Europäische Forum Alpbach habe ich mit einem Fehlbestand von zwei Millionen Euro übernommen. Alle diese Einrichtungen habe ich mit einem Finanzpolster weitergegeben. Für die, die ich noch zu verantworten habe, hoffe ich, Ähnliches tun zu können. In Wien ist es mir sogar gelungen, das Haus, in das wir siedelten, die „Falkestraße", zu kaufen. Sie war jüdischer Besitz, von den Nazis enteignet worden und im Eigentum einer Familie, deren Nachfahren in New York lebten. Wir haben das Haus zu einem anständigen Preis erworben, wobei ich bis heute nicht ganz verstehe, warum es von Johannes Hahn als Landesparteiobmann wieder verkauft wurde. Wohin das Geld dieser Zeit gekommen ist, weiß ich nicht. Zugeben muss ich, dass der gegenwärtige Sitz der Wiener Volkspartei am Rathausplatz zweifellos der technisch günstigere ist.

Die Finanzierung von politischen Parteien wird immer ein bleibendes Problem sein. Hier wird an Gesetzen, Begrenzungen, Strafbestimmungen und Ähnlichem herumgedoktert, ohne dass sich wirklich eine Lösung abzeichnet. Auch halte ich es für einen Fehler, dass das Geld nicht nur direkt an die Parteien geht, sondern auch an die Parlamentsklubs. Politische Akademien wurden geschaffen, ja sogar zeitgeschichtliche Einrichtungen, die beträchtliche Mittel erhalten. Diese Beträge wachsen ständig. Inzwischen haben die Bundesländer auch gelernt, sich als Parteien aus Steuermitteln zu bedienen. Als ich die Regierung verließ, hat mir Wolfgang Schüssel angeboten, die Politische Akademie zu übernehmen. Als ich mich erkundigte, was an Budget da sei, erhielt ich die Antwort, dass das meiste eigentlich an die Partei gehe, um Wahlkämpfe zu finanzieren. Ich habe daher erkannt, dass keine Möglichkeiten der Gestaltung gegeben waren, und diese Funktion freundlich, aber bestimmt, abgelehnt.

Inzwischen treten in der Parteienlandschaft neue Spieler auf. Ich darf hoffen, dass diese in der Lage sind, sich anders zu verhalten und etwa Mittel wirklich für die politische Bildung zu verwenden und für besser ausgebildete Funktionäre zu sorgen. Am Anfang der Politischen Akademie der ÖVP war das der Fall. Hier hat auch Andreas Khol Beachtliches geleistet, was zu seiner späteren Karriere beitrug. Heute bin ich weniger begeistert von ihm, mit Ausnahme seiner Intervention im Parteivorstand, Karl-Heinz Grasser als Vizekanzler 2006 zu verhindern.

Zwei Herausforderungen:
Bundespräsidentenwahl und Europa

Relativ rasch wurde die neue Parteiführung mit der Frage konfrontiert, wer der Kandidat für die Bundespräsidentenwahl sein solle. Ich habe bereits geschildert, dass Kurt Waldheim bald einsah, dass eine zweite Amtszeit nicht sinnvoll wäre. Ich zolle ihm dafür meine Anerkennung. Schwieriger war es schon, einen Kandidaten zu finden, wobei die allgemeine Überzeugung in Parteigremien war, dass Alois Mock der Geeignetste sei. Da ich aber jede Woche in seiner Nähe zu tun hatte, war mir klar, dass sein nicht unmittelbar aufs Erste erkennbarer Gesundheitszustand eine solche Kandidatur nicht zulassen würde. Viele Parteivorstandsmitglieder waren der Meinung, dass ich deswegen nicht für ihn eintrete, weil wir in einer Reihe von Sachfragen in der Vergangenheit gegensätzliche Standpunkte vertreten hatten. In meiner Zeit als Bundesparteiobmann habe ich ihm in der Regierung immer jede Unterstützung gegeben. Die ständigen Erklärungen, dass er gänzlich gesund sei, haben mir viel abverlangt. Ich habe das wider besseres Wissen getan, aber es wurde von mir erwartet – vor allem hat er das erwartet –, wobei ich bis heute nicht weiß, inwieweit ihm zu dieser Zeit schon die Selbsterkenntnis über seinen Zustand fehlte. Vielleicht war es auch ein Versuch, das Schicksal auf diese Weise mit Tätigkeit zu bezwingen. Was seine Ärzte ihm gesagt haben, weiß ich nicht, es waren auch darüber nie Auskünfte zu bekommen.

Selbstverständlich habe ich bald versucht, nach Kandidaten Ausschau zu halten, ohne eine Erklärung des Verzichts von Mock zu haben. Ich will auch keinen Überblick darüber geben, wen aller ich gefragt habe, wobei die Meinung, dass diese Wahl ohnehin nicht zu gewinnen sei, von vielen vertreten wurde. Der damalige Generalsekretär des Außenministeriums, Dr. Thomas Klestil, schien mir geeignet zu sein. Außenpolitisch erfahren, insbesondere mit den USA verbunden, könnte er in der Lage sein, das Amt wieder mit Autorität auszustatten und auch nach Washington hin eine bessere Verbindung aufzubauen. Er war nicht unbedingt sehr bekannt, war aber bei Schlüsselfiguren der Meinungsbildung, etwa bei Rudolf Sallinger, durchaus angesehen. Als mich ein Telefonanruf von Helmut Zilk ereilte, in dem er mir zuredete, Thomas Klestil als Kandidat zu nehmen, war ich einigermaßen motiviert, denn daraus konnte ich auch schließen, dass etwa die „Kronen Zeitung" zumindest nicht dagegen sein würde. Die Bundesparteileitung hat den Kandidaten Klestil gekürt, wobei ich für die Offenheit meines Freundes Andreas Treichl auch heute noch dankbar bin, der mir unmittelbar nach der Sitzung mittelte: „Ich habe zwar für ihn gestimmt, aber mit ihm wirst du keinen Blumentopf gewinnen." Treichl hat mir später gesagt, dass er das Wahlergebnis nie erwartet hätte und sich geirrt habe. Als Bundesfinanzreferent war er trotzdem bemüht, die Finanzierung dieses Wahlkampfes sicherzustellen – eine Loyalität, die ich sehr geschätzt habe.

Der Wahlkampf ließ sich nicht leicht an, weil Klestils Bekanntheitsgrad gehoben werden musste und er selbst auch kein einfacher Partner war. Bald musste ich erleben, dass seine spätere zweite Frau ganz entscheidenden Einfluss nahm. Für eine Entwicklung, die ich meiner Naivität schulde, bin ich allerdings verantwortlich: Ich habe Thomas Klestil als Familienmenschen präsentiert und ihn gezwungen, seine erste Frau Edith im Wahlkampf mitzunehmen. Bei der Präsentationsveranstaltung im Redoutensaal der Hofburg gab es stürmischen Applaus, ich zwang Edith, auch aufzustehen, wodurch sich der Applaus verstärkte, ich aber registrierte damals schon, dass ich den Kandidaten damit verärgert hatte. Der Wahlkampf brachte diesbezüglich mehr Klarheit, weil die Bevormundung durch seine langjährige Assistentin immer stärker wurde. Ferry Maier als Generalsekretär drohte damit, die Wahlkampfleitung niederlegen zu wollen, weil es sehr schwierig war, überhaupt zu Entscheidungen zu kommen. Einmal wandte ich einen Trick an, der mir völlige Klarheit brachte: Ich fragte Frau Dr. Löffler, wie sie damals hieß, wie man Thomas Klestil behandeln müsse. Sie ging mir in die Falle, denn sie antwortete: „Wie ein Kind." Das allerdings sagt man nur, wenn man ein besonders persönliches Verhältnis hat …

Der Mitbewerber um das Amt war Verkehrsminister Dipl.-Ing. Dr. Rudolf Streicher, ein gestandener Wirtschaftsmann und Sozialdemokrat, wobei es die Ironie wollte, dass wir beide im selben Haus in Wien wohnen. Es gab durch Wochen einen gleichbleibenden Dialog auf der Stiege, auf der wir uns faktisch täglich trafen. In der ersten Phase versicherte er mir, dass er nicht so wahnsinnig sei, zu kandidieren, denn das Amt habe ohnehin keinen Sinn. Von einem Tag auf den anderen wechselte er die Rolle, indem er mich darauf hinwies, dass es keinen Sinn mache, gegen ihn zu kandidieren und Klestil erst recht ein schlechter Kandidat sei. Als die Meinungsforschung im zweiten Wahlgang Klestil leicht favorisierte, registrierte ich, dass er zunehmend nervöser wurde und fast aggressiv auf seine eigenen Qualitäten verwies. Anerkennend muss ich sagen, dass diese Situation unser persönliches Verhältnis bis heute nicht belastet hat. Streicher brauchte mehrere Jahre, um den Erfolg von Thomas Klestil zu akzeptieren und davon abzulassen, mir immer wieder zu erklären, dass ich einen großen Fehler gemacht hätte …

Der Wahlverlauf wurde im Wesentlichen durch eine TV-Diskussion bestimmt, bei der Klestil sicherer wirkte, Streicher ins Schwitzen kam und die in zahllosen Konferenzen gewonnene Souveränität unseres Kandidaten sich als das bessere Argument erwies. Der Wahlkampfverlauf zeigte auch, dass sich nun alle Ebenen der ÖVP engagierten und zum überzeugenden Erfolg beitrugen.

Bei der zweiten Kandidatur von Thomas Klestil wurde ich von ihm nicht gebeten, dem Wahlkomitee anzugehören, was fast logisch gewesen wäre. Ich hatte in der Zwischenzeit allerdings einige kritische Bemerkungen über sein persönliches Verhalten gemacht. Richtig verstanden habe ich es, als Helmut Zilk Komitee-Vorsitzender wurde, der unbestreitbar immer schon für Klestil gewesen war. Meine persönlichen Beziehungen zum Bundespräsidenten waren dennoch gut. Streckenweise war ich sogar Klagemauer für seine persönlichen Schwierigkeiten. Eines möchte ich allerdings positiv hervorheben: Er brachte die Staatspräsidenten des mitteleuropäischen Raumes immer wieder zusammen, bald auf wechselnden Schauplätzen, und hat damit zum Mitteleuropabewusstsein beigetragen. Wir haben dieser Aufgabenstellung im Herbert-Batliner-Europainstitut in Salzburg auch eine entsprechende Dokumentation gewidmet.

Die andere große Aufgabe dieser Zeit war der Weg zur Europäischen Gemeinschaft oder, wie sie ab dem Vertrag von Maastricht hieß, zur Europäischen Union. Das war inhaltlich eine äußerst komplexe Aufgabe, weil einerseits sehr viele Regelungen in Österreich auf europäisches Recht abzustimmen waren und andererseits die Entwicklungen in den damaligen Mitgliedstaaten nicht unbedingt positiv für uns gelaufen waren. Die Entscheidungsfindung in der Österreichischen Volkspartei hatte eine interessante Vorgeschichte. Ich erinnere mich an eines der traditionellen Dreikönigstreffen in Maria Plain, auf dem Alois Mock als Bundesparteiobmann einen relativ langweiligen Bericht gab. Er wurde interessanterweise vom oberösterreichischen Landeshauptmann Dr. Josef Ratzenböck unterbrochen, der in seiner ihm eigenen bajuwarischen Direktheit erklärte, dass wir nicht lange herumreden sollten, sondern schlicht und einfach beschließen müssen, dass wir Mitglied der Europäischen Gemeinschaft werden. Innerhalb der ÖVP war das nicht unbedingt so klar, weil natürlich viele über die zu erwartenden Schwierigkeiten durchaus Bescheid wussten und es eine Gruppe gab, die die Sorge hatte, dass wir dadurch quasi wieder einmal an Deutschland „angeschlossen" würden. Der prominenteste Vertreter dieser Gruppe war der ehemalige Staatssekretär Dr. Ludwig Steiner, ein überzeugter Österreicher, der seine Verdienste um das Land ab 1945 gemeinsam mit dem Kurzzeitlandeshauptmann und späteren Außenminister Dr. Karl Gruber erworben hatte. Die Wirtschaftsseite, besonders die Industrie, war durchaus für einen Beitritt, wenngleich man sagen muss, dass es für den mittelständischen Bereich durch die zu erwartenden neuen Konkurrenzverhältnisse nicht unbedingt 100 Prozent positiv aussah.

Die ÖVP setzte 1989 aber unter aktiver Teilnahme von Außenminister Alois Mock den berühmten Brief nach Brüssel durch, der ein Ansuchen um die Mitgliedschaft enthielt. Die Verankerung der „immerwährenden Neutralität" war als eine Bedingung bereits damals genannt. Interessant ist, dass sie eigentlich in der Folge nie eine Rolle gespielt hat, weil sie durch den Fall des Eisernen Vorhangs in der zweiten Hälfte der Verhandlungen obsolet wurde. Das allerdings konnte vorher niemand wissen. Zunehmend kamen wir mit vielen Kontakten Brüssel und den Mitgliedstaaten immer näher. Meine Aufgabe als Repräsentant der zweiten Regierungspartei war es, bei den entsprechenden Parteifreunden in den Mitgliedstaaten eine positive Stimmung aufzubereiten. Das war eine sehr interessante Aufgabe, die natürlich auch durch die Veränderungen in unserer Nachbarschaft unterstützt wurde. Dass mit unseren Nachbarn die nächste Reihe von EU-Mitgliedern heranwuchs, die dann 2004/2007 aufgenommen wurden, hat damals eigentlich noch niemand so richtig erkannt.

Die Ausgangslage war nicht unbedingt rosig: Von den Ergebnissen der Meinungsforscher wussten wir, dass die Mehrheit der Österreicher nicht unbedingt für den Beitritt zu gewinnen war und wir im Wege der Medien und durch Werbung erst etwas aufbauen mussten. Das allerdings war nur möglich, weil es ein durchgehendes Engagement der beiden Regierungsparteien gab. Rückblickend muss ich sagen, dass die Situation für meinen Partner Dr. Franz Vranitzky durchaus schwieriger war, weil er in Gewerkschaftsbund und Arbeiterkammer jede Menge Skeptiker vorfand, die nicht nur um Arbeitsplätze fürchteten, sondern auch nicht darauf vertrauten, dass wir im Wettbewerb mit den Wirtschaften der anderen Mitgliedstaaten bestehen könnten. Der Fall des Eisernen Vorhangs hat das noch verstärkt, weil relativ bald Arbeitsmigration auftrat, ja im Falle Polens auch schon vor dem Fall des Eisernen Vorhangs registriert werden konnte. Die Frage ist uns treu geblieben bis hin zur kürzlich erfolgten Freigabe des Arbeitsmarktes auch für Rumänien und Bulgarien. Deutlich möchte ich feststellen, dass alle diese Ängste von damals bis heute nicht Wirklichkeit wurden.

In der österreichischen Öffentlichkeit war Alois Mock der Bannerträger des EU-Beitritts. Meine Aufgabe war es, entsprechende Werbemaßnahmen und Informationen vorzubereiten, was ich gemeinsam mit der Staatssekretärin Mag. Brigitte Ederer besorgte. Es war eine nüchterne und praktische Partnerschaft, an die ich sehr gerne zurückdenke. Alois Mock bedankte sich für ihre Haltung – die Szene ist berühmt geworden – mit einem Kuss.

Die Distanz zu Alois Mock hat sich durch unterschiedliche Zugangsweisen zu den östlichen Nachbarstaaten und die differenzierte Positionierung zum Zerfall Jugoslawiens ergeben. Mock hat sich sehr um das europäische Engagement zur Jugoslawienkrise bemüht, hat allerdings seine deutliche Vorliebe für die Kroaten erkennen lassen. Was der Grund dafür war, weiß ich nicht, ich vermute, es war die Tatsache, dass die Kroaten als katholisch galten. Mock wurde auch später durch den Staatspräsidenten des neuen Kroatien, Franjo Tuđman, ausgezeichnet. Problematischer ist allerdings der Umstand, dass uns aufgrund dieser Aktivitäten gemeinsam mit Deutschland immer nachgesagt wurde, wir hätten Jugoslawien zerschlagen. Das ist ein ungeheurer Unfug, denn Jugoslawien ist intern an seinen Konflikten gescheitert.

Die Werbung für die Volksabstimmung zum EU-Beitritt lief massiv. Ich erinnere mich noch an ein Schlüsselgespräch mit Hans Dichand und Chefredakteur Bibi Dragon, in dem wir die beiden zu einer Positivkampagne für den Beitritt bewegen konnten. Gleichzeitig sagten sie aber, dass sie große Sorge hätten, dass die Abstimmung in die andere Richtung gehen könnte, die „Kronen Zeitung" wollte immer auf der Seite der Sieger sein!

Die Abstimmung ging mit fast einer Zweidrittel-Mehrheit für den Beitritt aus. Wir jubelten alle. Dabei möchte ich auch eine Szene nicht verschweigen, die mir später einige Schwierigkeiten bereiten sollte. Voll Freude besuchte ich mit Freunden verschiedene Orte in der Stadt, an denen dieses Ereignis zunächst im Fernsehen dargestellt und dann gefeiert wurde. So war ich auch im Zelt der Sozialisten bei der Löwelstraße. Den dort anwesenden Repräsentanten sagte ich, dass sie aufgrund des EU-Beitritts Österreichs nun auf die „Internationale" verzichten könnten. Einer, ich glaube es war Karl Blecha, machte die Bemerkung, dass ich gar nicht wisse, wie der Text der Internationale sei. Ich entgegnete, dass ich ihn sogar singen könne, worauf wir das unter Mitwirkung von ORF-Generalintendant Gerd Bacher auch taten. Das Fernsehen war zugegen, Bacher zeigte man nicht, aber mich. Jörg Haider hat das später in seiner Kampagne dazu verwendet, mich zum „Linken" zu stempeln. Meine späteren Beteuerungen, dass ich alle möglichen Lieder, sogar das Dollfuß-Lied und das Horst-Wessel-Lied, könne, haben mir nicht geholfen – wahrscheinlich, weil meine Gesprächspartner auch gar nicht wussten, was diese Lieder bedeuteten.

Unterrichtsminister für kurze Zeit

Alois Mock hat mir gegenüber damals eine warnende Bemerkung gemacht: „Für dich werden die kommenden Wochen sehr schwer sein, wenn wir den EU-Beitritt geschafft haben." Wahrscheinlich meinte er die Tatsache, dass er hier eine zentrale Figur war, die auch die entsprechende Popularität in der Öffentlichkeit hatte, wenngleich die Zeichen seiner Krankheit damals schon für die Medien erkennbar waren. So schwer war es wieder auch nicht, wenngleich die bald darauf stattfindende Nationalratswahl natürlich nicht zu einem großartigen Sieg führte, sondern, bei mandatsmäßigen Verlusten beider Koalitionsparteien, nur zur Verringerung der Distanz zwischen SPÖ und ÖVP zu unseren Gunsten. Ich habe daher auch bei der darauffolgenden Regierungsbildung ein Amt mehr für die ÖVP in der Regierung verlangt (Staatssekretariat für Technologie, das mit Martin Bartenstein besetzt wurde) und meinen Wechsel vom Wissenschaftsministerium ins Unterrichtsministerium durchgesetzt. Der Grund hierfür lag in der meines Erachtens immer noch richtigen Erkenntnis, dass die großen Schwierigkeiten im Hochschul- und Universitätsbereich bereits im Schulsystem beginnen. Mein Irrtum bestand darin, dass ich überzeugt war, hier Veränderungen bewirken zu können. Die Schwierigkeiten in diesem Bereich haben eher noch zugenommen. Meine Kurzzeitexistenz als Unterrichtsminister wurde auch dadurch befördert, dass ich statt der 50-Minuten-Stunde 45 Minuten einführen wollte, um die so gewonnene Arbeitszeit der Lehrer für mehr Stunden einsetzen zu können. Der Chef der Gewerkschaft des Öffentlichen Dienstes Fritz Neugebauer warnte mich und sagte richtigerweise voraus, dass ich das nicht durchsetzen werde. Eine entsprechende Kampagne der Lehrer, vor allem des niederösterreichischen ÖAAB, hat maßgeblich dazu geführt, dass ich den Boden in der VP unter den Füßen verloren habe. Rückblickend bin ich aber auf diese Zeit nach wie vor stolz, weil sie Österreich einen europäischen Weg eröffnet hat, der inzwischen längst ohne Alternative ist. Damals war das allerdings nicht ausgemacht.

Der Vollständigkeit halber möchte ich auch noch anmerken, dass ich eine Programmdiskussion durchführte. Werner Fasslabend war der Vorsitzende dieses Komitees, der allerdings nicht übertrieben viel Bewegung in die Partei brachte. Ich hatte eine Reihe von Überlegungen angestellt, wie man Parteien anders darstellen könnte, aber die Zeit war zu kurz, um etwas davon realisieren zu können.

Nichts bleibt gleich in Europa

Als Wissenschaftsminister bescherte mir die geschichtliche Entwicklung mit dem Fall des Eisernen Vorhangs ein ungeheures Geschenk, das ich in Wahrheit als Symbol für die Faszination der Veränderung ansehe. Auf eine ganz eigenartige Weise war es mir gegeben, diese Entwicklung ein wenig mit vorzubereiten, wobei ich nicht behaupte, hier irgendeinen wesentlichen Anteil gehabt zu haben. Mir geht auch heute auf die Nerven, wie viele Autoren seither Bücher, Artikel und Analysen geschrieben haben, dass sie schon immer gewusst hätten, dass 1989 diese Trennlinie Europas fällt. Eigenartigerweise hat uns das aber vorher niemand verraten, wobei wir wussten, dass manches im kommunistischen System schwächer wurde – ich habe es immer als die „Rostlöcher im Eisernen Vorhang" bezeichnet. Unterschiedlichste Faktoren wirkten hier zusammen, sie wurden alle schon einschlägig analysiert: die Schwächung der Sowjetunion, gewisse eigenständige Entwicklungen in den Satellitenstaaten, Ereignisse wie der Aufstand von Budapest 1956, der Prager Frühling 1968, Solidarność und das Kriegsrecht in den 80er Jahren in Polen sowie die Entwicklung von Dissidentengruppen. Diese habe ich, wie an anderer Stelle schon beschrieben, versucht zu unterstützen.

Heute klingt der Begriff Dissident nicht mehr sehr eindrucksvoll. In Wahrheit waren es faszinierend tapfere Menschen, die schlicht und einfach versucht haben, die Lebensumstände in ihrem Land zu ändern, wobei es nicht groß und strategisch angelegte Aktionen, sondern Tapferkeit und Courage waren, die nicht selten mit Berufsverbot, Gefängnis, Landesverweis etc. beantwortet wurden. Manches hatte daher auch kabarettistische Seiten: Ich erinnere mich an eine von Václav Havel in Prag initiierte Veranstaltung, die eine eigenständige Demokratiediskussion für die ČSSR ermöglichen sollte. Sie fand in einem Hotel am Karlsplatz statt. Wir wurden angewiesen, bereits eine Viertelstunde vor der Zeit dort zu sein, weil man wusste, dass der Event durch die Staatspolizei aufgelöst werden würde. So hat Havel die Konferenz eine Viertelstunde früher eröffnet. Wir erlebten dann das Erscheinen der Polizei, die uns zwang, den Saal zu verlassen, wobei Václav Havel wieder einmal festgenommen wurde. Im Übrigen bestand sein Leben lange Zeit aus solchen Ereignissen, Gefängnisaufenthalten und einer gewissen Flucht in seine Datscha in der Umgebung von Prag, aber seine Ausdauer hat schließlich Früchte getragen. Für uns, die wir das aus dem Westen unterstützten, ähnelte es einem Indianerspiel, das Risiko war relativ gering. Außer einer Reihe von Visumsverweigerungen, Leibesvisitationen und strengen Kontrollen an den Grenzen hatte ich nichts zu erdulden, wobei ich hinreichend bekannt war. Die tschechoslowakische Polizei hat einmal versucht, mir Vergehen anzuhängen und mich bei einem Grenzübertritt zu zwingen, ein Protokoll zu unterschreiben, dessen Inhalt ich beim besten Willen nicht verstehen konnte, weil ich des Tschechischen nicht mächtig war. Ich habe nicht unterschrieben, bin wieder zurück nach Wien gefahren und musste zur Kenntnis nehmen, dass meine nächsten Grenzübertritte schwierig bis unmöglich wurden. Natürlich haben die jeweiligen Regierungen auch in Wien protestiert, wobei die Verteidigung durch das Außenministerium sich in bescheidenen Grenzen hielt. Der damalige Innenminister Karl Blecha hat etwa ungeniert mit dem polnischen Innenminister kollaboriert, was allerdings einen Vorteil für mich hatte – ich habe Karl Blecha gezwungen, bei seinem „Freund" zu intervenieren, um einen Freund von mir aus dem Gefängnis zu bringen. Er tat es auch.

Die österreichischen Vertretungsbehörden verhielten sich unterschiedlich: Ich habe tapfere Botschafter erlebt wie etwa Richard Wotava in Warschau, aber auch ebendort einen, der noch wenige Tage vor dem Regierungswechsel im August 1989 berichtete, dass die Partei Polen fest im Griff habe und an einen Wechsel nicht zu denken sei. Einige Male erlebte ich auch, dass mir Botschafter Vorwürfe machten, durch meine Aktivität die Beziehungen Österreichs zu diesem Land zu belasten und es ohnehin keinen Sinn habe, alle diese

Dissidentengruppen zu unterstützen. Meine Frage, wie sehr sich Seine Exzellenz, der Herr Botschafter, der Demokratie verpflichtet fühle, wurde mir nie beantwortet, sondern eher als eine Frechheit ausgelegt. Beeindruckt war ich, wie nach den Veränderungen die betreffenden Diplomaten ihre Verhaltensweisen rasch vergessen hatten und immer schon große Unterstützer des Veränderungsprozesses gewesen waren – aber das ist menschlich und leider normal.

Österreichs Position in Mitteleuropa

So war es mir geschenkt, nach dem Fall des Eisernen Vorhangs eine Reihe von neuen Amtsträgern persönlich gut zu kennen, die als Staatspräsidenten, Regierungsmitglieder, Rektoren, Chefredakteure etc. auftauchten und mit denen mich ein enges Netz von Freundschaft aus der Zeit vor 1989 verband, das ich sehr gut für Österreich nutzen konnte. Vieles war durch das Wissenschaftsministerium zu bewirken, wie etwa die „Österreich-Aktionen", wo wir in Partnerschaften mit bescheidenen Mitteln doch sehr vieles ermöglichten, um den Wissenschafts- und Forschungsbetrieb in den betreffenden Ländern zu verbessern. Ich werde nie jene Gruppe Studenten vergessen, die bald nach der Veränderung in der Tschechoslowakei aus Bratislava anreisten, um in Wien zu studieren. Wir gaben einen ersten Empfang an der Veterinärmedizinischen Universität Wien, wo die neue Möglichkeit ausgiebig gefeiert, aber auch das Buffet mit Heißhunger konsumiert wurde. Für viele waren es Erlebnisse bleibender Art, wobei mir noch immer Dankbarkeit entgegengebracht wird, wenn ich Akteure von damals wieder treffe. Von dieser Strategie, die wir am Minoritenplatz entwickelten, lebt Österreich noch heute, ohne es eigentlich wirklich zu wissen. Generell akzeptiert war diese Vorgehensweise in der Regierung nicht, denn die Sozialdemokratie hielt das immer für eine Busek-Aktivität, die übrigen Freunde in der Regierung waren eher skeptisch, wobei mir das auch als eine Anti-EU-Aktivität ausgelegt wurde. Die Geschichte hat inzwischen bewiesen, dass es genau das Gegenteil war. Unvergesslich wird mir mein Kollege in der Regierung, Verteidigungsminister Dr. Robert Lichal, bleiben, der mir einmal vorhielt, dass ich dafür verantwortlich sei, dass er in diesen Ländern nicht mehr entsprechend empfangen werde. Er meinte: „Früher gab es für den Verteidigungsminister einen roten Teppich, Ehrenkompanie und Feierlichkeiten. Seit den Veränderungen, die du unterstützt, ist das alles abgeschafft und man wird eigentlich nicht sehr interessiert empfangen." Meine Erklärungen, dass das eigentlich ein Demokratisierungsprozess sei, wurden von ihm schweigend und widerwillig zur Kenntnis genommen.

Der damalige Außenminister und Vizekanzler Dr. Alois Mock hat diese Entwicklung offensichtlich mit gemischten Gefühlen registriert. Er war natürlich ein Gegner des Kommunismus und deshalb über die Veränderungen sehr froh, konnte oder wollte aber eine eigene Strategie unter der Überschrift „Mitteleuropa" nicht so richtig akzeptieren. Pressewirksam hat er den Eisernen Vorhang mit Ungarn zerschnitten, wobei die Ironie der Geschichte es will, dass dieses Stück an einer anderen Stelle künstlich wiederhergestellt wurde, um entsprechende Fotos zu ermöglichen. Das ist ein verständlicher Vorgang, den ich nicht kritisiere. Kritischer sehe ich, dass es außerhalb des Wissenschaftsministeriums zu wenige Anstrengungen gab, die Position Österreichs in Mitteleuropa zu verbessern. Ich stand des Öfteren im Verdacht, so etwas wie die Donaumonarchie wiedererrichten zu wollen, was nicht nur blühender Unsinn war, sondern auch leicht durch die Analyse meiner Aktivitäten falsifiziert werden konnte. Es wurden nicht die entsprechenden Mittel eingesetzt, um in Mitteleuropa mehr Möglichkeiten zu schaffen, wie etwa österreichische Schulen in den Nachbarländern. Prag gelang, während in Budapest mit Hilfe der Schulbrüder so etwas Ähnliches entstand, es gelang auch, ein Generalkonsulat mit Kulturabteilung in Krakau zu errichten, und nur durch einen Zufall wurde auch rechtzeitig ein Generalkonsulat in der Ukraine (Kiew – heute Kyiv) möglich. Heinz Fischer hat sich damals für Leningrad ausgesprochen, während für mich schon klar war, dass die Ukraine eigene Wege gehen würde. So waren wir einer der ersten Staaten, die dann dort nach der Unabhängigkeitsklärung eine Botschaft eröffneten.

Heute lebt noch CEEPUS (Central European Exchange Program for University Studies), das einer sehr intelligenten Idee des damals zuständigen Ministerialrats Dr. Othmar Huber entsprang. Er schuf „Aufenthaltszeiten" als eine Art Währung, wir tauschten Studenten dieser Länder mit Österreichern, wobei naturgemäß die Kosten für die empfangenden Länder infolge eines niedrigeren Preisniveaus geringer waren als das, was wir aufbringen mussten. Das war ein wichtiges Assistenzprogramm für die internationalen Austauschprogramme der heutigen Europäischen Union und funktioniert nach wie vor tadellos und preiswert. Ich hatte in dieser Zeit engen Kontakt mit meinen Amtskollegen in all diesen Ländern, die naturgemäß oft rasch wechselten, weil es keine stabilisierten politischen Systeme waren. Es gab rührende Erlebnisse, etwa die Besuche in Wien, die für viele der früher verfolgten neuen Amtsträger ein ungeheures Ereignis waren. Es gab aber auch schmerzvolle Momente, etwa, als ich gezwungen war, der neuerlichen Visumspflicht für die Polen zuzustimmen, weil der „Polenstrich" an illegalen Arbeitskräften sehr stark zugenommen hatte. Zum Glück hat sich das Ganze nur ein halbes Jahr gehalten.

Vieles wäre an dieser Stelle noch zu berichten, diese Aktivitäten haben sehr wesentlich dazu beigetragen, eine mitteleuropäische Wirklichkeit zu schaffen, die leider von Österreich politisch noch immer nicht sehr aktiv genutzt wird. Warum meine eigene Partei trotz diverser ÖVP-Außenminister hier nicht sehr erfolgreich war, ist mir bis heute nicht klar.

Österreichs Weg in die Mitte des Kontinents

Mir ist heute mehr denn je bewusst, dass ich eine beachtliche Strecke meines Lebens eine Strategie verfolgt habe, die durchaus Erfolge zeitigte. Die Erfahrungswelt meiner Eltern und Großeltern, die Orientierung an der Nachbarschaft, wie ich sie in meinem ersten Buch, „Die unvollendete Republik", grundgelegt hatte, wurde in dem mit Emil Brix gemeinsam verfassten Band „Projekt Mitteleuropa" (1986) konsequenterweise fortgesetzt. Wir wussten nicht, ob der Eiserne Vorhang überhaupt fällt. „Mitteleuropa – eine Spurensicherung", 1997 erschienen, schildert u.a. meine Begegnungen mit Persönlichkeiten im mitteleuropäischen Raum, die Liste der Namen klingt auch heute noch sehr eindrucksvoll. Sie alle waren auf ihre Weise große Beiträger zum Europa von heute. 22 Persönlichkeiten habe ich hier verewigt, die zeit ihres Lebens Großartiges geleistet haben und es auch heute noch tun. Es ist in gewisser Weise eine ganz selbstverständlich verschworene Gemeinschaft. Ihre Bemühungen in der Mitte des Kontinents haben allerdings einen Paradigmenwechsel in Europa erzeugt, den wir nach einem Vierteljahrhundert immer noch nicht ganz vollzogen haben. In Wahrheit hat er erst die Chance eröffnet, ein gemeinsames Europa zu bauen – eine faszinierende Herausforderung, derer wir uns immer noch zu wenig bewusst sind. Einer jungen Generation möchte ich entgegenrufen, dieses Werk fortzusetzen und zu verbessern, denn es ist die eigentliche Chance des Kontinents, im „global village" überhaupt einen wesentlichen Beitrag zu leisten. Wir müssen uns darüber im Klaren sein, dass wir, nach den Worten des Philosophen und Soziologen Prof. Dr. Peter Sloterdijk, eigentlich nichts anderes sind als ein „Appendix des asiatischen Kontinents".

Einiges an Resümee können wir aber bereits für unser eigenes Land und für unsere Nachbarn zusammenfassen: Es verdient festgehalten zu werden, dass die Veränderung in Europa mit einer neuen Qualität für unser Land verbunden war, dem Beitritt zur Europäischen Union. Ich habe es als ein Geschenk betrachtet, gerade zu der Zeit in der Bundesregierung zu sein, als 1989 der Brief nach Brüssel geschrieben wurde, dass wir der Europäischen Gemeinschaft beitreten wollen, und die Verhandlungen ab 1991 als Vizekanzler begleiten konnte, 1994 den Abschluss in Brüssel und mit 1. Januar 1995 den Beitritt zur Europäischen Union auch formal erleben und mitgestalten durfte. Das wirklich Einmalige an dieser Zeit in der Regierung war, dass es ein gemeinsames Bemühen gab, das von allen getragen wurde und die politischen Unterschiede stärker in den Hintergrund treten ließ. Die drei Tage und zwei Nächte unserer Delegation in Brüssel sind für mich unvergesslich. Vranitzky und ich waren in Wien geblieben, um in Telefonaten mit befreundeten Politikern in der damaligen Europäischen Gemeinschaft einen positiven Abschluss zu ermöglichen. Natürlich sind beachtliche Schwierigkeiten etwa im Bereich des Verkehrs und der Landwirtschaft aufgetreten, aber Helmut Kohl ist bleibender Dank zu sagen, während sich die Franzosen, egal welcher Partei (François Mitterrand war damals Präsident), mehrheitlich verweigerten. Auch der Einsatz für ein positives Ergebnis der Volksabstimmung war ein allgemeiner, quasi ein politischer Bauchaufschwung, denn es war nicht ausgemacht, dass wir diese Prüfung mit einer Zweidrittel-Mehrheit der Stimmen bestehen würden. Hier mitgewirkt zu haben, betrachte ich als den eigentlichen Erfolg meiner Tätigkeit als Vizekanzler, wobei deutlich festzuhalten ist, dass eine kollektive Anstrengung der Regierung, der Sozialpartner und vieler Freunde dahinter stand.

Dass auch heute noch immer die Frage von Meinungsforschern, ob wir in der EU verbleiben sollen, mit einer Zweidrittel-Mehrheit bejaht wird, ist bei aller Kritik und bei allem Euroskeptizismus eine positive Ansage. Ich bleibe dabei: Der Weg zur EU war nicht nur richtig, sondern auch eine dramatische Verbesserung für Österreich, durch den für uns ungeheure neue Möglichkeiten geschaffen wurden.

Es ist an den ÖsterreicherInnen, für die Veränderungen von 1989 und danach eine ungeheure Dankbarkeit zu zeigen: Wir sind vom östlichen Rand der westlichen freien Welt wieder in eine sehr komfortable Position in der Mitte des Kontinents gerückt. Das soll nicht jene Ansichten unterstützen, die uns überhaupt für den Nabel Europas halten, sondern nur besagen, dass wir innerhalb des Landes seitdem eine gute Balance gefunden haben zwischen der damals schwächelnden Ostregion und dem Westen des Bundesgebietes. Es sei überhaupt bemerkt, dass es die Wirtschaft verstanden hat, aus dieser neuen Situation etwas zu machen. Wenn wir feststellen, dass wir in den Ländern des ehemaligen COMECON (wer kennt noch die Abkürzung für den „Rat für gegenseitige Wirtschaftshilfe", wie er von den Sowjets als Gegenprodukt zur EWG geschaffen wurde?) stark vertreten sind, ist das unseren Unternehmern zu verdanken. Finanzkrise hin oder her – in diesen Ländern liegt auch weiterhin die Zukunft unserer Unternehmen und die Sicherheit der Arbeitsplätze, denn der Bedarf der Nachbarn ist ungebrochen. Dass Wien in die Rolle eines Standorts für Unternehmensleitungen gekommen ist, wäre vor 1989 nicht denkbar gewesen.

An dieser Stelle muss eine Anmerkung zur Politik gemacht werden: Sie hat es versäumt – und das gilt für alle Parteien –, nach 1989 eine wirkliche Strategie zu entwickeln. Die „strategische Partnerschaft" war wohl ein Ansatz mit falscher Wortwahl, aber das wünschenswerte Ziel, innerhalb der EU nach 2004, also nach dem Beitritt unserer Nachbarländer, eine Gruppe à la Benelux herauszuarbeiten, wurde nicht einmal angestrebt. Das ist ein großer Fehler, weil trotz einer unterschiedlichen Geschichte die gemeinsamen Interessen elementar sind. Die Donau ist nach wie vor kein leistungsfähiger Transportweg, wobei gerade das notwendige ökologische Wassermanagement eine wichtige Herausforderung ist. Es ist auch eine Region mit kleineren Staaten, die sich notwendigerweise gemeinsam artikulieren müssen. So steht Österreich etwas fassungslos den Bestrebungen von Polen und der Tschechischen Republik gegenüber, in Kooperation mit den USA einen Raketenschild gegen den Iran zu errichten. Es wird auch vergessen, dass in diesen Ländern die Amerikaner als das eigentliche Gegengewicht zum Sowjetblock verstanden wurden, so dass den USA gegenüber eine beachtliche Dankbarkeit vorhanden ist, die im Westen Europas nicht verstanden wird.

Es gibt aber nicht nur Kritikpunkte, sondern neben der Wirtschaft auch erfolgreiche Aktivitäten etwa in der Vernetzung der Universitäten, in Austauschprogrammen und vor allem in der Entwicklung des kulturellen Lebens. Ich beobachte mit Interesse, wie ganz selbstverständlich ausgezeichnete Künstler aus den Reformstaaten im Musikleben unseres Landes integriert werden, was nicht zuletzt der Tradition um 1900 entspricht.

Apropos 1900: Einiges aus den Erfolgen, aber auch tragischen Konsequenzen dieser Zeit wäre noch zu lernen. Zunehmend tut sich die österreichische Öffentlichkeit mit der Immigration schwer und vergisst, dass gerade dank der Durchmischung vor allem Wien eine unendlich große geistige und kulturelle Bedeutung erhalten hat. Die Defizite in der Integrationspolitik gegenüber den Migranten dieser Länder sind überdeutlich. Diese Zuwanderer sind Bestandteile unserer kulturellen Region – und wollen es auch sein. Den Medien ist es unter der Führung eines Kleinformats gelungen, eine hier mehr als problematische Rolle zu spielen, was wiederum jene politischen Kräfte stärkt, die nicht nur europakritisch, sondern ausgesprochen fremdenfeindlich sind. Einige Innenminister gefallen sich darin, nach der Wiedereinführung der Visumspflicht für einige EU-Mitgliedstaaten zu rufen. Anstelle solcher Maßnahmen wäre es wohl notwendig, den Rumänen und Bulgaren zu helfen, mit ihren wirtschaftlichen und sozialen Problemen zurechtzukommen, um so die Abwanderung von dort zu mindern. Auch die permanente Behauptung, dass die Sozialsysteme bei uns von diesen ausgenützt werden, entbehrt jeder Solidarität und ist in den meisten Fällen auch falsch. Die zu uns kommenden Arbeitskräfte leisten einen Beitrag zu unseren Sozialsystemen und nehmen sie oft weniger in Anspruch, als das manche unserer Mitbürger recht gemütlich tun. Überhaupt ist die Visumfrage eine der Lächerlichkeiten, die meistens mit der Bekämpfung der Kriminalität begründet werden. Kriminelle bekommen immer ein Visum, denn sonst hätten sie ja in ihrem „Berufsgebiet" keinen Erfolg. Die Österreicher, die hier geboren werden, nehmen in der Zahl ab, die Zahl der österreichischen Bürger nimmt aber zu, so dass wir der Neun-Millionen-Marke entgegensehen. Die politischen Kräfte unterlassen es, darauf hinzuweisen, dass durch diese Entwicklung die Überalterung der Bevölkerung, der Mangel an Arbeitskräften und schließlich eine mögliche Senilität der österreichischen Gesellschaft abgewendet werden. Die Defizite dieser Politik verstärken allerdings die Gefahr der Isolation Österreichs und erhöhen die inneren Spannungen. Auch die Kirchen haben es unterlassen, hier positiv und meinungsbildend zu wirken, obwohl sie viele ihrer Kleriker aus diesen Ländern beziehen.

Unsere Nachbarn in postkommunistischer Zeit

Natürlich ist nicht alles in unserer Nachbarschaft gelungen. Vorneweg sei festgestellt, dass die Veränderungen, die vor 1989 vorbereitet wurden, vor allem durch die ethische und moralische Kapazität von Persönlichkeiten entstanden sind, die heute weitestgehend vergessen sind. Die Dissidenten von damals sind relativ bald aus der Politik ausgeschieden, weil sie das politische Tageshandwerk nicht beherrschten und die im Kommunismus trainierten Politiktechniker unter anderen Parteiüberschriften relativ bald wieder an die Macht kamen. Wer kennt heute noch wirklich Václav Havel, Lech Wałęsa, Tadeusz Mazowiecki, József Antall und wie die Helden von damals alle hießen. Ebenso ist die ethische Kategorie der Herausforderung an den Kommunismus (Havel: „Versuch, in der Wahrheit zu leben", Solidarność: „Dem Menschen die Würde wiedergeben" etc.) rasch vergessen worden. Der „Westen" hat Marktwirtschaft und radikalen Wettbewerb exportiert, geistig aber herzlich wenig geleistet, um in die Leere der postkommunistischen Zeit auch Wertvorstellungen und Diskussionen einzubringen.

Ein besonderes Kapitel ist natürlich die Vergangenheitsbewältigung: Die Lustration, also die Untersuchung jener Verbrechen, die in der kommunistischen Vergangenheit begangen wurden, ist in den wenigsten Ländern erfolgt. Das mag auch daran liegen, dass sehr viele unter neuen demokratischen Vorzeichen in ihren Ämtern geblieben sind und sich natürlich dagegen wehren. Rumänien ist ein klassisches Beispiel dafür. Eine diesbezügliche Auseinandersetzung wird aber diesen Ländern nicht erspart bleiben, so wie sie uns mit der Nazi-Vergangenheit ebensowenig erspart geblieben ist. Erschwerend kommt etwa noch am Balkan dazu, dass sehr viele Mythologien kursieren (z.B. die Schlacht am Amselfeld), aber auch die Griechen haben mit dem unseligen Namensstreit um Mazedonien ein wenig rühmliches Beispiel geliefert. Man soll die noch bestehenden bilateralen Probleme nicht unterschätzen, die z. B. die Verhandlungen für Kroatien in der EU durch Slowenien zweitweise blockierten. Die Liste der offenen Themen ist sehr lang, wobei das auch daran liegen mag, dass diese Region relativ spät in die geistigen Veränderungen durch die Aufklärung eingetreten ist und heute betreffend Nationalismus manchmal noch im ausgehenden 19. Jahrhundert lebt.

Einheit in der Vielfalt

Ein weiteres Kapitel der Mängel ist wohl die Frage, wie mit der veränderten Landkarte Europas umgegangen wird. In unserer Nachbarschaft gab es nur die friedliche Trennung der Tschechen und Slowaken. Beim Zerfall Jugoslawiens wurden aber die Grenzen völlig neu geschrieben, wodurch beträchtliche Spannungen entstanden. Es wäre notwendig, die europäische Integration voranzutreiben, weil dadurch Grenzen relativiert werden. Das Gegenteil ist der Fall, man fürchtet sich vor der großen Zahl der kleinen Staaten, wobei im Südosten Europas flächenmäßig bestenfalls die Hälfte Polens als EU-Integrationsproblem offen ist. Auch wird diese alte europäische Vielfalt vielfach nicht begriffen – bei uns nicht, aber auch nicht in Westeuropa. Wenn es den gängigen Spruch „Einheit in der Vielfalt" gibt, so muss man zunächst einmal die Vielfalt kennen, um daraus eine Einheit zu machen. In dieses Kapitel fällt auch die Rolle der USA, die insbesondere am Balkan wesentlich dazu beigetragen haben, die Situation zu stabilisieren. Washington mischt weiterhin mit (z.B. Bosnien, Kosovo) und die Europäer haben ihre notwendige Rolle nur teilweise übernommen. Man drückt sich davor und ist es andererseits leid, sich mit der starken amerikanischen Position immer wieder auseinandersetzen zu müssen. Was nach 1989 nie so richtig gelungen ist, ließe sich am besten mit der „Europäisierung von Europa" beschreiben. Dazu gehört auch das äußerst schwierige Verhältnis zu Moskau, wobei sich dieses nicht auf die Angst vor dem Abdrehen des Gashahns reduzieren kann, auch hier fehlt es an Kenntnissen hinsichtlich der möglichen Rolle, die wir in der Entwicklung Russlands spielen können. Dieses Land auf Putin und Oligarchen samt Olympischen Winterspielen zu reduzieren, ist schlicht und einfach zu wenig. Die Bedeutung der Ukraine für Europa zu ignorieren war und ist einfach unverantwortlich. Wo aber ist hier das Konzept der Europäer?

Das Problem liegt vor allem darin, dass man sich zu wenig in die Elemente dieser Region hineingedacht hat. Für die Russen steht der Verlust der Supermachtfunktion im Zentrum, für die Ukraine die Problematik, eine gemeinsame staatliche Identität aufzubauen. Geschichte spielt hier eine starke Rolle, weil die Übernahme der Grenzen der ehemaligen Sowjetrepubliken nicht bedeutet, dass dem auch schon gewachsene Strukturen zugrunde liegen. Wladimir Putin führt hier ein Element ein, von dem wir geglaubt haben, dass es nach 1989 nicht mehr existiert. Der Traum vom Ende der Geschichte (Francis Fukuyama) wird damit endgültig verabschiedet, weil alte Mittel der Macht dazu dienen, neue Wirklichkeiten zu schaffen.

Die gegenwärtige Finanz- und Wirtschaftskrise ist ebenfalls eine Chance für „mehr Europa". Die Handlungsfähigkeit der EU ist sicher dadurch behindert, dass die Erweiterung auf heute 28, später vielleicht einmal 35 Staaten Entscheidungsprozesse erschwert hat. Das hat nicht dazu geführt, dass man an mehr Gemeinsamkeit denkt, sondern verursacht eine gewisse Renationalisierung.

Damit wird aber ein Mangel sichtbar, den Jacques Delors schon viel früher erkannt hat. Er meinte – wie schon erwähnt –, dass man „einen Binnenmarkt nicht lieben" könne, aber „Europa eine Seele geben" müsse. So sehr es gemeinsame Entwicklungen im kulturellen Bereich gibt: Ein gemeinsames europäisches Bewusstsein fehlt.

Das aber wäre gerade seit 1989 wieder möglich und im Hinblick auf die globale Rolle des gemeinsamen Europa notwendig. Jene, die auf der anderen Seite des Eisernen Vorhangs lebten, sollten das eigentlich auch einfordern, was sie aber offensichtlich aus einem gewissen Minderwertigkeitsgefühl heraus bislang unterlassen haben. Das mag durch die oft an den Tag gelegte Geringschätzung begründet sein. Dass die 1989 angekommenen Menschen genauso Europäer sind wie die, die es seit 1945 ungehindert sein konnten, wird oft ignoriert.

Europa ist durch die Ereignisse von 1989 und danach wirklich wieder Europa geworden. Die Ost-West-Teilung hat den Kontinent fast zerstört, jetzt hat er aber die Möglichkeit, ein eigenes Bewusstsein und eine eigene Rolle zu finden. Das wird im globalen Kontext auch äußerst notwendig sein, wobei wir uns darüber im Klaren sein müssen, dass von der Bevölkerungszahl, der wirtschaftlichen und der sozialen Bedeutung her Europa längst nicht mehr die dominante Rolle wie einst zu Kolonialzeiten hat. Das Gesamthafte der Veränderung, die mit 1989 eingeleitet wurde und im ehemaligen kommunistischen Machtbereich eigentlich eine Europäisierung war, wurde nicht dazu genutzt, sich vom engen Denken des Nationalstaates zu verabschieden. Noch immer gibt es einen sinnlosen Wettbewerb zu den Fragen, wer eigentlich besser sei, mehr Macht habe, mehr Sitze im Europäischen Parlament und Stimmen im Europäischen Rat – und was es noch alles für Unfugsdiskussionen rund um die Europäischen Verträge gibt.

Das Politikverständnis in Europa hätte nach 1989 die Chance gehabt, eine gesamthafte Perspektive für den Kontinent zu entwickeln. Das ist nicht oder noch nicht gelungen, wobei sich die Beiträge des Geisteslebens leider in Grenzen halten, wenngleich sie als Versuche nicht geleugnet werden sollen. In Philosophie, Literatur und Kunst gibt es durchaus diese Auseinandersetzung, sie findet aber partiell unter Ausschluss der Öffentlichkeit und nur unter Kennern statt. Das mag daran liegen, dass wir eigentlich keine „europäische Öffentlichkeit" haben. Es gibt eine europäische Sportberichterstattung und den Eurovision Song Contest, nicht aber Talkshows oder gar gemeinsame Programme europäischer Parteien. Ich verweise immer darauf, dass der Eurovision Song Contest die einzige europäische politische Talkshow ist, die wir haben, denn wir stimmen jeweils am Ende über die Songs ab, wobei mehr die Befindlichkeiten der Länder zueinander – wer wen mag oder nicht mag – durch die Stimmabgabe zum Ausdruck kommen als die Qualität der Songs, auf die wir ruhig verzichten könnten. Es wäre empfehlenswert, mehr solche Abstimmungen zu machen, weil wir dadurch mehr über uns selber erfahren.

Europa wurde überhaupt erst durch die Ereignisse von 1989 möglich. Die Frage, ob aber seither genug geschehen ist, ist relativ leicht zu beantworten, nämlich mit „Nein". Es darf allerdings hinzugefügt werden, dass die Dinge auch ihre Zeit brauchen, vor allem in der Überwindung der geschichtlichen Belastungen, in der Kenntnis von Europa und in der Bewusstseinslage der gemeinsamen Verantwortung. Persönlich glaube ich, dass die Erinnerung an die Ereignisse von vor 25 Jahren dazu führen muss, mehr Entschlusskraft für das gemeinsame Europa aufzubringen. Meines Erachtens ist es die letzte Chance für Europa, überhaupt gemeinsam in Erscheinung zu treten. Wir brauchen ein „Narrativ Europa" – eine neue Erzählung für den alten Kontinent.

Mitteleuropa real

Der Fall des Eisernen Vorhangs 1989 hat Österreich geopolitisch anders positioniert. Ein weiterer Schub erfolgte durch den Zerfall Jugoslawiens, der zwischen 1991 und 1995 vier Kriege auf dem Balkan auslöste. Die Intervention der Jugoslawischen Volksarmee (JVA) in Slowenien war kurz (ca. zehn Tage), und der starke Mann in Belgrad, Slobodan Milošević, machte das, was mein Vater seinerzeit „Frontbegradigung" nannte. In Kroatien wollte man unter serbischen nationalistischen Gesichtspunkten von Belgrad aus die eigenen Minderheiten in diesem Land verteidigen, die sich sowohl in der Lika (Knin) als auch in Slawonien (Vukovar) politisch selbständig gemacht hatten – eine Handlung, wie sie Putin 2014 betreffend Ukraine argumentiert. Die JVA selbst rückte bis 70 Kilometer vor Zagreb vor und beschoss die kroatische Hauptstadt. Kroatien selbst hatte keine ausgebildete Armee, erhielt aber in der Folge Unterstützung von den USA, was schließlich dazu führte, dass Belgrad gezwungen war, Verhandlungen aufzunehmen. Noch kritischer war die Situation in Bosnien, weil aus der Intervention der JVA in Wirklichkeit ein Bürgerkrieg entstand. Kroaten und Bosniaken kämpften teils miteinander, teils gegeneinander, und die Einkesselung von Sarajevo durch die Serben ist wohl eines der schlimmsten Ereignisse, die wir im ausgehenden 20. Jahrhundert registrieren mussten. Die Aufarbeitung dessen hat längst noch nicht stattgefunden, wie man nicht nur an den Auseinandersetzungen um Srebrenica (Genozid an den Bosniaken) oder an den Problemen in Vukovar (Zerstörung von Aufschriften in kyrillischer Schrift) feststellen kann. Diese Wunden werden noch einige Zeit zum Verheilen brauchen, von einer gemeinsamen Geschichtserfassung gar nicht zu reden. Es war die Regierung Clinton (Dayton-Vertrag), die durch ihre Intervention letztlich einen Waffenstillstand und halbwegs erträgliche Regelungen herstellte. Die Europäische Union agierte weniger eindrucksvoll, wenngleich man berücksichtigen muss, dass die Instrumente dafür auch erst in Entwicklung waren. Letztlich gibt es nach wie vor keine europäische Armee, obwohl immer wieder von Kriseninterventionstruppen gesprochen wird. Das wesentliche Problem bestand allerdings darin, dass sich die Mitgliedstaaten der Europäischen Union im Verhalten zum Zerfall Jugoslawiens nicht einig waren. Davon war auch Österreich betroffen. Bei einer Reihe von europäischen Regierungen, auch in der SPÖ-Hälfte der Regierung Vranitzky/Busek, gab es die Philosophie, dass die Eröffnung einer Perspektive für eine EU-Mitgliedschaft Jugoslawiens das Problem bewältigen könne. Bei einiger Kenntnis der damaligen Situation muss man allerdings feststellen, dass es sich hier um blanke Illusion handelte, wie man auch heute am mühseligen Weg nach Brüssel feststellen kann. Insbesondere Vranitzky hat die Ansicht vertreten, dass Jugoslawien mit finanziellen Mitteln auf-rechtzuerhalten wäre, was den Vorschlägen des damaligen Minister-präsidenten Jugoslawiens, Ante Marković, entsprach. Als Ergebnis meiner Kontakte hatte ich eine realistischere Sicht. Die Slowenen, die durch lange Zeit traditionell Partner der Serben im internen Spiel waren, hatten sich inzwischen auf den Standpunkt festgelegt, dass sie mit ihren 8 Prozent Bevölkerung und 25 Prozent Beitrag zum Bruttonationalprodukt ohnehin den Staat bezahlten und daher lieber eigenständig wären. Die Bosniaken, jene vom Islam geprägte Bevöl-kerungsgruppe, hatte sich im Verhältnis zu den Serben nie wohlge-fühlt, bei den Kroaten waren der historische Hintergrund und die traditionelle Ablehnung der Serben, die Überlappung von Religions-und Nationalitätenunterschied, das Argument. Mir wurde später in Zagreb mehrmals eine Geschichte erzählt, die die Situation verdeut-licht. Am Trg bana Josipa Jelačića (Hauptplatz) steht ein Denkmal für den Banus von Kroatien. Es entstand schon in der alten Monar-chie, wurde in Tito-Zeiten offensichtlich irgendwo weggesperrt und tauchte nach dem Zerfall Jugoslawiens relativ bald wieder auf. Jeder erzählte mir, dass Jelačić auf dem Pferd mit dem gezogenen Säbel ursprünglich Richtung Budapest deutete, während es nach Wieder-aufstellung eben Belgrad war, dem seine aggressive Geste galt. Ich weiß nicht, ob die Geschichte wahr ist und das Denkmal jemals ver-schoben wurde, aber der emotionale Hintergrund für Kroatien wird dadurch sichtbarer.

In Bosnien gelang es den Bosniaken, zunächst das Heft des Handelns in die Hand zu nehmen, eine Abstimmung durchzuführen und für die Unabhängigkeit zu plädieren. Das Ergebnis von allem war 1995 das Dayton-Agreement, erzielt unter Druck der Amerikaner in einer US-Kaserne, das man allerdings nur als ein Waffenstillstands-abkommen ansehen kann, nicht aber als eine bleibende Lösung für dieses Land. Es ist nach wie vor der weiße Fleck auf der Landkarte in der Perspektive der europäischen Entwicklung. Außenminister Alois Mock versuchte einen beeindruckenden Balanceakt in der Unterstützung von Kroatien, aber auch für Slowenien und Bosnien, und bemühte sich gleichzeitig, eine passable Lösung für Jugoslawien zu finden, die nicht unbedingt in einen Krieg münden sollte. Die ÖVP hat sich dann für eine rasche Anerkennung der drei Staaten Slowenien, Kroatien und Serbien eingesetzt, was auf SP-Seite keine Unterstützung fand. Als sich die Bundesrepublik Deutschland unter Helmut Kohl und Außenminister Hans-Dietrich Genscher entschloss, diesen Schritt zu gehen und dies in der EU durchsetzte, folgten wir nach. Vranitzky hatte zweifellos Recht, dass er an die Nachhaltigkeit der Lösung nicht glaubte, konnte aber, wie so viele andere auch, keine Alternative für den Bestand von Jugoslawien entwickeln. Schließlich mussten auch die Engländer und Franzosen, die auf die Schaffung dieses Staates im Weg des Pariser Friedens 1919 sehr stolz waren, anerkennen, dass kein anderer Weg möglich war.

Schon lange war am Horizont das Problem Kosovo aufgetaucht, zu dessen Freiheitsbewegung unter Ibrahim Rugova wir schon langjährige Kontakte hatten. Ich selber bin bei einer Reise nach Belgrad auch bis nach Priština vorgestoßen, habe Rugova getroffen, der in seiner künstlerischen Art und Liberalität sehr beeindruckend war. Was mich allerdings noch mehr beeindruckte, waren die Erzählungen – noch mitten in der jugoslawischen Zeit –, die mir der illegale Rektor der kosovarischen Universität in Priština nahebrachte. Ich habe auch einige Häuser besucht, in denen diese Universität ein schwieriges und kümmerliches Dasein fristete, während nur Serben die traditionellen Gebäude bevölkerten, die dadurch eigentlich leer waren. Es gab eine Menge von Berichten, wie Verantwortungsträger der Kosovaren behandelt wurden und welchen Druck es gab. Die Kosovaren waren auch nicht bereit, in Spitäler, die von Serben geleitet wurden, zu gehen, weil etwa die Frauen glaubten, dass sie dort ihre Kinder nicht sicher zur Welt bringen könnten.

Gleichzeitig möchte ich erwähnen, dass ich bei diesen Reisen auch zu den Serben vorgedrungen bin, die in ihrer Einstellung zu Demokratie und Freiheit beeindruckend waren. Der Bürgermeister von Belgrad, der Architekt Bogdan Bogdanović, der später in Österreich lebte und hier auch starb, war ein solches positives Beispiel, wie auch viele Künstler. Ich hatte den Eindruck, dass die Kenntnis und Erkenntnis von Demokratie in Belgrad am weitesten fortgeschritten war – allerdings nur unter den Künstlern und Intellektuellen. Ab einem bestimmten Moment allerdings begriff ich, dass hier die Entwicklung in die falsche Richtung ging. Manche Freunde riefen mir zu: „Zuerst Kosovo, dann Demokratie!" Hier ging es um den Erhalt dieses traditionsreichen Gebietes, das von einer massiven Mehrheit von Albanern bewohnt war. Die Habsburger Monarchie ist nicht gerade unschuldig daran, denn nach der zweiten Türkenbelagerung sind die Armeen bis Skopje, damals Üsküp, vorgedrungen, wurden von den Osmanen geschlagen und haben bei der Rückkehr die Serben aus dem Kosovo mitgenommen, um die entvölkerten Landstriche des Königreichs Ungarn wieder mit Menschen zu besiedeln. In dieses Vakuum sind die Albaner vorgedrungen, wobei der Mythos Kosovo infolge der berühmten Schlacht von 1389 erhalten blieb. Ich habe einen der Außenminister der Übergangszeit von Jugoslawien zu Serbien, Vuk Drašković, später in Alpbach ein Referat zum Thema „Politik, Geschichte und Mythologie" halten lassen. Er begann mit dem Satz: „Kosovo ist das Jerusalem Serbiens." Meine Frage, welches Jerusalem er meine, das jüdische, christliche oder das muslimische, hat er mir bis heute nicht beantwortet. Das Engagement der Österreicher bei der Milderung der Folgen der Vertreibung der Kosovaren durch die jugoslawische Volksarmee war mit „Nachbar in Not" unter der initiativen Teilnahme meines Freundes Kurt Bergmann beachtlich. Gerade die Kosovo-Frage ist heute nach wie vor nicht gelöst, weil fünf Mitgliedstaaten der Europäischen Union diesen neuen Staat, 2008 ausgerufen, noch immer nicht anerkannt haben. Der Grund dafür ist bei den Spaniern, Slowaken, Griechen, Rumänen und Zyprioten allerdings nicht ein Einwand gegen dessen Existenz, sondern in internen Problemen mit Minderheiten zu sehen.

Mit dieser Veränderung der Landkarte in unserer Nähe ist ein Prozess abgeschlossen worden, der sich zwischen 1989 mit dem Fall des Eisernen Vorhangs und 2008, der Unabhängigkeitserklärung des

Kosovo, ereignet hat und einen unmittelbaren Einfluss auf die Situierung Österreichs hatte.

Wenn zeitweise die Frage auftaucht, wie sich unser Land positionieren soll, so ist die Antwort meines Erachtens nach wie vor stark davon bestimmt, wie wir mit der neuen Situation seit 1989 umgehen. Perspektivisch glaube ich auch, dass das Geschehen im Nahen Osten einigen Einfluss haben wird, aber es ist zu früh, darüber Mutmaßungen anzustellen. Wir gehen auf eine Zeit der Migration zu, die uns gerade aus diesem Teil der Landkarte stark beeinflussen wird. Es hat sich nach 1989 schon gezeigt, dass eigentlich die dahinter sichtbar werdenden Fragestellungen in der politischen Landschaft leider nicht hinreichend diskutiert werden. Es gibt eine alte „Westorientierung", die vernachlässigt, dass wir natürlich auch im Osten zu Hause sind. Nach wie vor spielen auch Vorurteile eine ganz große Rolle, die im „Neonationalismus" zum Ausdruck kommen, der eigentlich nichts anderes als ein handfester Egoismus ist, mit dem man sich der Solidarität mit den Nachbarn entziehen will. Die Positionierung Österreichs in Europa ist gefragt, wobei darin eine ungeheure Chance für unser Land zu sehen ist. Es muss uns gelingen, unser Erbe im Politischen, Kulturellen, Wirtschaftlichen und Sozialen dafür zu nutzen. Ich bin überzeugt, dass hier ungeheure Möglichkeiten existieren, wenn sie nur ergriffen werden. Die Wirtschaft hat das, wie gesagt, getan, bei der Politik fehlt es, und meine Aufgabe nach der Regierungstätigkeit habe ich u.a. darin gesehen, alle nur möglichen Instrumente dafür zu nutzen.

Abschied aus dem Amt

Landeshauptmann Wendelin Weingartner, dem Parteiobmann der ÖVP-Tirol, werde ich immer dankbar sein, weil er mich rechtzeitig, anlässlich des Dreikönigstreffens 1995, aufmerksam machte, dass die diversen Loyalitätserklärungen, vor allem der Landesparteien, überhaupt nichts bedeuteten. Er hatte Recht. Was man mir eigentlich vorgeworfen hat, weiß ich nicht, aber ein geringerer Wählerabstand zwischen ÖVP und SPÖ war offensichtlich zu wenig, um mir eine weitere Amtsperiode zu sichern. Hier schlug sich natürlich die Tatsache nieder, dass ich am Parteitag 1991 selbst keine große Mehrheit erzielt hatte und eine gewisse Distanz von Parteifunktionären wieder zum Tragen kam.

Führend war auf diesem Gebiet Dr. Bernhard Görg, der mit meiner Hilfe zum Landesparteiobmann der ÖVP Wien gewählt worden war, der aber tat, was eigentlich immer üblich war, sich nämlich auf Kosten der Bundespartei zu profilieren. Er hielt den dazugewonnenen Staatssekretär für Technologie, Martin Bartenstein, für überflüssig und bezog so ziemlich in allen Fragen Gegenpositionen, wobei er nicht allein war – „Stahlhelm" und Cartellverband traten in Erscheinung. Die CVer in der ÖVP möchte ich aber in Schutz nehmen, denn es gab nicht eine durchgehende Position, sondern es war eine bestimmte Gruppe, die sich hier artikulierte. Innerlich habe ich das Ganze nicht mit großer Trauer verfolgt, denn ich habe mich eigentlich nie als den typischen Parteiobmann gesehen. Ich habe eine uneingeschränkte Bewunderung für Alois Mock, der in schwierigen Zeiten im Wettbewerb mit Bruno Kreisky durchgehalten hat. Seine Obmannschaft währte zehn Jahre. Er wurde nur von Wolfgang Schüssel übertroffen, der allerdings auch eine harte Zeit bis hin zum dritten Platz in der Wählergunst durchzumachen hatte, um sich dann mit der schwarz-blauen-Koalition noch zusätzliche Amtsjahre zu sichern. Natürlich gab es auch Stimmen, die mir gegenüber dafür eintraten, es doch mit der FPÖ zu versuchen. Meine Ablehnung Jörg Haiders war aber eine prinzipielle. Seine Art von Politik war so beschaffen, dass man „damit keinen Staat machen kann", wie ich es einmal deutlich formulierte. Staat verstehe ich dabei unter zwei Gesichtspunkten, nämlich unseren Staat, aber auch das Ansehen, das mit Politik verbunden sein sollte. Natürlich bröselte es in einigen Bundesländern, die traditionell dem freiheitlichen Lager näher standen, ebenso in manchen Wirtschaftsbereichen, in der Steiermark und natürlich auch in den Medien. Ich anerkenne, dass die frustrierende Positionierung an zweiter Stelle in der Regierung auf die Dauer keine besondere Attraktivität entwickelt und Platz eins zu erlangen nicht leicht war. Bislang hat das niemand mehr geschafft, so muss man Wolfgang Schüssels Weg in die Koalition mit der Haider-FPÖ als einen Ausbruchsversuch ansehen. Mehr gab die politische Landschaft bis heute in dieser Frage nicht her.

Natürlich waren die Gründe für die schwindende Unterstützung auch bei mir selber zu suchen. Ich habe zweifellos die Eigenschaft, so manche kritische Bemerkungen, inklusive Scherzen, nicht unterlassen zu können, was meinem Temperament entspricht, aber oft als Beleidigung verstanden wurde. Auch wurde mir eine gewisse Arroganz nachgesagt, deren Wurzeln wohl mehr darin liegen, dass mich Dummheit mehr als vieles andere ärgert und ich diesen Ärger nie unterdrücken konnte. Möglich, dass das den Eindruck erweckte, ich käme mir gescheiter vor, was eher einer gewissen Ungeduld zuzuschreiben ist, die aber leicht als Präpotenz ausgelegt wird. Ich möchte das alles feststellen, weil es nicht meine Art ist, die Fehler zuallererst bei anderen zu suchen – ich bin mir meiner eigenen Schwächen weitgehend bewusst.

Innerlich war ich mir darüber völlig im Klaren, dass meine Amtszeit einem Ende entgegenging. Mich interessierte jedoch nur, wer mein Nachfolger sein könnte. Lange war ich dem Irrtum erlegen, dass es schon irgendjemanden gab, für den das Salböl der Landesparteiobmänner und Bündechefs bereits vorbereitet war. Niemand hat mir einen Namen genannt, wobei mir eine Sitzung der Landesparteiobmänner in einem Wiener Hotel besonders in Erinnerung ist, wo man von mir die Erklärung wollte, dass ich nicht mehr kandidiere. Meine Frage nach der Alternative beantwortete man mir nicht.

Ich hatte noch Freunde, etwa Josef Krainer, der mich zu einem Gespräch nach Graz einlud und mir erklärte, dass ich bei einer Wiederwahl keine Chancen hätte. Er war durch die Jahre ein treuer Freund. In meiner Zeit als Wiener Obmann organisierten wir gemeinsam jene berühmten steirisch-wienerischen Treffen, die entweder in Ottakring oder in Mauer, in der Grünen Mark in Altaussee oder in Rosseggers Waldheimat stattfanden. Es war das ein sehr interessanter Versuch, die Wiener, die innerhalb der ÖVP als Minderheitspartei immer in einer Randsituation waren, einem Bundesland näherzubringen. Dabei spielte unsere Freundschaft und unsere gemeinsame Abkunft aus der Katholischen Hochschuljugend sicher eine Rolle. Der andere treue Freund war der Salzburger Landeshauptmann Hans Katschthaler, der mir ebenso mitteilte, dass ich keine Chancen hätte. Ich habe das alles nicht sehr tragisch genommen, möglicherweise war es auch die Aussicht auf eine Erleichterung, die mich dabei begleitete.

Wie bei jedem Obmannwechsel ging es natürlich bunt zu, zahlreiche Kandidatennamen kursierten und wurden verworfen – eine gute Zeit für Medien. Einer der möglichen Kandidaten hieß Andreas Khol, dann wieder wurden einige Regierungsmitglieder genannt. Ich persönlich war bereits in einer Position der Schwäche, denn schon einige Zeit vorher hatte mich Ferry Maier als Generalsekretär verlassen. Er hatte offensichtlich die aussichtslose Situation begriffen und sich in die Wirtschaft abgesetzt. Mich hat das geschmerzt, aber in einem klärenden Gespräch haben wir jene Brücke gebaut, die bis heute hält und einen festen Bestandteil unserer Beziehungen darstellt. Helga Rabl-Stadler wieder ergriff die Chance, Präsidentin der Salzburger Festspiele zu werden, was ich durchaus verstand, während Erwin Pröll seine Chance, Landeshauptmann zu sein, aufrechterhalten wollte, weshalb er zur Bundespolitik auf Distanz ging. Einzig Ingrid Korosec blieb mir treu. Willi Molterer wurde zweiter Generalsekretär, ein ehemaliger ÖH-Funktionär, der ebenso aus dem katholischen Bereich kam und den ich nach wie vor sehr schätze. Verstärkt wurde das Team durch den Geschäftsführer der ÖVP, Dr. Andreas Brandstetter, der quasi bei mir das politische Handwerk lernen wollte. Ich habe nie verstanden, dass mein Nachfolger Wolfgang Schüssel ihn genauso wie meinen Kabinettschef Dipl.-Ing. Herbert Götz blitzartig entsorgte. Beide haben später eine beachtliche Karriere gemacht. Sie sind auch immer wieder gefragt worden, ob sie nicht doch zurück in die Politik gehen wollen. Die Erfahrungen rund um meinen Abgang wirkten nicht motivierend.

Politik hat auch ein gewisses Talent zum Kabarett. Das Gremium, das einen Wahlvorschlag zu erarbeiten hatte, bestehend aus neun Landesparteiobmännern und sechs Chefs der Teilorganisationen, also fünfzehn Personen, waren bekannt. Ich habe viel Zeit und Telefonate darauf verwendet, meinen Vorschlag durchzubringen, nämlich meinen langjährigen Freund Wolfgang Schüssel. Ich habe zunächst von ihm keine klare Antwort bekommen. Er hatte das Glück, in der kritischen Zeit auch eine Chinareise als Wirtschaftsminister angesetzt zu haben. Das entzog ihn den Nachfragen der Presse. Meine Bemühung ging in die Richtung, acht Stimmen zu finden, die für Wolfgang eintraten. Als ich so weit war – einiges geschah per Autotelefon auf der Fahrt von der Toskana nach Wien –, habe ich meine Agitation eingestellt. Für diesen interessanten Vorgang gibt es Ohrenzeugen …

Andere waren allerdings auch nicht untätig. Erwin Pröll soll sich des Universitätsprofessors Johannes Hengstschläger versichert haben, der im Café Landtmann auf seine Berufung wartete, aber von dort nie abgeholt wurde, weil sich rasch eine konstruktive Mehrheit für Schüssel ergab, während Andreas Khol nur drei Stimmen erhielt. Damit war die Sache für mich erledigt. Ich hatte nur noch einen passablen Abgang zu liefern. Dieser wurde durch das 50-Jahr-Jubiläum des Bestehens der Österreichischen Volkspartei erleichtert. Wir feierten es im Schottenstift, wo die Partei 1945 konstituiert worden war, und machten dann einen ordentlichen Bundesparteitag, der Wolfgang Schüssel eine breite Mehrheit brachte.

Natürlich hat mich die Frage beschäftigt, warum ich eigentlich gescheitert bin. Der heutige oberösterreichische Landeshauptmann Josef Pühringer hat damals den Medien in schlichter Offenheit verraten: „Der Busek ist zu gescheit für die Politik." Ich wertete das als hilflose Ausrede, habe ihm später aber doch einmal gesagt, man werfe der Politik ja vor, dass die Repräsentanten zu wenig gescheit seien, was also dann der Fehler gewesen sei. Ich habe darauf nie eine Antwort erhalten. Heute weiß ich, dass ich bei vielen differenzierteren Überlegungen nicht so richtig verstanden worden bin. Die Schlichtheit der Aussage war nicht unbedingt meine Sache, auch das war ein Fehler. Ich habe daher Wolfgang Schüssel eine Karikatur zum Amtsantritt überreicht, eine sehr liebe Zeichnung, auf der ich ihm zurief: „Net zu g'scheit sein, Wolferl!" Erst in der zweiten Phase seiner Amtszeit wurde ihm dann der Erfolg zuteil, der allfällige Kritik daran verstummen ließ. Schüssel hat mir angeboten, in der Regierung zu bleiben, was ich ablehnte, denn ich hatte schon die schwierige Zeit von Josef Riegler nach seinem Ausscheiden aus dem Parteiamt erlebt – er war für kurze Zeit in der Regierung geblieben.

Eines aber gelang mir: Ich teilte den Medien mit, dass Alois Mock aus der Regierung ausscheide, weil ich damit Wolfgang Schüssel eine Belastung nehmen wollte, den inzwischen zur Ikone gewordenen langjährigen Obmann und Außenminister entfernen zu müssen. Leider wurde mir das von Schüssel nicht honoriert, weil er mich darauf hinwies, dass diese Verabschiedung eigentlich nicht meine Aufgabe gewesen wäre. Überhaupt legte er sehr rasch darauf Wert, Chef im Ring zu sein. Ich hatte nie signalisiert, noch eine Rolle spielen zu wollen, aber offensichtlich hatte er diesbezüglich Sorgen.

Wolfgang Schüssel ist seit der Zeit der Katholischen Mittelschuljugend mein engster Freund gewesen. Seine Eltern waren geschieden und seine Mutter eine entzückende Person, als Handarbeitslehrerin materiell bescheiden ausgestattet. Wolfgangs Möglichkeiten hielten sich in Grenzen. Ich habe daher versucht, ihm immer wieder Funktionen zu vermitteln, entweder in der Katholischen Jugend oder im Österreichischen Bundesjugendring, wo er die Möglichkeiten zu kleinen Nebeneinnahmen hatte. Er wurde in der Folge auch immer wieder mein Nachfolger. Zunächst setzte ich ihn bei Hermann Withalm nach mir als Klubsekretär durch, was nicht ganz einfach war, weil einige CVer schon in Warteposition standen, aber Withalm mir hier durchaus entgegenkam. Ich wurde von Schüssel auch in meinem Amt als Generalsekretär des Wirtschaftsbundes beerbt. Als Klubsekretär hatte er inzwischen eine sehr dominante Rolle unter Stephan Koren eingenommen, ich musste Rudolf Sallinger nicht lange überzeugen, ihn zu nehmen. Bei den übrigen Präsidiumsmitgliedern erntete er aber manch handfesten Kommentar. Der steirische Obmann Landesrat Peltzmann erklärte etwa, dass Wolfgang Schüssel noch fest essen müsse und nicht zu katholisch sein solle. Als Bundesparteiobmann war er zum dritten Mal mein Nachfolger, während ich in den Nationalrat zurückkehrte, denn nach der damaligen Praxis haben Regierungsmitglieder ihre Mandate für die Zeit in der Bundesregierung zurückgelegt.

Bald erkannte ich, dass ich dort nicht sehr viel bestellen konnte, weil keiner von mir als einem, der gerade ausgeschieden war, etwas annehmen wollte. Andreas Khol teilte mir mit, dass die Absicht bestehe, mich als außenpolitischen Sprecher oder eventuell sogar Obmann des Außenpolitischen Ausschusses einzusetzen. Das hätte mich interessiert, aber es geschah und geschah nicht. Als ich mich bei Khol danach erkundigte, teilte er mir mit, er sei verwundert, dass ich von der Ablehnung des Klubpräsidiums nichts wisse. Mock sei dagegen und Schüssel sei nicht für mich eingetreten. Ich wurde, wenn überhaupt, nur als Ersatz in Ausschüsse berufen, fand keinen Platz auf Rednerlisten, so als ob ich keine parlamentarische Erfahrung vorzuweisen hätte. Mit einem Wort: Es gab nichts zu tun und das war nie mein Ding gewesen.

Mir wurde klar, dass es am besten ist, bald aus dem Nationalrat auszuscheiden und einen neuen Weg zu suchen. Ich machte mich daher zum Bundesparteiobmann auf, um ihm das mitzuteilen und ihn dann doch zu fragen, ob es nicht eine andere Tätigkeit gäbe. Das Gespräch mit Wolfgang Schüssel in der Lichtenfelsgasse war sehr kurz.

Er forderte mich auf, so zurückzutreten, dass nicht wieder Michael Graff in den Nationalrat nachkomme, der durch die Wahlergebnisse verdrängt worden war. Nach der politischen Liturgie unseres Landes sagt man einem zum Rücktritt Entschlossenen immer, dass er es sich doch überlegen solle, denn er sei so wichtig und solle bleiben. Sympathischerweise hat Wolfgang diese Umwege nicht gewählt, sondern mich klar erkennen lassen, dass er froh sei, wenn ich von der Szene verschwinde. Ich leugne nicht, dass mich das damals getroffen hat, wobei ich ihm auf eine eigenartige Weise gleichzeitig für die Klarheit auch dankbar war. Auch spätere Gespräche, bei denen er mir das Kulturinstitut in Prag oder New York anbot, aber auch die Politische Akademie, waren nicht sehr ergiebig. Ich war überzeugt, dass er gegen seinen eigenen Apparat im Außenministerium meine Bestellung auf einen Diplomatenposten nicht durchbringen konnte. In der Folge wurden die Gespräche immer spärlicher und mir war klar, dass ich mir eine neue Aufgabe suchen musste.

Natürlich fiel ich in ein Vakuum. Meine Frau erzählte mir später immer wieder, dass ich damals begonnen hätte, Blumen in Töpfe umzusetzen. Daran kann ich mich beim besten Willen nicht erinnern, weil ich dazu auch nie Talent hatte. Liebenswürdigerweise hat sie Freunde angerufen, mich zum Frühstück einzuladen, damit ich überhaupt etwas zu tun hatte, denn der Terminkalender war ja inzwischen total leer. Die Erfahrung dieser Zeit möchte ich nicht missen. Inzwischen habe ich erfahren, was ich auch jedem aus der Politik Ausscheidenden sagen möchte: dass es ein Leben nach der Politik gibt. Dieses Vakuum führte auch dazu, dass ich mich selber bemühte, Aufgaben zu finden – ein Unterfangen, bei dem ich letztlich erfolgreich war und das mir Möglichkeiten bot, über die ich heute nach wie vor sehr glücklich bin.

Konkurrenten und Partner

Es wäre keine ordentliche Berichterstattung, wenn ich nicht auch darüber spräche, mit wem ich es innerhalb und außerhalb der Regierung zu tun hatte. Franz Vranitzky hat nach Fred Sinowatz nicht nur das Geschehen seiner Partei fest in der Hand gehabt, sondern durch die Ablehnung der Koalition mit der FPÖ auch eine entscheidende Weichenstellung vorgenommen. Dieser Haltung ist er treu geblieben, wobei er stets die große Sorge hatte, dass die Volkspartei einen Weg geht, wie sie ihn später unter Schüssel eingeschlagen hat. Da meine Linie hinreichend bekannt war, genoss ich Vertrauen beim größeren Regierungspartner. Allerdings befragte mich Vranitzky immer wieder, wie denn nun die Entwicklung der Beziehungen zur FPÖ sei. Mit Jörg Haider hat mich wirklich nie etwas verbunden, ich habe auch wenig Kontakte zum ihm gehalten und meine Erfahrungen diesbezüglich waren nicht sehr ermutigend. Ich hatte mit ihm betreffend des Hochschulortes Klagenfurt zu tun. Die Inszenierung war die übliche: Er stellte irgendwelche Behauptungen auf und verließ mitten in der Sitzung den Raum, um eine Erklärung im TV abzugeben. Ergebnisse waren so nie zu erzielen.

Das heißt allerdings nicht, dass die Beziehung zu Franz Vranitzky einfach war. Er war ein sehr zurückhaltender Mensch, bei dem man Schwierigkeiten hatte, wirklich zu entdecken, was er wollte. Da ich die Koalition mit der SPÖ in der gegebenen Situation als die einzige Alternative betrachtete, habe ich von meiner Seite, wie man so schön sagt, „voll aufgemacht". Manche haben auch kritisiert, dass die persönlichen Beziehungen allgemein nicht so eng waren, wie das zum Beispiel heute der Fall ist. Gegenwärtig sind alle Politiker per Du, wie überhaupt dieser Standard das politische Leben beherrscht. Das habe ich immer als etwas eigenartig empfunden, weil man naturgemäß aus dem Konkurrenzverhältnis heraus auch Konflikte austragen muss. Wenn man „per Sie" bleibt, ist das leichter. Mein „Hausgenosse" Rudi Streicher hat immer kritisiert, dass Vranitzky und ich nicht einmal auf ein Bier gegangen sind. Neben der Tatsache, dass ich kein Biertrinker bin, sehe ich aber darin kein Problem. Wenn man ein grundsätzliches Vertrauen hat, kann man auch ohne falsche Kameraderie vieles bewältigen. Das hat sich auch nach einer gewissen Zeit eingestellt. Heute ist die Beziehung zu Vranitzky eine offene. Wir konnten auch später einiges gemeinsam lösen …

Als es offensichtlich war, dass die Koalition zu Zeiten von Viktor Klima und Schüssel nicht fortgesetzt würde, haben wir uns zusammengeschlossen, um doch noch einen Fortbestand zu ermöglichen. Wir sind grandios gescheitert, was wir uns letztlich in einem Telefongespräch klar eingestanden haben. Ich habe damals Vranitzky gesagt, dass das Problem schon mehr auf seiner Seite lag, er hätte mir bei den letzten Regierungsverhandlungen 1994 in einigen Punkten entgegenkommen müssen und sie in den eigenen Reihen durchsetzen. In der für ihn typischen Weise hat er offensichtlich den Telefonhörer auf die Gabel gelegt, ohne zu antworten. Ich war aber beeindruckt, dass er mich zehn Minuten später anrief, um mir kurz zu erklären: „Sie haben mit Ihrer Feststellung Recht." Ich erinnere mich auch an eine Unterhaltung über das Thema, warum er sein Amt an Viktor Klima abgegeben habe, obwohl er sich der mangelnden Qualitäten seines Nachfolgers bewusst sein musste. Für ihn ist die Entscheidung bei einer Klubklausur in Rust am Neusiedlersee gefallen, als er entdeckte, dass Klima mit der Strategie der Übernahme der CA durch die Bank Austria erfolgreich war. Er bestritt aber nicht, dass diese Nachfolgelösung auch die Probleme der späteren Zeit begründete.

Die Koalition war in einigen Bereichen mühselig, in anderen wieder durchaus erfolgreich. Mit meinem Vis à vis am Minoritenplatz, Dr. Hilde Hawlicek, die Erster Sekretär des Österreichischen Bundesjugendringes war, als ich den Vorsitz inne hatte, tat ich mir relativ leicht. Mit dem Nachfolger Dr. Rudolf Scholten war es schon schwieriger, weil dieser sehr prestigeorientiert war. Besser ging es mit Dr. Ferdinand Lacina, den ich in dieser Zeit sehr zu schätzen lernte. Er hatte in der Bewältigung der Krise der Verstaatlichten Industrie Großartiges geleistet und als Finanzminister einige Maßnahmen getroffen, für die wir als Volkspartei nur dankbar sein konnten (Vermögenssteuer, Erbschaft- und Schenkungssteuer, Förderung der Wirtschaft, Standortfragen etc.). Ich bedaure, dass er heute innenpolitisch so gut wie nicht mehr sichtbar ist, weil seine besonnene Stimme auch jetzt noch eine große Bedeutung hätte. Schwieriger war es dann mit Viktor Klima, dem Nachfolger von Rudolf Streicher. Er hatte für mich als Forschungsminister bezüglich des Technologie-Innovationsfonds eine große Bedeutung. Klima etwas zu erklären, war mühsam, weil er seine Argumente permanent wiederholte, als hätte er sie auf Tonband aufgenommen. Daraus war zu erkennen, dass er eigentlich das Problem selbst nicht verstanden hatte. Sein Scheitern war für mich vorprogrammiert, was mir aber nicht sehr viel geholfen hat.

Die Regierungsverhandlungen nach der Wahl 1994 waren nicht einfach. Die größten Schwierigkeiten bestanden allerdings innerhalb der SPÖ, weil die Gewerkschafts- und Arbeiterkammerseite eine äußerst geringe Beweglichkeit zeigte. Das führte schließlich dazu, dass der Chef der Metallarbeitergewerkschaft, Rudolf Nürnberger, das Koalitionsabkommen nicht unterzeichnete, was sich später auch bei den Verhandlungen mit Wolfgang Schüssel wiederholte. Vranitzky gestand mir sehr offen, dass er keine Möglichkeit hatte, das zu erzwingen, aber bereit war, es zu ignorieren, was letztlich im Ablauf der politischen Arbeit nicht einfach wurde.

Eine Koalition ist an sich eine schwierige Angelegenheit, weil sie von Haus aus auf Kompromissen basiert. Es ist richtig, dass Kompromisse in der Demokratie zu Hause sein müssen, aber für die Arbeit der Regierungsmitglieder miteinander sind sie noch kardinaler. Zu meiner Zeit war die Vorbereitung einer Ministerratssitzung deshalb nicht einfach, weil man im Vorfeld über bestimmte Punkte Lösungen zu erzielen hatte oder erkennen konnte, wo die Konflikte lagen. Es gab jeweils einen Koordinator auf der SPÖ-Seite, später auch bei der ÖVP, wobei die kritischen Angelegenheiten dann immer bei den Vorsitzenden landeten. Heute verbindet mich eine persönliche Freundschaft mit Dr. Caspar Einem, damals aber war er ein sehr schwieriger Partner, weil er offensichtlich auch seine Position innerhalb der SPÖ-Regierungsmannschaft absichern musste. Er war immer auf der Suche nach politischen Erfolgen, um nachzuweisen, dass seine großbürgerliche Herkunft ihn nicht beeinflusste. Sein Lebensweg ist davon gekennzeichnet, dass er auf eine gewisse Weise ein Kontrastprogramm zu seinem Vater Gottfried von Einem zu sein versuchte, mit dem ich persönlich befreundet war. Die beiden harmonierten zu dieser Zeit nicht. Ich bin heute noch stolz darauf, einige Zeit vor Gottfrieds Tod einen Prozess eingeleitet zu haben, der dazu führte, dass Vater und Sohn einander wieder gut verstanden. Die Tatsache, dass Caspar 1995 Minister wurde, hat Gottfried auch sicher sehr beeindruckt, weil er traditionell für solche gesellschaftlichen Positionen viel Verständnis hatte.

Entscheidend für Koalitionen ist, dass beide Partner die Möglichkeit haben, nicht nur ihr Gesicht zu wahren, sondern auch in der Substanz erkennbar zu sein. Das ist ein Prozess, für den man ruhig einige Regeln erfinden kann, die aber jeweils in der Art der Realisierung eine große Rolle spielen. Es muss möglich sein, in einer Koalitionsregierung gemeinsame Erfolge zu erzielen, die beiden hinreichende Sichtbarkeit geben und natürlich im Ergebnis dem Gemeinwesen nutzen. Meinem Urteil nach ist das Gefühl dafür in einem hohen Ausmaß verloren gegangen. Meistens werden die jeweiligen Positionen schon vorher öffentlich festgelegt, so dass kaum Chance auf Bewegung besteht. Das hat schon zu meiner Zeit begonnen, letzten Endes gab es dann aber doch die Erkenntnis, dass man das Land regieren müsse.

Durch diese Entwicklung ist ein Verlust des Politischen festzustellen, weil es auch immer weniger klare Entscheidungen gibt. Die Gesetze sind dann voll von kompromisshaften Formulierungen, die meistens in der Vollziehung unendliche Probleme erzeugen oder die Garantie dafür sind, dass die Gesetze vor dem Verfassungsgericht nicht halten. Ich wundere mich immer, warum die politischen Wissenschaften, allerdings auch die Rechtswissenschaften, nicht mehr Analysen zu dieser Entwicklung zur Verfügung stellen. Was alles heute in den Verfassungsrang erhoben wird, um es der Aufhebung durch den Verfassungsgerichtshof zu entziehen, ist ebenso exemplarisch wie die Tatsache, dass Gelegenheitsgesetzgebung um sich greift. Wenn ein Problem auftaucht, versucht man rasch ein Gesetz zu machen, das in das Rechtsgebäude der Republik meistens nicht hineinpasst. Diese Anlassgesetzgebung ist eine Gefährdung des Vertrauens in den Rechtsstaat und öffnet allen Interventionen, meist von Medien unterstützt, Tür und Tor.

Der Mut der Politik, vor allem der Regierenden, eine Linie auch durchzuhalten und überzeugend zu verbreiten, hat dramatisch abgenommen. Darin ist einer der entscheidenden Gründe zu sehen, warum die Bürger zunehmend kein Vertrauen in Politik und Verwaltung haben. Es führt das alles auch zu einer Überbeschäftigung des Rechtsstaates, zur Einrichtung nötiger und unnötiger Sondergerichtsinstanzen und Kommissionen. Man hat das Problem zwar erkannt, auch etwa durch den Verfassungskonvent behandelt, aber keine Konsequenzen folgen lassen. Bei allen bisherigen Regierungen kam die Verwaltungsreform mehr oder weniger nicht vor, wobei der Föderalismus leider seinen mehr als problematischen Beitrag dazu geleistet hat. Ich erinnere mich an den großartigen Rechtslehrer Univ.-Prof. Dr. Adolf Merkl, der Sekretär des Verfassungsausschusses im ersten Parlament nach 1919 und an der Entstehung der Bundesverfassung 1920 wesentlich beteiligt war. Er hatte in seiner Einführungsvorlesung „Staat und Recht" mit dem ihm eigenen Grinsen immer erklärt: „Merkt euch: der *Förder*alismus ist ein *intrigierender* Bestandteil der Republik!" Im Übrigen erklärte er uns deutlich, dass wir an sich kein föderaler Staat seien, sondern bestenfalls ein dezentralisierter Einheitsstaat, was am deutlichsten dadurch zum Ausdruck komme, dass die Länder so gut wie keine Steuerhoheit hätten und, wie ich selbst bemerken musste, auch keine wollten. Unvergesslich wird mir bleiben, dass der oberösterreichische Landeshauptmann Dr. Josef Ratzenböck mir auf einen diesbezüglichen Vorschlag in der ihm eigenen charmanten Art erklärte: „Wir lassen es, so wie es ist: Der Bund sammelt das Geld ein und wir Länder verteilen es!" Das Ergebnis der Regierungsverhandlungen 2013 ist ein klassisches Beispiel dafür.

Mit einer Reihe von Regierungsmitgliedern meiner Zeit habe ich nach wie vor enge Verbindungen, egal ob ÖVP oder SPÖ, wobei es keine Nostalgietreffen sind, sondern eher Momente der wechselseitigen Besorgnis. Einen Punkt möchte ich noch hervorheben: Es gelang mir Ende 1994 dank guter Beziehungen zum designierten Kommissionspräsidenten der EU Jacques Santer, Franz Fischler als EU-Kommissar zu positionieren. Der Vorgang war ein relativ einfacher: Santer erklärte mir am Telefon, dass er drei Kandidaten für den Posten habe, nämlich Schüssel, Fischler oder mich. Ich war nicht abkömmlich, weil damals immer noch Parteichef, und außerdem wollte ich keine Flucht nach Brüssel begehen, wenngleich mir die Endlichkeit meines Amtes sehr bewusst war. Schüssel wollte ich nicht vermissen, denn er hatte bei den Verhandlungen eine wichtige Rolle gespielt und eine Schlüsselfunktionen in der Koalition. Von Fischler war ich überzeugt, nicht nur weil wir uns sehr lange kannten, sondern weil seine Durchsetzungsgabe für uns am Beginn in Brüssel sehr wichtig war. Dass er bislang der erfolgreichste EU-Kommissar Österreichs war, hat sich inzwischen herausgestellt …

An dieser Stelle sei ein Plädoyer für Partnerschaft in der Politik gemacht. Bei aller Unterschiedlichkeit der Positionen, die durch Parteizugehörigkeiten und Situationen bestimmt sind, braucht es auch ein Gefühl der Gemeinsamkeit. Es ist genügend Spielraum in der Politik vorhanden, um jeweils die eigene Position zu vertreten und erkennbar zu machen, gleichzeitig aber auch dafür, um Ergebnisse bemüht zu sein, die letztlich für den Staat und die Gemeinschaft weiterführend sind. Ich bin weit davon entfernt, meine Zeit in der Bundespolitik zu idealisieren, glaube aber, dass wir neben dem erfolgreichen EU-Beitritt auch in den anderen Bereichen eine anständige Arbeit geleistet haben. Interessanterweise gibt es bislang in der Literatur relativ wenig Kritik an dieser Zeit, wobei ich nicht behaupte, dass wir alle Probleme gelöst oder gar rechtzeitig erkannt hätten. Der dramatische Wandel hat damals schon begonnen, wenngleich ich nicht sagen kann, dass ich ihn in seiner gesamten Dimension vorausgeahnt hätte. Manches hatte sich bereits abgezeichnet und wurde – wie ich gestehen muss – nicht verstanden, sonst wäre ich nicht der Herausgeber des Buches „Was haben wir falsch gemacht? Eine Generation nimmt Stellung".

Entscheidung für Europa

Nach meinem Ausscheiden aus der Politik war ich bemüht, Ansatz-
punkte zu einer neuen konstruktiven Tätigkeit zu finden. Ich habe
einiges probiert. Die Leitung des College d'Europe in Brügge zu
übernehmen scheiterte daran, dass ich nicht Flämisch konnte, die
sonstige Qualifikation hätte gestimmt. Die Überbrückungszeit zur
nächsten großen Aufgabe hat beachtliche Möglichkeiten geschaffen.
Der Leiter des Wissenschaftskollegs in Berlin, Prof. Dr. Wolf Lepenies,
gab mir die Gelegenheit, drei Monate dort zu verbringen, die ich
dazu nutzte, ein Buch unter dem Titel „Mitteleuropa, eine Spurensicherung" zu schreiben. Hier habe ich die Akteure früherer Zeiten –
wie schon erzählt – samt den Erlebnissen verewigt. Die Qualität der
so beschriebenen Personen besteht darin, dass ihre Bedeutung auch
heute noch immer unbestritten ist.

SECI und Stabilitätspakt

In Berlin allerdings ereilte mich dann mein weiteres Schicksal. Der damalige Assistant Secretary of State im State Department
der USA, Ambassador Richard Schifter, rief mich an. Schifter habe
ich auf eine eigentümlich Art und Weise kennengelernt, wobei ich
rückblickend das Ganze als Fügung ansehe. Als Vizebürgermeister
von Wien war ich zwecks Horizonterweiterung regelmäßig in die
USA gereist. Bei einem Mittagessen an der österreichischen Botschaft traf ich Richard Schifter. Als er mich fragte, woher ich sei,
habe ich „Vienna" geantwortet. Seine nächste Frage allerdings war
verräterisch: „From which district?" Wer danach fragt, verfügt über
genauere Kenntnisse. Ich habe den 9. Bezirk, „Alsergrund", genannt
und habe hoch gepokert, als ich meinte, dass auch er aus diesem
Bezirk kommen müsse. Ich vermutete, dass er Jude sei und wusste,

218

dass vor 1938 im 9. Bezirk eine mittelständische jüdische Bevölkerung existierte. Noch in meiner Jugend kannte man die „Gansler", die in der Rossau zu Hause waren, ein Beispiel für die Essensgewohnheiten der jüdischen Mitbewohner. Tatsächlich war Schifter in der Porzellangasse zu Hause gewesen, vis à vis von jenem Haus, in dem zu dieser Zeit meine Eltern wohnten. Der Rest ergab sich von selbst. Es entstand eine handfeste Freundschaft, die dazu führte, dass sich Schifter meiner erinnerte, vor allem meines Engagements in Mittel-, Ost- und Südosteuropa wegen, das er genau verfolgt hatte. Er fragte mich am Telefon, ob ich „High Representative of the Southeast European Cooperative Initiative" werden wolle, die gerade vom State Department geschaffen wurde.

Die US-Regierung hatte nach dem Dayton-Agreement 1995 begriffen, dass ein Waffenstillstand allein nicht genügte, sondern man Maßnahmen ergreifen musste, um die einstmals im Staat Jugoslawien vereinten Länder wieder zusammenzuführen und Kooperationen zu erzeugen. Ich sagte zu, ohne zunächst genau zu wissen, was hier zu tun sei, aber die Entwicklung der Transformation hat mich, siehe 1989 ff, immer fasziniert. Schifter leitete einen komplizierten Vorgang ein, der dazu führen sollte, dass die OSZE den Beschluss über die Einrichtung dieser Initiative fasste. Damals waren 57 Staaten darin vertreten, natürlich nicht mehr Jugoslawien, aber der amerikanischen Diplomatie gelang es, einen einstimmigen Beschluss herbeizuführen. Die Einstimmigkeit war wichtig, ein einzelner Staat hätte sofort ein Veto einlegen können. Ich wurde bestellt, was den sympathischen Zug an sich hatte, dass der Sitz der OSZE in der Hofburg war und daher für mich keine räumlichen Probleme erzeugte. Schifter kam nach Wien, führte mit mir ein Gespräch mit dem damaligen Außenminister und Vizekanzler Dr. Wolfgang Schüssel, der finanzielle Mittel zur Ausstattung von SECI zur Verfügung stellte. Der Großteil des Geldes kam allerdings aus den USA, später auch von einigen europäischen Staaten – hier eher in bescheidenem Ausmaß. Es war keine große Institution, in besten Zeiten hatten wir drei Angestellte und ein bescheidenes Zimmer irgendwo in einem Winkel der

Hofburg, aber ein großes Büro war schließlich auch nicht das Ziel, vielmehr ging es um entsprechende Aktivitäten.

Was war zu tun? Die neuen Grenzen führten dazu, dass sich die Staaten Ex-Jugoslawiens voneinander abschotteten. Riesige Grenzstationen wurden konzipiert, Regelungen für den Transport von Gütern waren notwendig und letztlich gab es auch eine Reihe von Projekten, bei denen es handfeste Kooperationen geben sollte. Organisatorisch wurden wir von der Europaeinheit der Vereinten Nationen, UNECE (United Nations Economic Commission for Europe), unterstützt, die im Palais des Nations in Genf ihren Sitz hat. Wir haben unsere Sitzungen dort absolviert, was für mich eine beachtliche Erweiterung meines internationalen Horizonts bedeutete. Die Österreicher waren mit dieser Einrichtung gut vertraut, hatten sie dort doch einige Direktoren gestellt, z.B. Dr. Gerald Hinteregger. So pendelte ich mehrmals per Auto zwischen Wien und Genf bzw. baute auch den Kontakt zu den Regierungen im europäischen Raum auf. Zudem war es meine Aufgabe, die Europäische Gemeinschaft zur Mitwirkung zu gewinnen. Das allerdings stellte sich als sehr schwierig heraus, weil man in Brüssel der Meinung war, die Amerikaner hätten am Balkan nichts verloren. Der Standpunkt war nicht unsympathisch, aber die Europäer ließen es in dieser Zeit an entsprechenden Aktivitäten mangeln. Es gelang mir, ein gewisses Toleranzverhalten der Brüsseler Behörden zu erzeugen, Unterstützung gab es keine. Wir haben einiges in der Regelung des Grenzverkehrs, der Gütertransporte und der Kriminalitätsbekämpfung zustande gebracht, waren aber eine schmalspurige Organisation. Dennoch konnten wir nach zehn Jahren eine Dokumentation („10 Years Southeast European Cooperative Initiative. From Dayton to Brussels", Springer Verlag WienNewYork, 2006) unserer Aktivitäten vorlegen.

SECI selbst wurde aber auch von anderen genau studiert. So war es nach dem Ende der NATO-Intervention betreffend Kosovo zu einem konzeptiven Schritt durch den damaligen Außenminister Deutschlands Joschka Fischer gekommen, der schlicht und einfach ein noch wirksameres Instrument, als es SECI sein konnte, haben wollte. Ich habe in einer Reihe von Sitzungen am Petersberg – in dem nahe Bonn gelegenen Studienzentrum – teilgenommen, in denen das Programm für den „Stabilitätspakt für Südosteuropa" geschaffen wurde. Ich muss Joschka Fischer zugutehalten, dass er Strategie und Perspektive hatte, sich durchaus auch durch Schifter und mich beraten ließ und am Ende ein Instrument zustande brachte, das mein weiteres Leben sehr bestimmt hat. Viele Repräsentanten, vor allem aus der Region, sind von Haus aus dafür eingetreten, dass ich „Special Coordinator" – Sonderkoordinator – dieser Einrichtung werde. Die damalige Außenministerin Dr. Benita Ferrero-Waldner hat es auch unternommen, das innerhalb der EU durchzusetzen, ist aber am deutschen Bundeskanzler Schröder gescheitert, der auf die dominante Rolle Deutschlands Wert legte und offensichtlich auch eine Unterbringung für seinen Kanzleramtsminister Bodo Hombach suchte. Benita hat mir später von einer EU-Sitzung in Brasilien erzählt, bei der quasi am Rande diese Frage geklärt werden sollte. Schröder hat Benita angeschrien und ihr klar gemacht, dass sie mehr oder weniger nichts zu reden habe, was bei ihr eine bleibende Erinnerung hinterließ. Hombach selbst hatte keine Ahnung von der Region, versuchte mit mir Kontakt aufzunehmen, ließ aber klar durchblicken, dass die Österreicher eigentlich nur Randfiguren in dem nun von ihm zu übernehmenden Prozess seien. Er musste allerdings bald seine Grenzen erkennen und ist zu einem deutschen Verlagskonzern (WAZ) gegangen, der durch ein 50-Prozent-Eigentum an der „Kronen Zeitung" auch bei uns lange Zeit eine Rolle spielte. Die Hartnäckigkeit von Benita Ferrero-Waldner führte dazu, dass ich danach wieder Kandidat war, wobei Schröder die Weisung an Joschka Fischer gab, in der entsprechenden EU-Sitzung mir nicht zuzustimmen. Trotzdem wurde ich bestellt, weil der damalige zuständige EU-Kommissar Chris Patten ein Partner aus vergangenen Zeiten war, als er für die Konservativen in London eine Funktion innehatte. Joschka Fischer hatte ich inzwischen näher kennengelernt und registriert, dass er mir eigentlich wohlgesonnen war. Er löste sein Problem elegant, indem er bei der Abstimmung über meine Person aufs WC ging. Chris Patten hat das später als „toilet diplomacy" charakterisiert.

Dieser Beschluss führte mich Ende 2001 nach Brüssel, wo ich bis Juni 2008 auch wohnte. An meine Zeit beim Stabilitätspakt denke ich sehr gerne zurück. Brüssel war mir weniger sympathisch, weil mir das nasse Klima, der Regen und der Mangel an eindrucksvollen kulturellen Ereignissen zusetzte. Einzig und allein das Essen war hervorragend.

Meine Tätigkeit war eine ambulante. In dieser Zeit ist meine Kenntnis von Flugplätzen, nicht nur in Südosteuropa, sondern auch in den Mitgliedstaaten der EU, beachtlich erweitert worden. Es ging darum, die verschiedenen Fonds, Finanzierungseinrichtungen, Verwaltungseinheiten etc., die uns behilflich sein konnten, zu motivieren, sich für unsere Aktionen einzusetzen. Das Themen-Spektrum war ungeheuer breit: Unterstützung der parlamentarischen Entwicklung, Reduktion der Militäreinheiten, Schaffung einer Kooperation zur Bekämpfung der Kriminalität, moderne Verwaltungen unter Einschluss der Elektronik, Ausbildung für Journalisten und selbstverständlich das weite Gebiet der wirtschaftlichen Investitionen. Darum bemühten wir uns in Zusammenarbeit mit den IFIs (International Financial Institutions), wobei ich an die Freunde aus dieser Zeit ein ganz positives Andenken bewahre. Es war eine kluge Entscheidung, im Stabilitätspakt nicht von Beginn an finanzielle Mittel zur Verfügung zu stellen, weil sonst das Wettrennen um die Aufteilung begonnen hätte. Daher war es notwendig, zunächst einmal Projekte zu entwickeln, festzustellen, was sie in Wirklichkeit kosten, welche Einrichtungen dazu herangezogen werden konnten, um somit eine pädagogische Wirkung in den Ländern selbst zu erzeugen. Das hat zunächst das Image des Stabilitätspakts geschwächt, ist aber heute rückblickend die einzig richtige Strategie gewesen, die ich unter der Observanz von EU-Kommissar Chris Patten, später von Olli Rehn, durchzuführen hatte. Wir waren sehr autonom und hatten nur die Aufgabe, den Gremien der Europäischen Union (Europäische Kommission, Europäisches Parlament und OLAV, die Einrichtung zur Korruptionsbekämpfung) zu berichten. Vom Personal her war es ein Durchhaus, wobei ich mehrheitlich die Qualität der Entsandten anerkenne, die mir auch zu ihren Regierungen und Verwaltungseinheiten gute Zugänge eröffneten. Es ist interessant, dass sich die Mitarbeiter dieser Zeit immer noch einmal im Jahr treffen, meistens in Österreich, auch in Liechtenstein und in Prag hat es Treffen gegeben, weil damals ein Gemeinschaftsgefühl entstanden ist, durch das auch heute noch sehr viel praktisch bewirkt werden kann.

Vor meinem Engagement im Stabilitätspakt bin ich, als ein Ergebnis der VP/FP-Regierung, zum „Erweiterungsbeauftragten der Bundesregierung" bestellt worden. Die Entstehungsgeschichte ist eigenartig: Ich war kein besonderer Freund der schwarz-blauen-Regierung, habe aber in der ersten Phase eingesehen, dass Wolfgang Schüssel keine Alternative hatte, weil mit Viktor Klima nichts zu erreichen war. Innerhalb der christlich-demokratischen und konservativen Parteien gab es eine Bewegung, die ÖVP wegen dieser Koalition auszuschließen, was genauso unsinnig gewesen wäre, wie es die Sanktionen waren. Schüssel hat mich ersucht, bei meinen alten Freunden im Bereich Ostmitteleuropa, wo es inzwischen eine beachtliche Zahl von christlich-demokratischen Parteien gab, dahingehend zu intervenieren, dass diese einem solchen Ausschluss nicht zustimmen. Ich habe das gern und aus Überzeugung gemacht und von ihm die Frage geerntet, was ich noch für ihn tun könnte. Ich machte ihn darauf aufmerksam, dass es innerhalb der Europäischen Union der FP-Regierungsbeteiligung wegen Skepsis gegenüber der Haltung der ÖVP zur Erweiterung der EU gebe. Mein Vorschlag war, mich damit zu beauftragen, eben diese Erweiterung zu vertreten, was ich auch mit einer schmalen personellen Ausstattung tat. Ich glaube, das in diesen eineinhalb Jahren ganz anständig gemacht zu haben, wobei mir meine Auftritte im Parlamentsklub der FPÖ in Erinnerung bleiben. Sie waren davon gekennzeichnet, dass mir etwa Klubobmann Peter Westenthaler und andere klagend meinen Liebesentzug gegenüber der FPÖ vorhielten. Ich habe Charakter bewahrt und die FPÖ weiter kritisiert, was dazu führte, dass sie mich als Regierungsbeauftragten nicht mehr akzeptierte. Wahrscheinlich war Schüssel froh, mich in Richtung Stabilitätspakt verloren zu haben, wobei ich diese Funktion des „Erweiterungsbeauftragten" in einem ungeheuren Tempo einbüßte: Man machte mir nicht einmal eine mündliche Mitteilung, ich erfuhr es aus den Medien.

Die Tätigkeit des Stabilitätspaktes ist hinreichend dokumentiert („From Stabilisation to Integration – The Stability Pact for South Eastern Europe", Böhlau Verlag, 2010). Meine Arbeit führte dazu, dass ich nicht nur viele Kontakte knüpfte, sondern mich auch bleibend dieser Region verpflichtet fühle. Ich bin nach wie vor für SECI verantwortlich (www.secinet.info), wurde in der Folge Vorsitzender des Vienna Economic Forum, das seit zehn Jahren eine Kampagne für Investitionen in dieser Region macht. Ich bin also diesen Aufgaben verbunden geblieben und habe es nie bereut. Es war einfach eine schöne und faszinierende Arbeit, die ich heute noch fortsetze.

Kritisch zu den Kapazitäten der Europäischen Union muss bei allem Fortschritt bemerkt werden, dass die Fähigkeit zur Krisenintervention nach wie vor äußerst beschränkt ist. Es hat lange gebraucht, bis es quasi einen EU-Außenminister gegeben hat, Kapazitäten, um in volatilen Staaten richtig zu helfen, gibt es nach wie vor nicht. Meine Erkenntnisse aus der Erfahrung des Stabilitätspakts habe ich in einer Schrift mit dem Titel „Zu wenig – zu spät" festgehalten. Es gibt einen Mangel an Entscheidungsfähigkeit, aber auch an geeigneten Personen, weil die Posten mehr danach vergeben werden, wer irgendwohin abgeschoben werden soll oder eine bessere Bezahlung braucht, nicht aber danach, ob die in Schwierigkeiten befindliche Region vom Betreffenden auch gekannt wird und zur Bewältigung die entsprechenden Fähigkeiten existieren. Ich meine hier nicht die militärische Seite, sondern jene, die sich auf die Verwaltung bis hin zur zivilen Gesellschaft bezieht. Manche EU-Mitglieder hängen noch immer an ihren postkolonialen Vorstellungen, wie man etwa in Afrika sehen kann. Ich glaube, dass gerade kleinere Staaten hier ungeheure Chancen hätten, wirksam zu werden und eine beispielgebende Aktivität zu entfalten. Gerade Österreich sollte sich hier mehr engagieren, was man nach dem Fall der Mauer zumindest von Seiten der Intellektuellen auch erwartet hatte.

Ukraine, und was dann?

Die Ereignisse um die Ukraine, insbesondere die Krim, haben gezeigt, dass die uns so angenehm gewordene Stabilität rasch abhandenkommen kann. Noch wissen wir nicht, ob das bleibend der Fall sein wird. Im Kreml sitzt jemand, der entschlossen ist, die alte Größe des Zarenreiches bzw. der Sowjetunion wieder aufleben zu lassen, während die Europäische Union zwischen Eindämmung von Aggression, Einflusserweiterung im Osten und Angst um die eigenen wirtschaftlichen Möglichkeiten hin- und hergerissen ist. Österreich ist mittendrin und muss daher sehr aktiv daran teilnehmen. An der weiteren Entwicklung wird sich entscheiden, ob ein gemeinsames Europa nach freiem Willen und eine weitere europäische Integration möglich sein werden oder ob wir wieder auf eine Zweiteilung zugehen. Die im Westen entstandene Integration Europas mit 28 Staaten bleibt, während der Kreml versucht, das Konzept „Eurasien" durchzusetzen. Noch ist nicht sicher, dass ein Paradigmenwechsel erfolgt ist, aber die Zeichen deuten in diese Richtung. Sollte es wieder zu einer Art Ost-West-Teilung oder gar zu einem Eisernen Vorhang kommen, sind wir diesmal nicht in einer Randlage – oder doch? Eine gewisse Energieabhängigkeit, wirtschaftliche Bindungen und das völlige Fehlen eines europäischen Sicherheitskonzeptes – von Österreich gar nicht zu reden – machen es notwendig, in klaren Alternativen zu denken. Sind wir dafür gerüstet? Wird die Einstellung, dass Europa „soft power" bevorzugt, halten? Zwingen uns die Umstände, von dem interessanten Bild Abschied zu nehmen, das die USA als Mars sieht, während Europa die Venus darstellt? Zumindest das Denken in Alternativen ist notwendig, wobei wir um eine Einstellungsänderung nicht herumkommen. Damit ist aber auch eine Frage an die politische Führung unseres Landes und in der EU verbunden, ob sie die Kraft hat, in diese Richtung zu führen und unangenehme Wahrheiten auch auszusprechen. Es handelt sich um ein Problem vor allem für die junge Generation, daher ist auch eine Anfrage an ihre Repräsentanten berechtigt.

Brief an Menschen, die Österreich nicht nur als eine „Insel der Glückseligen" betrachten, sondern es in der Welt verankern wollen.

To whom it may concern

Wer immer es begreift, soll sich heute international, global, regional oder in der Nachbarschaft engagieren, denn einmal mehr ist zu sagen, dass das „global village" – das Weltdorf – unsere Wirklichkeit ist. Die Wirtschaft hat das längst begriffen. Dem verdanken wir auch eine brauchbare Rolle in Europa und ein bisschen darüber hinaus. Die Vorstellung aufzugeben, dass wir auf einer „Insel der Glückseligen" leben, ist schlicht und einfach notwendig, um unsere eigene Stabilität und Zukunft zu erhalten. Was immer irgendwo anders passiert, hat eine unmittelbare Auswirkung auf uns, mag das Ereignis auch noch so weit weg sein. Man muss allerdings festhalten, dass in der Nähe noch genügend los ist. Weder sind die Probleme des Balkans gelöst, noch haben wir eine funktionsfähige östliche Nachbarschaftspolitik. Wir wissen auch nicht mit Russland, Zentralasien, dem Nahen Osten umzugehen und was es sonst noch an Krisenherden gibt.

Daher wird in Zukunft ein Krisenmanagement noch notwendiger werden als bisher. Wir können nur hoffen, dass es nicht in militärischen Operationen endet, denn der Friede ist wohl eines der schönsten Ergebnisse der europäischen Integration, wenngleich er von vielen Jungen als selbstverständlich angenommen wird. Es sind aber nicht nur Staaten, die in Schwierigkeiten sind, es sind eigentlich die Menschen. Das ist der Grund für Migration, die aufgrund wirtschaftlicher und sozialer Probleme, möglicherweise auch der Klimaveränderungen, ein bestimmendes Merkmal unserer Zeit geworden ist. Wir können uns nicht abschotten, sondern sind von allem betroffen. Bewältigbar ist diese Situation aber dann, wenn wir uns entsprechend engagieren. Sinnvolles Engagement verlangt Kenntnis, nicht nur der Nachbarn, sondern auch der größeren Welt, und es verlangt Fantasie. Heute sind es Bosnien-Herzegowina, die Ukraine, Syrien, morgen können es andere, aber auch wir sein. Eine aktive Außenpolitik allein genügt nicht. Ein Minister mit gutem Willen und Engagement braucht die Bürger des Landes hinter sich, die selbst etwas tun. Ich habe mit Krisenmanagement zu tun gehabt, wie ich in der Schrift „Zu wenig – zu spät" festgehalten habe. Wir können uns nur wünschen, dass wir uns nicht wieder den Vorwurf machen müssen, nicht gehandelt zu haben. Ein Inselbewusstsein zu überwinden verlangt den Blick nach draußen und die Mitwirkung aller auf allen Ebenen: von den Fragen der Menschenrechte über Wirtschaft und Soziales bis hin zu den Beziehungen der Religionen und dem ökologischen Zustand der Welt. Wir sind hier alle gefragt, vor allem unsere Tatkraft und Fantasie sind gefordert.

To whom it may concern? Das betrifft alle.

1914, 1989, 2004 – nur Jubiläen?

Aus nicht ganz erklärbaren Gründen gehen zum Ende eines Jahrhunderts in Europa immer gewaltige Veränderungen vor sich – gerade in unserem Raum. Die Türkenbelagerung von 1683, der spanische Erbfolgekrieg und die Hinwendung der Habsburger zum Osten haben Europa gestaltet. Hundert Jahre später kam die Französische Revolution …

Für einen Österreicher ist die Abfolge 1914, 1989, 2004 besonders interessant. Eigenartig ist es schon, dass seit dem „annus mirabilis" 1989 Europa unter neuen Konditionen besteht, ja erst wieder möglich geworden ist. Es sind Schlüsseljahre, derer wir gedenken, in diesem Zusammenhang kann man wohl kaum von Jubiläen reden.

Es ist aber zweifellos ein kritischer Punkt, an dem wir uns befinden, wobei ich unter Krise nicht die Katastrophe, sondern den rechten Augenblick der Unterscheidung der Geister verstehe, der es auch an sich hat, Möglichkeiten zum Positiven zu gewinnen.

Der spektakuläre Sieg des Liberalismus in den ehemals kommunistisch regierten Ländern Ostmitteleuropas hat nicht nur die notwendigen Voraussetzungen für die Ausbildung demokratischer Strukturen geschaffen, sondern hat auch ähnlich wie im 19. Jahrhundert nationalistische Perspektiven freigelegt. Ob der Liberalismus heute in Theorie und Praxis mit der Verantwortung besser umgehen kann als vor 100 Jahren, wird wesentlich davon abhängen, ob die potenziellen Träger seiner Ideen, der neue, in Entstehung begriffene Mittelstand, nicht glauben, nationalistische Abgrenzungs- und Überlegenheitsgefühle für ihre weitere Entwicklung und „emotionale Beheimatung" zu brauchen; und damit die Vorstellung von liberal als Haltung ad absurdum führen beziehungsweise den Liberalismus dazu benützen, Verantwortung im sozialen und wirtschaftlichen Bereich auszuklammern oder an ein Nirgendwo zu delegieren. Gegenwärtig scheint es so, dass wieder nationale Positionen den Liberalismus reduzieren, wenn nicht gar beseitigen (Ungarn, Rumänien, Bulgarien etc.)

Hinsichtlich der neuen Architektur Europas leben wir seit 1989 in einer „geborgten Zeit". Politische Krisenerscheinungen in den Reformländern verstärken den Eindruck, dass mit wachsendem Abstand zum Epochenjahr 1989 die Chancen für eine liberale Neuordnung Europas radikal schwinden. Die ersten fünf Jahre haben auf der Ebene der Institutionen die liberale Demokratie rasch etabliert. Bei der Aufgabe, Mentalitäten zu ändern, hat der Liberalismus – wie ich meine, konsequenterweise – versagt. Lösungsansätze können nur in einer zugegebenermaßen ebenfalls riskanten Einbindung möglichst vieler Staaten in die europäische politische und wirtschaftliche Integration liegen. Nur ein derartiger Vertrauensvorschuss gegenüber den Bürgern der Reformstaaten ist in der konkreten Situation geeignet, deren Vertrauen in die liberale Demokratie nachhaltig zu festigen.

Hier drängt sich ein Problem auf, das besondere Aufmerksamkeit verdient. Der „Zeitenbruch" brachte den mittel- und osteuropäischen Völkern mit dem Zusammenbruch der kommunistischen Parteiherrschaft zugleich die Befreiung aus der Abhängigkeit von der sowjetischen Dominanz. Diese war unter dem Titel des „Sozialistischen Internationalismus" propagiert und gerechtfertigt worden. So ist es nur zu verständlich, dass man auf die wieder errungene nationale Souveränität stolz war. Überdies lag es nach dem Zusammenbruch der bislang herrschenden Ideologie nahe, die Parole der nationalen Solidarität zur Überbrückung sozialer und anderer Klüfte und Zentrifugaltendenzen zu nutzen.

Aber gerade dort, wo politische Gemeinwesen inhomogen sind, verführt Nationalismus zur Illiberalität. Um es mit den Worten des Historikers Ferenc Glatz darzulegen: Man habe 1919 beabsichtigt, die liberale Demokratie durch die „Schaffung von Nationalstaaten" zu etablieren; „doch waren diese neuen Staaten ethnisch ... kaum homogener als die territorialen Einheiten von früher, die zerschlagen wurden ... Die Staatsmacht baute sich so auf, als ob sie ein Nationalstaat wäre; in Wirklichkeit sind ... genau solche ... Vielvölkerstaaten entstanden wie die (Donau-)Monarchie oder Russland es gewesen waren" – allerdings kleinere. Die Intention, das Problem durch das System der „Minderheitenverträge" unter der Ägide des Völkerbundes zu lösen, war nicht sonderlich erfolgreich. Für besonders problematische Regionen – allerdings nicht in Mitteleuropa – nahm man Zuflucht zu dem, was heute als „ethnische Säuberung" bezeichnet und als Inbegriff der Inhumanität betrachtet wird; so sah das beispielsweise der Vertrag von Lausanne vom 30. Januar 1923 betreffend Griechenland und Türkei vor. Der Völkerbund-Flüchtlingskommissar Fridtjof Nansen meinte, nur eine erforderlichenfalls unverzüglich und rücksichtslos durchzuführende Zwangsumsiedlung könne Volkstums- und Konfessionskämpfe dort, wo sie eskalieren, beenden. Bald nach der Vorlage der entsprechenden Denkschrift erhielt er den Friedensnobelpreis.

Zur gleichen Zeit schrieb Richard Graf Coudenhove-Kalergi sein Buch „Paneuropa". Zusammen mit anderen sensiblen Geistern entwickelte er darin einen bemerkenswerten Gedankengang zugunsten der Einigung Europas: Schon einmal sei Europa der Gefahr der Selbstzerfleischung ausgesetzt gewesen, nämlich im Zeitalter der Konfessionskämpfe und Religionskriege. Überwunden habe man diese Gefahr dadurch, dass man sich zur Glaubensfreiheit durchrang und die Staatsgewalt den Konfessionsparteien entwand, sie sozusagen gegenüber den Glaubenskriegern in eine überparteiliche Position versetzte und zur Hüterin des Friedens und der Freiheit machte. Coudenhove wiederum meinte: Diese Erfindung – wir dürfen wohl sagen: das „civil government" – müsste im 20. Jahrhundert ein zweites Mal zustande gebracht werden, und zwar nun zur Entmachtung der Volkstumskämpfer. Es gelte, den Missbrauch der Souveränität und der Gewaltmittel des Staates im Dienste des Kampfes eines Volkstums gegen ein anderes zu überwinden. Die Staatshoheit dürfe nicht mehr ein Unterdrückungsmittel im Konflikt von Nationen und Nationalitäten bilden. Anders als durch die Erhebung der obersten Rechtshoheit auf die Ebene der Überparteilichkeit sei das feindselige Gegeneinander der Nationalismen und der Nationalitäten nicht zu befrieden. Das ist ein seither weithin vergessenes, gleichwohl erinnerungswürdiges Argument zugunsten jenes Prinzips, das man im Zusammenhang der Europapolitik unserer Zeit die Supranationalität nennt.

Karl Jaspers hat bald nach dem Ende des Zweiten Weltkriegs diese Idee wieder vergegenwärtigt: Europa müsse sich entscheiden, für die Helvetisierung oder für die Balkanisierung. Das mag befremdlich klingen, wenn der Nationalismus Hochkonjunktur hat; was aber die Balkanisierung, also die Aufsplitterung, bedeutet, ist gerade in Südosteuropa beklemmend deutlich geworden. Die Chance der Freiheit, ihrer Aufrechterhaltung und Fortentwicklung bietet die Helvetisierung wohl eher als die Balkanisierung – gerade in Mittel-, Ost- und Südosteuropa.

Westeuropa hat gezeigt, dass die „Helvetisierung", die Entwicklung einer nationenübergreifenden Gemeinschaft, Erbfeindschaften überwinden und die Freiheit sichern kann. Gegenüber „nationalliberalen" Traditionen lohnt es sich vielleicht, an einen der großen Libe-

230

ralen des 19. Jahrhunderts zu erinnern, an Lord Acton, und an sein Dictum: „Das Zusammenleben verschiedener Nationen unter dem gleichen Staat deutet einen Stand größeren Fortschritts an als die nationale Einheit, die das Ideal des modernen Liberalismus ist." Vielleicht bedarf die übernationale Ordnung nicht der Staatsqualität im hergebrachten Sinn, um für das Miteinander auch von Nationen und Volksgruppen eine Ordnung der Freiheit zu ermöglichen. Es könnte nötig werden, das Konzept der „civil society" in einem umfassenden Zusammenhang, über das nationalstaatliche Souveränitätsdenken hinaus, neu zu formulieren – auch um die Bewahrung der Errungenschaften des Liberalismus unter den Bedingungen des 21. Jahrhunderts zu sichern.

Um es vorwegzunehmen:
Ohne Kultur wird es Europa nicht geben

Europa hat es zwischen 1945 und 1989 eigentlich nicht gegeben. Der demokratische westliche Teil war über den Atlantik hinweg mit den USA verbunden und wohl auch kulturell von ihnen abhängig; der östliche Teil stand unter der Herrschaft des russisch dominierten Sowjetsystems; die Mitte des Kontinents war nicht mehr als eine literarisch-intellektuelle Erinnerung. Von Vielfalt war nicht die Rede, der Ost-West-Konflikt war die binäre Unterscheidung Europas. Den Unterschied kann man auch heute noch sehen, wenn man mit offenen Augen im ehemaligen „Osten" durch Städte fährt.

Erstmals seit 1989 ist uns die Chance gegeben, Europa wieder als einen kulturellen Kontinent zu begreifen und seine Vielfalt zu nutzen. Damit verändert sich die Qualität der europäischen Einigung. Bedeutete Europa mit Montanunion und Europäischer Wirtschaftsgemeinschaft (EWG) zunächst die Aufhebung des seit dem 17. Jahrhundert währenden deutsch-französischen Konflikts, dann die Vorstellung der Einheit eines freien Europa als Bollwerk gegen den Kommunismus, so ist es seit Maastricht die Chance eines freiwilligen Zusammenschlusses zu einer neuen politischen Realität. Europa hat noch einmal die Chance, Europa zu sein.

Das verschiebt allerdings den Akzent von der Ökonomie zur Kultur, zur Besinnung auf die kulturellen Leistungen des alten Kontinents. Der Euro kann nicht das einzig Entscheidende sein, Kultur ist mindestens ebenso konstitutiv.

Was lässt uns die Frage nach der „Vielfalt", nach der „kulturellen Zusammenkunft" Europas stellen? Die Beantwortung dieser Frage zu verweigern ist „Einfalt" – Dummheit –, genauso wie zu meinen, dass nicht die Vielfalt das konstituierende Element Europas sei, dass nicht die Frage „kulturelle Zukunft" die Existenz Europas entscheide.

Es gibt eine Dichotomie, ja sogar Schizophrenie des Denkens. Wir sind stolz auf die Vielfalt der Kultur, und gleichzeitig müssen wir erleben, dass eine Verweigerung der Akzeptanz des „Anderen", des Fremden, stattfindet. Dabei ist die kulturelle Landschaft so reich! Horizontal, also gleichzeitig, erleben wir eine Vielfalt von Völkern, Sprachen und Ausdrucksformen. Wir kennen die Unterschiede in unseren Tälern genauso wie die der Mode, der Literatur und der Musik. Der Reichtum umfasst aber auch das Vertikale, nämlich die Abläufe der Epochen. Was ist doch nicht alles in diesem Europa seit der Antike, der jüdisch-christlichen Welt, dem Mittelalter, der Renaissance und der Aufklärung geschehen, bis wir bei der „Postmoderne" gelandet sind!

Rund um die europäische Einigung führen wir eine Identitätsdiskussion, wobei ich das Wort „Identität" gar nicht glücklich finde, denn viele Redner verwechseln dabei schon die Konsonanten. Um die Identität der Schweizer oder der Österreicher mache ich mir überhaupt keine Sorgen, sie sind jederzeit erkennbar und unterscheidbar – meine Landsleute sind im Ausland aufgrund ihres Verhaltens oft wohl allzu rasch zu identifizieren. Dann gibt es jenen Regionalismus, der, gut verstanden, grenzüberschreitend sein kann, wie das etwa rund um den Bodensee, am Rhein oder im Verhältnis der Suisse Romande zum Nachbarn, in Benelux oder ebenso im Ticino der Fall ist: ein gemeinsames Gefühl, das grenzüberschreitend ist.

Dann aber sprechen die Kritiker wieder von der wachsenden

Desintegration, wobei sich das Auseinanderfallen in künstliche Nationalstaaten als Rache falscher Lösungen erweist. Man denke nur an die Trennung der Tschechen von den Slowaken, an die Tragik Jugoslawiens oder an den Zerfall der Sowjetunion. Aber auch westliche Nationalstaaten sind davor nicht gefeit. Inzwischen ist die italienische Landschaft reich an Unterschieden und differenzierten Gefühlen, Spanien kämpft mit den besonderen Wünschen der Basken und Katalanen, die Schotten wollen los von London, ja selbst Frankreich zeigt da und dort Ortsschilder, die in der „langue d'oc" – der Sprache des Südens – geschrieben sind.

Der, die, das „Andere" wird als Bedrohung empfunden, dabei ist es ein Reichtum. Denken wir an alltägliche Dinge des Lebens wie die unterschiedlichen Küchen in Europa und die Faszination der Kultur oder auch an die Ausformung des Glaubens. Wir tun uns mit dem Fremden schwer, dabei war das Wort für den Fremden in der Antike gleich mit dem des Gastfreundes – jemand, der Schutz genießt und gleichzeitig ein Objekt der Neugierde war.

Kultur ist abhängig vom Gedächtnis, von der Tradition, von der Innovation. In der jüngsten Vergangenheit meinte die Bildungspolitik, nur vermitteln zu müssen, wie man technisch mit Wissen umgeht, wo man nachschlagen muss. Wer aber die Zusammenhänge nicht kennt, kann mit dem Lexikon, der Bibliothek oder dem Internet gar nichts anfangen. Wenn wir in die Zukunft gehen wollen, müssen wir wissen, woher wir kommen. Möglicherweise ist die Schwäche des heutigen Bildungssystems die Ursache dafür, dass so viele Menschen die Museen aufsuchen. Sie suchen ihre eigene Geschichte, haben wohl auch Angst vor der Zerstörung des kulturellen Gutes, was angesichts der technischen Möglichkeit unserer Zeit jederzeit geschehen kann. Francis Fukuyama hat vom „Ende der Geschichte" gesprochen, wir aber erleben die Rückkehr der Geschichte, denn ohne Geschichte ist kein Teil Europas mehr verständlich.

Wir sind in die Gleichzeitigkeit der Ereignisse geworfen. Die Welt der Information vermittelt uns Kenntnis von allen Geschehnissen weltweit, und dennoch müssen wir erleben, dass es nicht einen

Neonationalismus, sondern jenen alten, hässlichen Nationalismus gibt, der jetzt, nach dem kommunistischen Frost, auftaut und besonders im Osten Europas, gegenüber den westlichen Ländern zeitlich verschoben, seine Muskeln spielen lässt. Deswegen muss es aber keinen „clash of civilizations" geben, wie ihn Samuel Huntington voraussagte. Eine Begegnung der verschiedenen Kulturen dieser Welt ist möglich, vor allem wenn wir wissen, wer wir selber sind. Dazu bedarf es der Kenntnis der eigenen Geschichte, des Wissens um jene Mythen und Erzählungen, die Parabeln fürs Leben sind. Ich werfe der älteren Generation vor, dass sie zu wenig Geschichte und Geschichten weitererzählt hat; wir wissen zu wenig von den Erzählungen, die unser Europa ausgemacht haben. Anderes hat uns das Hirn gefüllt.

Der spanische Diplomat und Philosoph Salvador de Madariaga hat in seinem „Porträt Europas" bereits 1952 sinngemäß darauf geantwortet – aus der bitteren Erfahrung des Zweiten Weltkriegs heraus, mit dem sicheren Gefühl, dass wir ebenso eine neue politische Ordnung wie eine europäische Gemeinsamkeit brauchen, die allein durch die Kultur konstituiert werden kann: „Vor allen Dingen müssen wir Europa lieben. Hier dröhnt das Gelächter des Rabelais, hier leuchtet das Lächeln des Erasmus, hier sprüht der Witz eines Voltaire. Gleich Sternen stehen an Europas geistigem Firmament die feurigen Augen Dantes, die klaren Augen Shakespeares, die heiteren Augen Goethes und die gequälten Dostojewskis. Ewig lächelt uns das Antlitz der Gioconda, für ganz Europa ließ Michelangelo die Gestalten des Moses und des David aus dem Marmor steigen, schwingt sich die Bach'sche Fuge in mathematisch bewältigter Harmonie empor. In Europa grübelt Hamlet über das Geheimnis seiner Tatenlosigkeit, will Faust durch die Tat dem quälenden Grübeln entrinnen, in Europa sucht Don Juan in jeder Frau, die ihm begegnet, die eine Frau, die er nie findet, und durch ein europäisches Land jagt Don Quijote mit eingelegter Lanze dahin, um der Wirklichkeit ein höheres Sein abzutrotzen. Aber dies Europa, wo Newton und Leibniz das Unendlich-Kleine und das Unendlich-Große maßen, wo unsere Dome, wie Alfred de Musset gesagt hat, in ihrem steinernen Gewande betend knien, wo das Silberband der Ströme Städte aneinanderreiht, die die Arbeit der Zeit in das Kristall des Raumes meißelt, … dies Europa muss erst entstehen. Erst dann wird es da sein, wenn die Spanier von ‚unserem Chartres‘, die Briten von ‚unserem Krakau‘, die Italiener von unserem ‚Kopenhagen‘ und die Deutschen von ‚unserem Brügge‘ zu sprechen beginnen. Erst wenn dies erreicht ist, hat der Geist, der unser Tun lenkt, das schöpferische Wort gesprochen: FIAT EUROPA!“

Faszination der Kultur

Dass mir durch Otto Mauer der Blick für Kunst geweitet wurde, habe ich bereits beschrieben. Dem bin ich treu geblieben. Ich möchte daher einige Bereiche erwähnen, die mein besonderes Engagement herausgefordert haben. Das Interesse an den Museen lag in der Zeit, wurde durch Jörg Mauthe verstärkt und ist ein kardinaler Punkt in meinen politischen Tätigkeiten geblieben. Die Museen, aber vor allem auch das Museumsquartier möchte ich als ein Ergebnis herausgreifen, bei dem ich glaube, sehr viel bewirkt zu haben, wenngleich sich später alle damit geschmückt haben. Natürlich war ich es nicht allein, sondern gemeinsam mit vielen.

Wir wollen ständig Veränderungen, die Suche nach dem Neuen ist uns zu Eigen. Andererseits aber will man auch so manches bewahren, nicht nur als Erinnerung, sondern auch als eine Dokumentation menschlichen Schaffens und dadurch entstandener Werke. Ist es die Angst vor „der Erscheinungen Flucht", die gerade in unserer Zeit im ausgehenden 20. Jahrhundert einen bedeutenden Wandel der Museen erzeugt hat? Was sollen wir wie bewahren? Die Frage kann ich nicht beantworten, wohl aber war es einer der interessantesten Teile meiner politischen Tätigkeit, mit diesem Prozess verbunden gewesen zu sein. Ich bin, wie schon erwähnt, in einer Baumeisterfamilie aufgewachsen, in der man den Zeugen der Architekturentwicklung immer ein großes Interesse entgegengebracht hat. Mein Großvater hatte eine beachtliche Sammlung von Grafiken verschiedener Architekturdenkmäler bewahrt, sie mir quasi museal präsentiert und damit auf die Qualitäten vergangener Zeiten hingewiesen, aber auch auf die Errungenschaften neuer Epochen. Über die Museen selbst ist viel geschrieben worden, ich möchte jedoch nur festhalten, wie mir dieser kulturell bedeutende Bereich begegnet ist.

Es wäre gelogen, wenn ich behauptete, dass ich in meiner Kindheit ein begeisterter Museumsbesucher gewesen sei. Tiergärten, bestenfalls die Betrachtung der Natur auf anderen Kontinenten in entsprechenden Darstellungen, haben mich interessiert. Es ist heute üblich, auf den Unterricht zu schimpfen, den man genossen hat, dem will ich mich jedoch in keiner Weise anschließen. Ich hatte Lehrer, die mir den Zugang eröffnet haben, wobei es auch ein Elternhaus war, das mich frühzeitig mit der Kunst – ich wage zu sagen „Schönheit" – konfrontiert hat. Mit einer gewissen Grundkenntnis ausgestattet, habe ich mich innerhalb der Politik relativ früh für Kunst und Kultur im Allgemeinen, für die Museen im Besonderen interessiert. Es war ein Bereich, der nicht besonders im öffentlichen Interesse stand, wie ich bald feststellen musste. Einige Spuren politischer Art sind mir aber begegnet, etwa die Entscheidung des Unterrichtsministers Felix Hurdes, ein „Österreichisches Museum" im Belvedere zu schaffen, wohl aus seinem Wunsch heraus, eine Unterscheidung gegenüber Deutschland vorzunehmen. Mein Vater hat es sehr begrüßt, dass Unterrichtsminister Heinrich Drimmel den Schwanzer-Pavillon der Weltausstellung in Brüssel durch die Wiederaufstellung im Schweizergarten gerettet hat. Mag sein, dass es die Wertschätzung für Schwanzer war, die meinen Vater zu dieser Anerkennung brachte, denn alles, was Architekten, Baumeister und Ingenieure hervorbrachten, war ihm wichtig.

Mir wurde bei der Begegnung mit den Orten der Bewahrung sehr bald klar, dass Österreich ein Problem mit seinem kulturellen Erbe hatte. Dessen Pflege gehört laut Verfassung in die Kompetenz der Bundesländer. Offensichtlich über den Weg des Erbes der Donaumonarchie sind aber die Museen an den Bund gekommen. Fraglich ist, ob es nach 1918 ein Desinteresse der Bundesländer war oder ein Gefühl der finanziellen Überforderung. Der Zweite Weltkrieg und das Verschwinden Österreichs haben den Akteuren die Auseinandersetzung über die Museumszugehörigkeit erspart. Schmerzlich aber waren für die Verantwortlichen die Kriegsschäden, die allerdings nicht so massiv im Bewusstsein der Öffentlichkeit verankert waren, als dass es zu raschen Wiederaufbaumaßnahmen wie etwa bei Oper und Burgtheater geführt hätte. Schneller ging es beim Stephansdom, der allerdings den Charakter eines nationalen Identitätsdenkmals hatte. So kann man ruhig sagen, dass bei Beachtung der üblichen Argumentation, es sei nie genug Geld vorhanden gewesen, es nur zu bescheidenen Renovierungen der Museen, mehrheitlich sogar nur zur Besorgung des Nötigsten kam.

Ich bin jenen Menschen unendlich dankbar, die in dieser Zeit bei vergleichsweise schlechter Bezahlung und geringem öffentlichen Interesse diese Kunstschätze bewahrt haben. Vielleicht ist daraus das Bewusstsein entstanden, dass die Inhalte der Museen eigentlich den Bediensteten gehören, denn so mancher Museumsdirektor ist mir mit der Einstellung begegnet, dass das von ihm zu Verwaltende nicht ihm anvertraut ist, sondern eigentlich sein „Besitz". Dies war möglicherweise eine Kompensation für die lang anhaltende Vernachlässigung dieser Kultureinrichtungen, die einen wesentlichen Bestandteil Österreichs ausmachen, auch bevor man aus Tourismusgründen ihre Bedeutung erkannt hat.

Es ist irgendwie verständlich, dass es keinen Mut zu Neuem gab. In den politischen Brüchen und den dadurch motivierten Einstellungen ist wohl der Grund zu suchen, dass wir nach dem Ende der Monarchie eine bedeutende Sammlungslücke erleben mussten, die wir erst später mit deutscher Assistenz (Sammlung Ludwig) bzw. durch die monomane Qualität von Rudolf Leopold, später durch die Sammlung Herbert Batliner in der Albertina, schließen konnten. Ich kann mich nicht erinnern, dass das Fehlen der klassischen Moderne (Stichwort Klimt und Schiele) in der kulturpolitischen Diskussion der früheren Zeiten besonders bemerkt worden wäre. Vielleicht hat eine Rolle gespielt, dass die Wertschätzung für die moderne Kunst, wann immer dieser Begriff relevant geworden ist, im sich sehr konservativ verhaltenden Österreich nicht besonders entwickelt war. Dass sich die Wiener Sozialdemokratie aus historischen Gründen der Arbeiterkultur widmete und in den österreichischen Regionen und Bundesländern die Volkskultur eine Bedeutung hatte, ist verständlich. Aber auch der akademische und intellektuelle Bereich hat der Moderne in der Kunst eigentlich kein großes Interessenfeld eingeräumt. Zeit-

238

historiker werden vielleicht darüber meditieren, in welcher Weise die historischen Brüche des 20. Jahrhunderts dafür verantwortlich waren, in der gegenständlichen Überlegung zählen allerdings nur die Ergebnisse. Es mag schon etwas dran sein, dass das Technische Museum in Wien 1914 kriegsbedingt nie so richtig fertig geworden ist, aber es gab auch lange keine besondere Bewegung, es den neuen Wirklichkeiten anzupassen. Es ist vielfach auch heute noch das Museum eines Museums, was in sich zweifellos schon wieder interessant ist.

Eigentlich waren es immer einzelne Persönlichkeiten, die hier Spuren hinterlassen haben. Otto Mauer war einer von ihnen, der durch die Galerie nächst St. Stephan der Moderne, wie schon erwähnt, einen Weg bahnte. Auch einzelne Sammler und Persönlichkeiten sind zu nennen wie Walter Kastner, Rudolf Leopold und andere. Interessanterweise ist das aber nie mit einer Tiefenwirkung auf die Museen verbunden gewesen. Werner Hofmann war mit seinem „Zwanzger Haus" eine Ausnahmeerscheinung, wobei die Qualität dessen, was er kaufen konnte oder eingetauscht hat, nach wie vor beeindruckend ist. In Wirklichkeit hat man in dieser Zeit unter Museen eigentlich nur das Kunsthistorische Museum verstanden, die Albertina blieb Kennern vorbehalten, wobei die Natur der „Graphischen Sammlung" dazu führte, nur bestimmte Interessenten anzuziehen, die wenigsten wussten, welche großartigen Schätze hier durch Jahrhunderte gesammelt worden waren. Interessant ist auch, dass wesentliche Teile der völkerkundlichen Sammlungen, die etwa von Expeditionen von Erzherzögen und anderen übriggeblieben waren, bis in meine Zeit in Kisten verpackt geblieben sind, ohne das Licht der Öffentlichkeit zu erblicken. Vielleicht hat sie das vor Raubzügen nach dem Zweiten Weltkrieg bewahrt, so dass wir nicht allzu viele Rückstellungsanträge bei manchen Alliierten zu stellen hatten.

Alles in allem genommen waren die Verantwortlichen in dieser Museumslandschaft bis in unsere Zeit tapfere Menschen, die den Mangel zu verwalten hatten und uns ein Erbe erhalten haben, das relativ spät einer größeren Öffentlichkeit zugeführt wurde. Es gab den einen oder anderen Kulturpolitiker, der davon etwas verstand, aber die Durchsetzungskraft in der Öffentlichkeit, um die Voraussetzungen für die Präsentation zu verbessern und auf die ungeheure Bedeutung für Österreich hinzuweisen, war eigentlich keinem gegeben, möglicherweise war es auch gar nicht machbar und hatte erst einen gewissen Wohlstand Österreichs zur Voraussetzung. Außer dem „Zwanzger Haus", das als eher bescheiden anzusehen war, hat die Zweite Republik lange gebraucht, um zu Museen der Moderne zu kommen.

In einem eigenartigen Kontrastprogramm dazu steht die Behauptung, dass Österreich eine „Kulturnation" sei. Der Begriff ist wohl mehr der Abgrenzung gegenüber dem sprachlich-nationalen Element zu verdanken und wurde und wird meistens nur in Bezug auf Musik, Theater und Festspiele verstanden.

Die Museumsmilliarde

In der Öffentlichkeit gab es in den 80er Jahren ein gestiegenes Bewusstsein, dass die Dinge bezüglich Museen nicht zum Besten stehen. Mag sein, dass auch die internationale Entwicklung dazu beigetragen hat, wie etwa die Umbauten beim Louvre (die Museumspyramide des Architekten Ieoh Ming Pei) oder prominente Ausstellungen mit Rekordbesuchen etc., wohl aber lag die Ursache dafür auch im zum Teil katastrophalen Zustand der Häuser selbst sowie dem große Problem, die Schätze entsprechend lagern zu können. Man war sich darüber im Klaren, dass Speicherkapazität fehlte und häufig auch die Sicherheit der Kulturgüter nicht garantiert war. Eine besondere Rolle spielt in diesem Zusammenhang das „Museumsquartier". In meiner Kindheit hieß es schlicht und einfach Messepalast, weil offensichtlich der Begriff Hofstallungen republikanisch nicht akzeptabel war. In Wahrheit war es ein verrottetes Gelände, das sehr deutlich zeigte, dass wir im Umgang mit unserer eigenen Vergangenheit jede Menge Schwächen hatten.

Ein entscheidender Schritt vorwärts gelang jener Regierung, in die 1987 die ÖVP eingetreten war. Ein unbestreitbares Verdienst kommt dem Wirtschaftsminister Robert Graf zu, der davon überzeugt war, in diese Bauten mehr Mittel investieren zu müssen, obwohl er persönlich wahrscheinlich keinen großen Bezug zu den Kulturgütern selbst hatte. So entstand in Zusammenwirken mit dem damals ressortmäßig zuständigen Wissenschaftsminister Univ.-Prof. Dr. Hans Tuppy der Begriff der „Museumsmilliarde". Es war eine grobe Schätzung der notwendigen Mittel – noch dazu in Schilling –, die natürlich in Wahrheit zu gering waren, aber wenigstens einen Beginn setzten. Zunächst hat davon die Österreichische Nationalbibliothek profitiert, denn damit wurden in den Tiefen unter der Hofburg und dem Heldenplatz neue Lagermöglichkeiten geschaffen, die logischerweise auch Verbesserungen der baulichen Situation mit sich brachten. In der Öffentlichkeit begann damals bereits eine heftige Diskussion, was mit den Hofstallungen alias dem Messepalast geschehen sollte. Man veranstaltete einen Wettbewerb, um zunächst einmal Entwürfe zu haben und den Eindruck zu erwecken, dass überhaupt etwas geschehen könnte. Die Juryentscheidung von damals hat mit dem, was dabei herauskam, eigentlich nichts mehr zu tun. Das ist positiv zu sehen, weil die Veränderungen das Ergebnis eines Diskussionsprozesses waren, Anerkennung verdient in diesem Zusammenhang die erste Ministerin für Wissenschaft und Forschung, Dr. Hertha Firnberg, die das politische Interesse für die Museen beförderte. Bei der Aufteilung des alten Unterrichtsministeriums, das eine traditionelle Zuständigkeit in diesem Bereich hatte, kämpfte sie dafür, die Museen in ihre Zuständigkeit zu bekommen. Man machte im Hinblick auf die Wissenschaft aus den Museen „wissenschaftliche Anstalten", was selbstverständlich nur einen Teil der Aufgabenstellung abdeckte, in den kommenden Jahren zwar weiter betrieben wurde, aber letztlich dank Präsentation und Publikumswirksamkeit nicht im Vordergrund stand.

Es ist eine Eigenart Österreichs, dass Kulturkompetenzen aufgesplittert sind. So etwa hat man bei dieser Teilung die Zuständigkeit für Oper und Theater und die allgemeine Kulturförderung beim Unterrichtsministerium belassen, während Museen und Nationalbibliothek in das Wissenschaftsministerium wanderten. Weitere Wanderungen der Zuständigkeit sind sicher zu erwarten.

Eine interessante Entwicklung war die Entscheidung, diese Aufgaben in einer eigenen Sektion zusammenzufassen. Ich war zu dieser Zeit bereits Wissenschafts- und Kultursprecher der Österreichischen Volkspartei und hatte die Aufgabe, mich darum zu bemühen, dass auch der ÖVP nahestehende Beamte in Leitungsfunktionen zum Zug kamen. Mein Gesprächspartner zu dieser Zeit war Dr. Heinz Fischer, dem ich Dr. Johann Marte als Sektionschef für die Museen und die Nationalbank einreden konnte. Marte war ein erfolgreicher Kulturinstitutsleiter in Warschau und Moskau gewesen, von sich aus ein Polyhistor, der Sinn für Qualität hatte.

Inzwischen war die Situation der Museen ein öffentlichkeitswirksames Thema geworden. Artikelserien beschäftigten sich mit den zum Teil unwürdigen Zuständen, es gab aber auch kritische Diskussionen über die Art und Weise, wie Museen geführt wurden. Mir ist die Auseinandersetzung zwischen dem damaligen Leiter des Kunsthistorischen Museums, Univ.-Prof. Dr. Hermann Fillitz, und meinem Freund Jörg Mauthe in Erinnerung. Mauthe selbst war Kunsthistoriker und versuchte, eine teilweise fachlich geführte Diskussion mit Fillitz zu führen, die nicht frei von Aggressivität war. Damals tauchte erstmals Wilfried Seipel auf, der damals Leiter des Landesmuseums Linz war. Ob der alte Spruch „In Linz beginnt's" auch für ihn richtig war, sei dahingestellt, denn er war vorher bereits in Deutschland tätig gewesen, ein ausgewiesener Archäologe und hatte ein gut entwickeltes Gefühl für die öffentliche Bedeutung einer Museumslandschaft. Dr. Ernst Streeruwitz, der in der Bundesparteileitung der ÖVP beschäftigt war und Seipel seit der Schulzeit kannte, stellte eine nähere Beziehung zur Politik her. Streeruwitz gelang es zunächst einmal, den Kabinettschef von Hans Tuppy, Emil Brix, zu überzeugen, dass man Seipel ins Spiel bringen sollte. Es kam die Idee einer Art „Generaldirektion für die Museen" auf, bei der Wilfried Seipel Generalsekretär werden sollte. Ich war gegenüber diesen Plänen skeptisch, weil sich eine solche Totalkompetenz angesichts einer vielgestaltigen Landschaft nicht so ohne Weiteres verwirklichen lässt. In der Folge haben die Museen politisches Schicksal gespielt, denn es kam im österreichischen Fernsehen zu einer Konfrontation zwischen Minister Hans Tuppy und dem Direktor des Kunsthistorischen Museums Hermann Fillitz, die bereits damals als eine Art „Muppet Show" verstanden wurde, weil hier zwei ältere Herrn aufeinander losgingen, wobei die jeweiligen Aussagen für die Öffentlichkeit nicht sehr verständlich wirkten. Die Verdienste von Tuppy müssen allerdings im Hinblick auf die Museumsmilliarde unterstrichen werden. Im Zusammenwirken mit Wirtschaftsminister Robert Graf nahm er eine wesentliche Weichenstellung vor. Jedenfalls war der Name Seipel damit in der Öffentlichkeit platziert, wobei sich auch relativ rasch Kritiker aus seinem Fachbereich zu Wort melden, wie etwa jener Archäologe, Mitglied der Akademie der Wissenschaften, der Vorwürfe gegen Seipel erhob, dieser habe mit Ausgrabungsgegenständen gehandelt. Die Vorwürfe gegen Wilfried Seipel haben jahrelang eine Rolle gespielt, richtige Beweise konnten allerdings nicht vorgelegt werden

Der TV-Auftritt führte dazu, dass Hans Tuppy die Regierung verließ und die ÖVP unter Josef Riegler mich in die Regierung entsandte. Mir war klar, dass die Neugestaltung des Museumsbereichs eine faszinierende Aufgabe darstellte. Die oben erwähnte Diskussion forderte noch ein weiteres Opfer. Hermann Fillitz legte sein Amt zurück, was eine Neugestaltung im Bereich des Kunsthistorischen Museums ermöglichte. Diese Wendung war entscheidend, nicht nur für das Museum selbst, sondern auch für Wilfried Seipel. Ich hatte ihn vorher nicht gekannt und musste mir von seiner Persönlichkeit selbst einen Eindruck verschaffen – also besuchte ich ihn in seinem Ferienhäuschen im Mühlviertel nahe Linz. Als ich dort vorfuhr, begegnete mir jemand in Shorts, der, offensichtlich aus Selbstschutz auch etwas aggressiv veranlagt, relativ rasch die Frage stellte, ob er nun die Aufgabe des Kunsthistorischen Museums übertragen bekomme oder nicht. Dem waren einige Medienspiele vorausgegangen, wobei Seipel von sich aus versuchte, eine Distanz zur Neubestellung aufzubauen, indem er sagte, dass er nicht um jeden Preis gezwungen sei, sie zu übernehmen. Ich habe ihm nach unseren Gespräch dann beim Einsteigen ins Auto die Frage gestellt: „Wollen Sie oder wollen Sie nicht?" Er antwortete mit der Gegenfrage, ob er es werde oder nicht. Für mich war die Entscheidung gefallen.

Das Museumsquartier

In meine Amtszeit fielen auch die wesentlichen Entscheidungen über das heutige Museumsquartier. Als Kultursprecher, als Wiener Politiker und als Teilnehmer an den öffentlichen Diskussionen war ich immer ein großer Anhänger der musealen Nutzung dieses Areals gewesen. Ich bin Bruno Kreisky dankbar, dass er in seinen Stellungnahmen diese Chance erkannt hat. Das war nicht selbstverständlich. Im Bereich der Stadt Wien etwa gab es eine Reihe von obskuren Vorstellungen, es gab Gruppen, die fantastische historisierende Ideen hatten, wie etwa die Wiedererrichtung der Pferdestallungen mit Möglichkeiten für Fiaker, ein Kunsthaus war im Gespräch, eine große Ausstellungshalle und sonst noch nette Vorschläge, nicht zu reden von jenen, die für Museen Moderner Kunst überhaupt nichts übrig hatten. Es war logisch, dass ein Wettbewerb dazu ausgeschrieben wurde, der auch mit prominenten Architekten besetzt war. Ich will im Einzelnen nicht auf Personen eingehen, aber das Interessante war, dass die Juryentscheidung für Ortner & Ortner später vor allem von jenen Architekten bekämpft wurde, die Jurymitglieder gewesen waren und die Entscheidungen getroffen hatten. Sie produzierten später eigene Vorschläge mit der Sehnsucht, sie auch umsetzen zu können.

Wilfried Seipel war kein besonderer Freund des Museumsquartiers, weil er aus seiner Situation heraus den verständlichen Wunsch hatte, dass alle freien finanziellen Mittel für seine Anstalt verwendet werden sollten. Die Sammlung des Kunsthistorischen Museums endet ja mit einem berühmten Bild, wo Napoleon auf den Pfaden von Hannibal die Alpen überquert. Seipel war sofort bereit, auch alle späteren Epochen zu integrieren, wohl weniger die Ringstraßenepoche – das Haus selber ist ja ein Zeugnis dafür – als die Klassiker der Moderne. Er persönlich hatte einen Bezug zur klassischen Moderne und hat nach einer Reihe von mit Intrigen verbundenen Wechselspielen schließlich auch das Wotruba-Erbe, einen Verein, in Österreich übernommen, den er heute noch führt. Die Fähigkeit, im Bereich der modernen Kunst bestimmend zu sein, hätte ich ihm nie abgesprochen, es wäre aber wohl zu viel gewesen. Museen im Allgemeinen und die Darstellende Kunst im Besonderen eignen sich in ihrer Vielfältigkeit nicht unbedingt für eine imperiale Organisation. Manche Länder (z.B. Frankreich) haben diese Organisationsform eingeführt, ich glaube aber, dass die Gestaltungsmöglichkeit im Detail besser ist als eine einzige große Institution. Rückblickend würde ich sagen, dass es sonst nie zum Erwerb der Leopold-Sammlung und zum entsprechenden Museum gekommen wäre.

Die Fülle der neuen Bestellungen von Museumsdirektoren leitete eine Art von „Museumsboom" ein. Schon Heinz Fischer hatte Peter Noever für das MAK bestellt, Tuppy bestellte Dipl.-Ing. Peter Rebernik für das Technische Museum, und in bunter Folge wurden rund um die Bestellung von Wilfried Seipel Veränderungen in so gut wie allen Häusern fällig. Die Idee einer zentralen Generaldirektion verschwand, Hans Marte war als Sektionschef ein verständiger Koordinator, dessen alemannische Sturheit gute Wirkung hatte. Eigentlich war sein Übertritt in die Generaldirektion der Österreichischen Nationalbibliothek eine Vervollkommnung der Situation, weil dadurch der Amtscharakter dieser Einrichtung reduziert wurde und man mehr und mehr in der Lage war, die Schätze dieser Einrichtungen zu zeigen, den Publikumszugang zu erweitern und sie letztlich durch eine Reihe von Baumaßnahmen zu einer Begegnungsstätte zu machen. Nicht alles geschah in meiner Amtszeit, sondern auch konsequenterweise nachher, aber die Linie blieb erhalten.

Natürlich gab es öffentliche Kritik. So manche Puristen waren mit der Umgestaltung des MAK durch Peter Noever unzufrieden, wobei ich zu seiner Verteidigung sagen muss, dass es ihm durch den Showcharakter der Neuerungen gelang, einen besseren Zugang zur „angewandten" Kunst zu erreichen. Dass er immer den Wunsch hatte, ein Museum Moderner Kunst zu leiten, mit besonderen Akzenten im Bereich uns ferner liegender Gegenden (Sowjetunion, Nordkorea etc.), ist eine andere Angelegenheit. Er hatte das Pech, in seinen späteren Jahren ins Zwielicht zu geraten, weil offensichtlich eine längere Amtszeit dazu führt, dass Direktoren das Gefühl bekommen, sie seien so eine Art Eigentümer des ihnen anvertrauten Hauses. Ich zögere nicht zu sagen, dass ich mich mit ihm auch heute noch befreundet fühle, weil er neben zugegebener Fehlgriffe an sich ein sehr fantasievoller Akteur im kulturellen Leben ist, der auf jeden Fall zum Widerspruch herausfordert und sicher nicht für alle angenehm ist. Ich teile viele seiner Ansichten nicht, schätze aber seine Provokationen.

Rebernik wiederum ist beim Technischen Museum eigentlich an den Baufragen und deren Organisation gescheitert, wobei die Ausgangssituation auf jeden Fall eine schwierigere war. Österreich hat keine Industrie, die einen hinreichenden Hintergrund im Bereich der Technologie liefert, um ein Technisches Museum auszugestalten. Im Wesentlichen ist es ein Museum im Museum geblieben, was mit Sicherheit auch die richtige Entscheidung ist. Offen gestanden: Wer kommt schon nach Wien wegen des Technischen Museums, vor allem in einer Zeit, wo etwa in Paris und London wahre Monstren der Darstellung von modernen Techniken entstanden sind, von diversen Weltraummuseen gar nicht zu reden.

Wilfried Seipel, eine barocke Natur mit imperialen Sehnsüchten, war im KHM in seinem Element. Sein Ziel war es, nicht nur das Vorhandene auszugestalten, sondern auch neue Horizonte zu eröffnen. Er begann die Ausstellungsflächen munter zu erweitern (Anmietung des Palais Harrach, später die Kooperation mit dem Theatermuseum etc.), aber die begrenzten finanziellen Möglichkeiten setzten dem am Ende auch eine Grenze. Das Beispiel des Louvre weckte den Wunsch nach einer Parkgarage, wobei eine solche Fläche unter dem Maria-Theresien-Denkmal durchaus zur Verfügung gestanden, aber in der

Abfahrt von der Ringstraße an natürliche Grenzen gestoßen wäre, deren ökologische Problematik mir immer einleuchtend war. Es ist nicht der Platz, darauf einzugehen, wie vielfältig die Aktivitäten in den verschiedenen Dimensionen von Seipel waren, aber inzwischen zeigt sich, was Bestand hat. Verständlicherweise renovierte er aus seinem Naheverhältnis zu diesem Bereich die ägyptische Sammlung, die durch ihn auf den letzten technischen Stand gebracht wurde. Die Neugestaltung der Schatzkammer (Wunderkammer) nach seiner Zeit war sicher ein Schritt in seinem Sinn, der während seiner Amtszeit natürlich nicht zu einem Ende geführt werden konnte. Hier ist allerdings ein markantes Ereignis zu erwähnen: der Diebstahl der „Saliera" zur Zeit von Ministerin Elisabeth Gehrer, unter dem er persönlich sehr gelitten hat.

International war Wilfried Seipel sehr bald bekannt und akzeptiert, wodurch Kooperationen zustande kamen, die für das kleine Österreich wohl mehr als ein Ergebnis der großen Geschichte und dessen, was uns geblieben ist, zu werten waren. Wenn die Eremitage, der Louvre, das Prado Museum etc. bei uns vertreten waren, dann zeigt das, dass wir mindestens in einer europäischen Liga, wenn nicht auf Weltebene mitspielen. Seipel war ein geschickter Spieler auf diesem Feld.

An dieser Stelle muss ich eines Mannes gedenken, mit dem auch Wilfried Seipel befreundet war: Peter Mahringer. Er war für mich ein Wegbegleiter seit den Zeiten meiner Tätigkeit als Generalsekretär der Volkspartei, als Wiener Landesparteiobmann, als Mitglied der Wiener Stadtregierung und Vizebürgermeister und schließlich als Bundesminister für Wissenschaft und Forschung sowie als Bundesminister für Unterricht und kulturelle Angelegenheiten. Er war in der Zeit von Elisabeth Gehrer eigentlich das Ministerium, er war Stratege und Taktiker in einer Person mit einer ungemeinen Kapazität, mit Menschen umzugehen und zu Entscheidungen zu kommen.

Eines hat sich beim Museumsquartier in besonderer Weise gezeigt. Der alte Spruch: „Der Erfolg hat viele Väter, die Niederlage aber ist ein Waisenkind" ist wahr und wurde mir sehr einsichtig, als sich bei allen möglichen Feiern rund um das Museumsquartier nach meinem Ausscheiden aus der Regierung lauter Sieger zeigten. Bürgermeister Michael Häupl blieb es vorbehalten, sich persönlich und für die Stadt Wien zu berühmen, wenngleich die Auflagen, die durch die Stadt gegeben wurden, das Museum entscheidend verändert haben. So ist der berühmte „Leseturm" formal an der Stadt gescheitert, ihre Versuche, das Museumsquartier in ihre Hand zu bekommen, waren beträchtlich, wobei man einmal deutlich sagen muss, dass Wien im Museumsbereich nicht sehr erfolgreich war, andernfalls hätten wir längst auf der „Platte" bei der Donau ein verbessertes Museum der Stadt Wien. Ich kann mir auch die Bemerkung nicht verkneifen, dass der damalige VP-Landesparteiobmann von Wien, Dr. Bernhard Görg, massiv gegen das Museumsquartier auftrat, irgendwelche Volksbefragungen oder Ähnliches verlangte und ganz auf der Linie der „Kronen Zeitung" lag. Übrigens: Ich habe Hans Dichand aufgefordert, auch seine Sammlung einzubringen, was er nach längerer Zeit der Überlegung ablehnte, weil sich seine Familie so an die Bilder „gewöhnt" habe.

Auch ein sehr angesehener Unternehmer sprach sich gegen das Museumsquartier aus, weil die beiden Neubauten (Museum für Moderne Kunst und Leopold-Museum) ihm die Sicht von seiner Terrasse bei der Mariahilfer Straße auf den Stephansturm verstellten. Das ist der Grund, warum beide Museen relativ tief in die Erde eingegraben werden mussten, heute aber ein Anziehungspunkt sind, auf den Wien nur stolz sein kann. Wer durch den Hof des Museumsquartiers geht, erkennt die bedeutende Rolle für das Stadtleben, im Grunde der einzige große Kulturbau, den die Republik Österreich in der Zweiten Republik geschaffen hat. Ich habe daher großen Respekt für die Salzburger Festspielhäuser, für das Linzer Musiktheater und die Museen oder auch für das, was Graz im Rahmen der „Kulturhauptstadt Europas" auf diesem Gebiet geleistet hat. Europa wird nur entstehen, wenn es sich seiner kulturellen Stärke bewusst ist und diese der Sehnsucht nach einer europäischen Seele anbietet.

Was ich heute sonst noch tue

In den letzten Tagen meiner Ministerschaft hat mich der Verfechter der „Ostpolitik" im Wissenschaftsministerium, Dr. Othmar Huber, aufgefordert, mich um die Präsidentschaft des Instituts für den Donauraum und Mitteleuropa zu bewerben. Das IDM hat eine reiche Geschichte, wurde im Hinblick auf die deutschen Sprachinseln auf der anderen Seite des Eisernen Vorhangs gegründet und hat sich dann mehr und mehr, nicht zuletzt auch unter meiner Mitwirkung, auf Mitteleuropa konzentriert. Seit 1995 bin ich dort Präsident und habe dadurch einiges zur Transformation in unserer Nachbarschaft beitragen können, ebenso für die Vorbereitung der Länder auf die Europäische Union und für die österreichische Präsenz, insbesondere in Hinblick auf die neue Balkanlandkarte. Die Wirtschaft wurde durch die Schaffung eines Balkanlehrgangs unterstützt, wodurch eigens dafür ausgebildete MitarbeiterInnen auch Kenntnis von dem Bereich Europas erlangten, in dem sie arbeiteten oder arbeiten sollten. In dieser Art ist diese Plattform einmalig und ist auch heute noch organisatorisch mein Hauptstützpunkt.

Seit 1995 bin ich Vorsitzender des Gustav Mahler Jugendorchesters (GMJO), das von Claudio Abbado und Hans Landesmann geschaffen wurde. Sie gründeten es vor dem Fall des Eisernen Vorhangs, um mit diesem Instrument Musiker von beiden Seiten Europas zusammenzubringen. Das Konzept ist voll aufgegangen. Das Orchester ist prominent vertreten und führt jedes Jahr Menschen aus ca. 30 Ländern zusammen. Man kann nur zwischen dem 19. und 26. Lebensjahr Mitglied des Orchesters sein, man geht mit prominenten Dirigenten auf Tournee und auf diese Weise lernen die jungen Leute Persönlichkeiten des Musiklebens und ganz konkrete Arbeit kennen. In den Programmen des Gustav Mahler Jugendorchesters drucken wir ab, wer von den früheren Orchestermitgliedern beruflich wo gelandet ist. Es ist eine imponierende Liste, so dass man durchaus sagen könnte, das GMJO habe das Musikleben Europas eindrucksvoll mitgestaltet. Auch

Solisten zählen dazu, etwa Renaud Capuçon, der genauso aus dem Orchester hervorgegangen ist wie der einstige Hilfsdirigent David Afkham, der einer der Gewinner des „Young Conductors Award" war, der jedes Jahr im Rahmen der Salzburger Festspiele vergeben wird und wo das Orchester das Instrument ist, um die Qualität des Dirigenten sichtbar zu machen. In der Folge sind viele Jugendorchester entstanden, in einigen Fällen auch durch Claudio Abbado, der leider im Januar 2014 verstorben ist. Die Reisen mit ihm werde ich nie vergessen, zum Beispiel nach Kuba und Venezuela. Auf diesen Reisen habe ich einen Menschen von einer Feinfühligkeit kennengelernt, die nicht nur imponierend ist, sondern auch von den jungen Menschen intensiv wahrgenommen wurde. Das ist offensichtlich eine besondere und für diese Aufgabe dringend notwendige Eigenschaft. Ich nenne nur eine Reihe von Dirigenten, die durch die Jahre im GMJO gewirkt haben: Marc Albrecht, Herbert Blomstedt, Pierre Boulez, Semyon Bychkov, Riccardo Chailly, Myung-Whun Chung, Sir Colin Davis, Péter Eötvös, Iván Fischer, Daniele Gatti, Michael Gielen, Bernard Haitink, Mariss Jansons, Neeme Järvi, Philippe Jordan, James Judd, Vladimir Jurowski, Sir Neville Marriner, Ingo Metzmacher, Christoph Mueller, Kent Nagano, Václav Neumann, Jonathan Nott, Seiji Ozawa, Antonio Pappano, Franz Welser-Möst.

Ich genieße die Konzerte des GMJO, vor allem, weil ich hier erlebe, wie junge Menschen aus vielen Nationen ganz selbstverständlich zusammenwirken, nicht nur bei der Arbeit, sondern auch in den privaten, ganz persönlichen Kontakten. Ich liebe diese jungen Menschen und ihre Musik. In meinem bis auf eine kurze Zeitspanne von Tätigkeiten gefüllten Leben ist Musik ein Raum der Kontemplation. „Musik ist wie Licht", habe ich einmal in einer Radiosendung gehört. Das ist sie.

Die Feiern nach den Konzerten des GMJO sind ungeheuer temperamentvoll und erzeugen ein Verbindung zwischen den jungen Menschen, mit der Europa nicht nur kulturell gewinnen kann.

Eine ähnliche Aufgabe habe ich vor kurzem übernommen, nämlich den Vorsitz des Vereins „Kammermusikfest Lockenhaus". Vor 35 Jahren wurde es von Gidon Kremer und Josef Herowitsch gegründet. Es ist die einsame Leistung eines von der kroatischen Minderheit kommenden Pfarrers in Lockenhaus, nahe der Grenze zu Ungarn, der es einfach aus Sehnsucht nach Musik auf geschickte Weise unternahm, Gidon Kremer für das Fest zu gewinnen. Der aus dem Baltikum stammende, hervorragende Virtuose hat es in der Zeit der Sowjetunion verstanden, zeitweise in den Westen zu kommen, gleichzeitig durch seine Wirkung viele Komponisten und Künstler nach Lockenhaus zu locken, die auf diese Weise nicht nur bei uns bekannt wurden, sondern hier auch ihren Weg fanden, wie z.B. Arvo Pärt, Sofia Asgatowna Gubaidulina und Alfred Schnittke.

Dadurch wurden nicht nur deren Werke bei uns bekannt, auch die Künstler erweiterten ihren Horizont und so mancher und so manche wurde hier vor der Primitivität des kommunistischen Systems gerettet. Die Liste derer, die auf diese Weise in den Westen kamen, ist lang und inzwischen historisch. Zum Glück hat sich die Situation für Künstler aus dem damaligen Osten mit Sicherheit gebessert. Es möge uns gelingen, gemeinsam mit dem Cellisten Nicolas Altstaedt diese Qualität beizubehalten, wobei die Rolle der Grenzüberschreitung dieses Festivals nicht hoch genug angesetzt werden kann. Nicht immer ist sie in Österreich erkannt worden …

Brief an einen Kulturpolitiker, den ich nicht kenne
Lieber Freund der Musen!
Die Qualität Europas und damit auch Österreichs liegt nicht in Bodenschätzen, Energievorräten oder sonstigen wirtschaftlichen Machtinstrumenten, sondern vor allem in der Kultur. Vom Wort des meines Erachtens bisher besten EU-Kommissionspräsidenten, Jacques Delors, bin ich nach wie vor beeinflusst, dass wir die Aufgabe haben, „Europa eine Seele zu geben". Diese Seele ist schlicht und einfach der Inhalt Europas, der der eigentliche Beitrag zur Entwicklung dieser Welt ist. Kunst und Kultur ermöglichen Grenzüberschreitungen: zunächst einmal in uns selber, dann aber auch anderen gegenüber.

Ich plädiere dafür, alle Anstrengungen darauf zu richten, wobei es nicht darum geht, immer mehr Geld zu verlangen, sondern sich nach Qualität zu orientieren, ohne die geht es hier nicht. Es ist allerdings auch ein Weg, der von den Hirnen zu den Herzen führt und von großer emotionaler Bedeutung ist. Natürlich gibt es immer wieder Konflikte im Kulturleben, diese sind aber, solange sie sachlich geführt werden, unendlich produktiv und stellen etwas dar, worin die eigentlichen, die spezifisch menschlichen Möglichkeiten liegen: schöpferisch zu sein. In der Schöpfung Gottes ist es uns geschenkt, selber zu gestalten, mit all der Fantasie und der Freude, die dazu notwendig ist. Im politischen Leben kann es nichts Schöneres geben, als das zu unterstützen. Nicht als Machtinstrument oder Ideologiebestandteil, sondern schlicht und einfach als Atem Gottes, den die Menschen hier befördern können. Dass mehr und mehr Politiker dies erkennen und die Kultur als wesentliches Mittel und Geschenk in der Gemeinsamkeit der Menschen ansehen, wünsche ich mir. Mit Sorge beobachte ich das Fehlen der Politik in der Kultur – Auftritte bei Festspielen, Premieren und Eröffnungen sind zu wenig, der Opernball ist ein Ereignis für Adabeis. Kunst und Kultur bestimmen das Humanum unserer Welt – und sind daher eine Grundaufgabe der Politik.

Dafür: toi, toi, toi!

Europa konkret

Alpbach

Es war mir durch eine Urlaubsentscheidung meiner Eltern geschenkt, sehr früh schon nach Alpbach zu kommen. Meine Eltern machten seit 1928 dort Urlaub, hatten Freunde, die im Wege von Verheiratungen dann auch zu echten Alpbachern wurden. Als das „Hotel Post" im Krieg wegen „Kinderlandverschickung" gesperrt wurde, hat uns die Tochter des Postwirts, die den „Winklerbauern" geheiratet hatte, aufgenommen, was allein schon von der Verpflegung in dieser Kriegs- und Nachkriegszeit ganz fantastisch war. Mit den etwa gleichaltrigen Alpbachern bin ich heute noch auf das Engste verbunden. Noch enger aber ist die Verbindung geworden, als ich relativ bald als Schüler über den Zaun zum Europäischen Forum Alpbach geblickt habe. Die Geschichte dieser Einrichtung ist bekannt, es ist eine außerordentliche Leistung von Otto Molden, Simon Moser und Freunden, sofort nach Ende des Krieges ab August 1945 eine europäisch orientierte Einrichtung geschaffen zu haben. Die Geschichte kann man nachlesen, meine Geschichte hat es ausdrücklich beeinflusst. Durch die persönlichen Verbindungen mit Alpbach bin ich ein steter Gast gewesen, was sich dann infolge meiner Tätigkeit im öffentlichen Bereich noch intensiviert hat. Ich habe an vielen Veranstaltungen des „Österreichischen College Alpbach", wie es ursprünglich hieß, teilgenommen, manche Referate gehalten, Arbeitskreise gestaltet und viele Menschen kennengelernt. An dieser Stelle muss man eingestehen, dass in einer bestimmten Phase jene Gruppe, die diese eindrucksvolle Institution geschaffen hat, alt geworden ist, die Besucherzahlen gingen zurück, es war in Wirklichkeit nicht mehr sehr spannend. Der heutige Klubobmann der Neos, Matthias Strolz, hat ein bleibendes Verdienst: Er inszenierte eine „Revolution". Klug, wie er war, kleidete er sie in eine „Liebeserklärung an Alpbach", in der er ungeheuren Druck entfaltete, Reformen durchzuführen. Es ist das Verdienst meines Vorgängers als Präsident, Botschafter Pfusterschmid-Hardtenstein, den Vorschlägen der revoltierenden Jungen (siehe Aufruf an die Jungen, S. 158) zu folgen und Veränderungen vorgenommen, vor allem aber junge Leute hereingeholt zu haben.

Der Umbau des EFA erfasste auch mich, ich übernahm den Vorsitz im Kuratorium. Pfusterschmid-Hardtenstein hatte mich konsequent als seinen Nachfolger aufgebaut – eine Aufgabe, die ich auch durch zwölf Jahre wahrgenommen habe und mit der ich auch heute noch auf das Engste verbunden bin.

Neben den wissenschaftlichen Leistungen war die Präsenz vieler Geistesgrößen wie Sir Karl Popper, Jan Assmann, Ernst Bloch, Paul Feyerabend, Peter Sloterdijk, Friedrich A. von Hayek, Fritz Machlup, Hans-Urs von Balthasar, Sir John Eccles, Manfred Eigen, Jean-Marie Lehn, Konrad Lorenz, Erwin Schrödinger, Ralf Dahrendorf, Eugen Kogon, Manès Sperber, Arthur Koestler, Friedrich Cerha, Gottfried von Einem, Ernst Krenek, Rolf Liebermann, Egon Wellesz und anderer durch die Jahre prägend und eindrucksvoll.

Mehr aber noch für Europa bestimmend war die Tatsache, dass es mir gelang, junge Menschen aus Mittel-, Ost- und Südosteuropa durch ein großzügiges Stipendiensystem als Teilnehmer zu gewinnen. In Richtung Westen waren wir weniger erfolgreich, aber das Netzwerk, das hier entstand, entfaltete Wirkung. Bei meinen Tätigkeiten in diesen Regionen erlebe ich immer wieder Alt-Alpbacher, hellwach und politisch engagiert, die eine sehr gute Erinnerung an das Europäische Forum bewahren. Es sind auch beachtliche Leistungen der Grenzüberschreitung gelungen, etwa als eine Gruppe junger Leute – allesamt ehemalige Stipendiaten – in Belgrad und Priština begann, als gemeinsames Projekt eine Fotoausstellung über Europa zu organisieren, die nicht nur in ihren Ländern und in Österreich, sondern auch in Brüssel gezeigt wurde. Das sind Zeichen gemeinsamen Verständnisses, die neben der außerordentlichen Bildungsfunktion dem eigentlichen Anliegen der Gründer des Forums entsprechen. Ich bin stolz auf diese Tätigkeit, war auch gerührt, als mir die Ehrenbürgerschaft der Gemeinde Alpbach verliehen wurde, und freue mich, dass mit Franz Fischler und seinem Präsidium eine konsequente Fortsetzung dieser Tätigkeit geschieht. Persönlich glaube ich, dass solche Aktivitäten viel mehr bringen als alle möglichen Konferenzen oder Staatsbesuche, von denen wir uns kurzfristig beeindrucken lassen, die aber langfristig jede Wirkung verfehlen. Auf diese Weise geschieht konkret Europa!

Arbeit an einem gemeinsamen Europa

Mir war es geschenkt, verschiedene Aufgaben übertragen zu bekommen und auch anzunehmen, die im Sinne eines gemeinsamen Europa wirkten. Ich glaube, dass wir die Zukunft wie ein Mosaik gestalten müssen. Dort, wo die Möglichkeit besteht, einzelne Steine zusammenzufügen, um ein gemeinsames Bild zu entwickeln, muss das mit großem Engagement getan werden. Natürlich ist immer wieder die Rede von Visionen. Es ist auch gut, wenn man im Hinterkopf Vorstellungen hat, wie es am Schluss aussehen soll, aber das darf nicht daran hindern, entsprechende Maßnahmen zu setzen und einzelne Teile zu verwirklichen. Der berühmte Satz, der sowohl Helmut Schmidt wie Franz Vranitzky zugeschrieben wird, dass jemand mit Visionen zum Arzt gehen solle, ist natürlich Unsinn. Politik ohne eine weiterführende Vorstellungswelt versagt in ihrer eigentlichen Aufgabe, Zukunft zu gestalten. Sicher ist aber, dass Visionen allein nicht genügend sind, sondern auch das tüchtige Anpacken erforderlich ist.

Gleiches gilt für den „Senat der Wirtschaft Österreich", der als Ableger von Deutschland versucht, vor allem mittelständische Unternehmer zusammenzubringen, um sich öffentlich zu artikulieren, ohne deswegen schon Bestandteil einer Partei oder einer politischen Wirtschaftsorganisation zu sein. Hier unternehmen wir es, in die Nachbarländer Österreichs zu gehen, und zwar nicht nur nach Westen (Liechtenstein, Schweiz), sondern auch nach Serbien, Kroatien und Slowenien, um eine entstehende Mittelschicht von Unternehmen zu aktivieren und zum entsprechenden gesellschaftlichen Engagement zu bringen. Noch ist die Organisation selbst am Improvisieren, besitzt aber eine große Attraktivität.

Ein weiterer Bereich meiner Tätigkeit verlangt Erwähnung: Das Herbert-Batliner-Europainstitut. Wie bei so vielem hat der Zufall Regie geführt: 1995 erreichte mich eine Einladung bei den Salzburger Festspielen, an der Gründungsveranstaltung eines „Herbert Batliner Europainstitut Salzburg" teilzunehmen. Ich war schlicht und einfach neugierig und bin in ein altes schönes Haus im Zentrum von Salzburg in der Getreidegasse gegangen, um offensichtlich an irgendeinem Empfang teilzunehmen. Ich kam in Straßenkleidung, zum Unterschied der großen Teilnehmerzahl, die alle in „Einserpanier" gekleidet waren, wie meine sozialistischen Freunde in Wien schwarze Anzüge und festliche Kleider bezeichneten. Dort wurde ich vom damaligen Landeshauptmann von Salzburg, Dr. Franz Schausberger, engagiert, ein Referat über Europa zu halten. Später erfuhr ich, dass Alois Mock aus Gesundheitsgründen ausgefallen und ich zum Substituten erkoren worden war. Nach der Veranstaltung selbst haben mich Franz Schausberger und der Namensgeber des Institutes, Senator Prof. DDr. Herbert Batliner, angesprochen, ob ich nicht bereit wäre, den Vorsitz im Wissenschaftlichen Beirat zu übernehmen. Da ich damals sonst nichts Bedeutendes zu tun hatte, habe ich das gerne übernommen. Ich bin heute noch froh über diese Entscheidung, denn durch das Institut konnten wir eine beachtliche Wirkung entfalten.

Herbert Batliner ist eine interessante, nicht ganz unumstrittene Persönlichkeit. Er erlangte vor allem durch seine Tätigkeit im Bereich von Stiftungen und Treuhänderschaft mediale Berühmtheit. Sein juristisches und finanztechnisches Talent hat vielen geholfen, ihr Eigentum „steuerschonend" zu gestalten. Er war ein großer Österreichfan, was sich auch dadurch ausdrückte, dass er längst die österreichische Staatsbürgerschaft hatte. Er zeichnete sich durch großen Respekt und entsprechende Unterstützung für das Fürstenhaus in Liechtenstein aus, hatte nicht nur eine bedeutende Kunstsammlung angelegt, die heute in der Albertina namensgebend ihren Platz hat, sondern

256

unterstützte auch Wissenschaft und Kultur. Es gibt wahrscheinlich keine Orgel im deutschen Sprachraum, zu der er nicht einen Beitrag geleistet hat, um sie entweder neu entstehen zu lassen (in Regensburg eine Orgel für Benedikt XVI.) oder für ihre Wiederherstellung und Reparatur zu sorgen (wie z.B. die Orgel im Salzburger Dom, dem Mozarteum und am Festspielhaus).

Das Institut selbst hat sich zunächst einmal für Geschichte und Recht in Europa interessiert, eine Fülle von Forschungen ermöglicht und schließlich die Herausgabe von 36 wissenschaftlichen Werken finanziert. Später sind wir in das Schloss Urstein bei Puch umgezogen, was für meine Tätigkeit als Rektor der Fachhochschule Salzburg eine ersprießliche geografische Nähe erzeugte. Batliner war aber nicht nur Financier – er lehnte staatliche Förderungen ab –, sondern auch jemand, der in hohem Ausmaß mitdachte und Entscheidungen beeinflusste. Zunächst war es ein „Kleinstaatenpreis", den er anregte, was aufgrund seiner Herkunft als Liechtensteiner kein Wunder war. Die Liste der Preisträger ist eindrucksvoll und enthält Persönlichkeiten aus kleinen Ländern, die in die europäische Gestaltung direkt eingegriffen haben. (Lennart Meri – Staatspräsident von Estland, Jordi Pujol – Präsident der spanischen Provinz Katalonien, Carl Baudenbacher – Präsident des EFTA Gerichtshofes, Vaira Vike-Freiberga – Staatspräsidentin von Lettland, Jean-Claude Juncker – Premierminister von Luxemburg). Batliner erkannte aber auch den Punkt, an dem sich eine Strategieänderung empfahl. Er war es, der Wert darauf legte, dass das Institut als Thema „Europa und Kultur" wählte, konsequenterweise wurde auch der Kleinstaatenpreis zum „Pro Arte Europapreis" umgewandelt. Der erste Preisträger war die European Cultural Foundation. Der letzte Preis wurde an den Dirigenten Zubin Mehta vergeben, der multikulturell geprägt, dem Glauben Zoroasters verpflichtet, aus einer Minderheit am Subkontinent Indiens kommend, Chefdirigent des Israel Philharmonic Orchestra ist und eine ungeheuer vielfältige kulturelle Sicht verkörpert.

Auch anderes Wichtiges gelang: die „Ouverture spirituelle". Ich war auf der Suche nach Aktivitäten betreffend Europa und Kultur, wobei die Rolle der Religion ungeheuer wichtig ist, denn ohne Bindungen kann ein Kontinent nicht bestehen. Es war Alexander Pereira, der vor Beginn der Salzburger Festspiele die Idee der „Ouverture spirituelle" entwickelte und damit versuchte, geistliche Musik aus allen Kulturbereichen als Programmpunkt zu installieren. Man sagte ihm voraus, dass das ein Fehlschlag werden würde, die Besucherzahlen bei den jeweiligen Veranstaltungen haben in den letzten Jahren genau das Gegenteil bewiesen. Mit der „Ouverture spirituelle" wurde auch ein anderes Publikum der Salzburger Festspiele angesprochen, was sichtlich gut tut. Im Zusammenwirken mit meiner langjährigen Partnerin in politischen und wirtschaftspolitischen Fragen, der Präsidentin der Festspiele Dr. Helga Rabl-Stadler, haben wir die „Disputationes" entwickelt, die 2012 die Beziehung zwischen Christentum und Judentum auszuleuchten versuchten, 2013 jene von Buddhismus und Shintoismus mit Europa und 2014 den Islam zum Thema hatte. Ich bin Batliner unendlich dankbar für diese so spannende Aufgabe, die es ermöglicht, die Beziehung zwischen Kultur und Religion entsprechend zu beleuchten. Persönlich bin ich überzeugt, dass darin eine Schlüsselfrage für die Zukunft liegt, vor allem dann, wenn es darum geht, das Andere, das Fremde, zu verstehen. Zusammenleben wie Konfliktlösung und Konfliktvermeidung werden auf einem solchen Verstehen aufbauen müssen.

Auch in der internationalen Politik wird nun Religion als Instrument eingesetzt und das macht das Problem noch brisanter: Die islamische Welt wird aufgerufen, den bosnischen Brüdern zu Hilfe zu kommen; ebenso appelliert Serbien an eine orthodoxe Allianz gegen den Ansturm des Islam und auch gegen die finsteren Absichten der vatikanischen Weltpolitik, für die sich angeblich auch die USA und Deutschland einspannen lassen. Alle diese Stimmen sind zwar nicht hochoffiziell, aber sie werden laut und werden von den bedrängten Kriegsparteien immer gerne benützt. Der „Westen" ist bislang sprachlos geblieben. Nur die Idee der „civil society" – von George Soros unterstützt – wurde in akademischen Kreisen sehr elitär erörtert. Soros ist es zu verdanken, dass man sich wenigstens mit der Transformation des Bildungssystems in den ehemaligen Ostblockländern beschäftigte. Umso mehr ist es auch klar, dass die Religionen ihre Rolle in Staat und Gesellschaft von heute noch nicht bewältigt haben, was die Lage des liberalen Verfassungsstaates schwierig macht.

Persönlich bin ich ganz sicher, dass diese Fragestellungen eigentlich akute Fragen sind. Das Beliebige und Tagtägliche wird uns nicht weiterbringen, es wird kein Trost der Menschen sein, sondern höchstens eine Ablenkung. Nicht umsonst spricht man von den „letzten Dingen des Lebens", die in Wirklichkeit bewegen. Es wird auch an den Theologen im Osten wie im Westen liegen, ob wir Tröstung und Zuversicht für die Zukunft in Alkohol und Drogen oder in der schrecklichen „No Future"-Perspektive suchen.

Die Notwendigkeit dieser Aufgabenstellungen ist unbestritten, die Faszination ist gegeben. Primitive Erklärungsweisen, wie sie etwa von Globalisierungsgegnern gewählt werden, werden kaum einen Beitrag leisten, diese Probleme zu lösen.

In all diese Tätigkeiten versuche und versuchte ich ein wenig den Zielen von Europa, aber auch der Bindung an Werte zu dienen.

Dazu gehört auch die Ermöglichung eines wechselseitigen Verständnisses der Geschichte. Ich bin Mitbegründer und langjähriger Vorsitzender des Center for Democracy and Reconciliation in Southeast Europe (CDRSEE), das es unternommen hat, zunächst die Lustration in den ehemals kommunistischen Staaten zu untersuchen (wir hatten keine große Wirkung damit), dann aber begann, sich mit den Geschichtsbüchern Südosteuropas auseinanderzusetzen, die ein Albtraum sind, weil jeweils Großrumänien, Großbulgarien, Großserbien, Großgriechenland und sonst noch einige Träume von Wahnsinnigen darin dokumentiert sind. Wir haben nicht versucht, eine gemeinsame Geschichte zu schreiben, das ist schon zwischen Frankreich und Deutschland nicht gelungen, das erste diesbezügliche Buch nach 1945 ist erst 2003 erschienen. Wir haben aber die Geschichtsauffassungen miteinander konfrontiert und unternehmen es in Seminaren, LehrerInnen zu informieren – und das durchaus mit einigem

Erfolg, weil langsam auch die Regierungen dieser Länder verstehen, dass das Verständnis von Geschichte für die Gemeinsamkeit in den Regionen eine große Rolle spielt. Damit unterstützen wir auch das Regional Cooperation Council (RCC), das in Nachfolge des Stabilitätspaktes heute unter der umsichtigen Führung des ehemaligen jugoslawischen Außenministers Goran Svilanović eine wichtige Rolle im Prozess des regionalen Zusammenwachsens spielt. Inzwischen haben wir auch mit Unterstützung der Europäischen Union „vicinities" geschaffen, nämlich Fernsehdiskussionen über die Grenzen hinweg, die mit den medialen Mitteln unserer Zeit versuchen, nicht nur Vorurteile abzubauen, sondern auch das Gefühl der Gemeinsamkeit zu erzeugen. Wenigstens in unserem Teil des „global village", des Weltdorfs, sollten wir versuchen, Gefühle der Nachbarschaft und Freundschaft zu entwickeln.

Ohne Freunde geht es nicht

Schwierig ist es, über Freunde zu schreiben, weil die Gefahr groß ist, durch Auslassungen oder Bewertungen Kränkungen zu erzeugen. Ich versuche es trotzdem – eigentlich als eine Form der Selbstkritik. Ich war von Haus aus sehr skeptisch, dass Freunde im politischen Leben wirklich solche sind, erst recht nach dem Ausscheiden aus der Politik, weil man dann infolge eines Mangels von Einfluss nicht mehr wichtig ist. Von meinem Freund Robert Graf, dem Wirtschaftsminister (1987–89), habe ich den Satz gelernt: „Wenn du als Politiker einen Freund brauchst, nimm dir einen Hund." So sehr ich Graf geschätzt habe, er hat nicht Recht! Ich habe in Wirklichkeit erlebt, dass mir durch die Zeit viele Freunde zugewachsen sind, zu manchen hat sich vielleicht das Verhältnis geändert, aber die Summe dessen, was ich erfahren habe, ist positiv und stimmt optimistisch.

Die Betrachtung darüber möchte ich kurz halten, denn eine Vollständigkeit ist nicht möglich, einige Fälle seien exemplarisch genannt. Es waren Rudolf Sallinger, der mich in seiner handfesten Art als Gewerbetreibender begleitete, genauso wie Stephan Koren, Finanzminister und Nationalbankpräsident, deren Rat ich nicht vermisst haben möchte. Ich möchte nicht alle meine Jugendfreunde erwähnen, die mir auch in der Zeit der Politik und nachher treue Wegbegleiter waren, denn das würde den Rahmen sprengen. Es sei hier versucht, auch schwierigere Fälle zu nennen, die in meiner inneren Beurteilung noch nicht abgeschlossen sind und durch die Gemeinsamkeit und Verschiedenheit in der Politik bestimmt waren.

Alois Mock habe ich immer als Freund verstanden, bin aber mit der Zeit mit ihm auseinandergekommen, weil wir eine unterschiedliche Betrachtung der Politik hatten. Wahrscheinlich habe ich für ihn des Öfteren Signale gesetzt, mich als Konkurrenten zu betrachten, wobei er aber auch manche Gelegenheit nicht ausgelassen hat, das seinerseits zu tun. Ich habe ihn einmal gefragt, warum ich bei der Regierungsbildung 1987, als die ÖVP wieder in die Regierung eintrat, nicht beachtet wurde. Seine Auskunft war lakonisch: „Du bist für Wien zu wichtig." Ich war zu dieser Zeit bereits elf Jahre dort und hatte natürlich Sehnsucht nach Veränderung, die mir auf diese Weise verweigert wurde und dennoch später stattfand. Auch hat uns meine Nähe zur „Grünströmung", die in der Politik aufkam, etwas entzweit, wobei der schmerzvolle Prozess seiner Erkrankung mir einiges an Solidarität abgefordert hat, die er wahrscheinlich in der Zwischenzeit versteht. Heute bin ich tief betroffen von dem Leid, das ihm die Krankheit zugefügt hat. Es ist sein Naturell, ein Kämpfer zu sein. Meine ungeteilte Bewunderung gehört seiner Frau Edith.

Mit Josef Taus verbindet mich eine jahrzehntelange Freundschaft. Den brillanten Intellekt, die starke politische Urteilsfähigkeit, aber auch die spröde, distanzierte Art des „Pepi" habe ich immer geschätzt. Er weiß zu allem etwas, hält damit nicht hinter dem Berg und betont, dass er es eigentlich immer schon gewusst habe und wir das immer so gemacht hätten. Er verkörpert eine Qualität, von der ich befürchte, dass sie in der heutigen Zeit rar geworden ist, wobei ihm eine Fähigkeit zum „Tapetenwechsel" auch zu eigen ist. Er ging den Weg des Werkstudenten, in die Sozialreform, war gleichzeitig als Banker erfolgreich, wurde als Politiker gefordert, wahrscheinlich aber zu wenig gefördert, und ist nun in der Wirtschaftslandschaft einer, dessen Stimme immer noch Gewicht hat.

Der steirische Landeshauptmann Dr. Josef Krainer muss hier erwähnt werden, mit dem ich viele gemeinsame Wege gegangen bin. Ich habe ihn als Generalsekretär der Katholischen Aktion Steiermark kennengelernt und durch die Zeit hat sich hier ein sehr enges Verhältnis entwickelt, das sich auch durch die fantasievolle und intellektuelle Kapazität der steirischen Volkspartei zu seiner Zeit verstärkte. Dass es möglich war, durch ihn Bernd Schilcher, Helmut Strobl, Franz Hasiba und anderen zu begegnen, schätze ich als einen der Glückfälle meines politischen Lebens. Josef Krainer ist auch sehr sensibel: Ich werde nie vergessen, dass er mich Jahre nach meinem Abgang aus der Bundespolitik fragte, ob ich ihm noch gram sei, dass er mein Verbleiben nicht hinreichend unterstützt hatte. Im Gegenteil: Ich war ihm dankbar, denn er hat mir die Wahrheit gesagt, dass meine Zeit vorüber war.

Hier wäre auch länger über Marilies Flemming, Ingrid Tichy-Schreder, Maria Rauch-Kallat, Doraja Eberle und andere Frauen in der Politik zu schreiben. Diese und andere Namen stehen dafür, dass ich mich sehr bemüht habe, die geringeren Chancen des weiblichen Geschlechts in der Politik zu kompensieren. Wir sind heute wesentlich weiter. Ich erinnere mich, dass die Kritik an Frauen seitens der Männer schrecklich war: Viele Kollegen haben mich aufgesucht, um mir zu erklären, wie unmöglich wieder eine unserer Gemeinderätinnen oder Nationalrätinnen aussähe. Gerade die Anforderung an das Erscheinungsbild war eine unendlich brutale. Mir bleibt in Erinnerung, dass Hertha Firnberg selbst bei kräftigem Wind am Flugplatz in Erwartung eines Staatsgastes immer eine durch Haarspray zu Beton gewordene Frisur hatte, um dem Anforderungsbild der Männer bezüglich des Aussehens der Frauen zu entsprechen.

Man möge mir verzeihen, dass ich eine Frau besonders erwähne, die in ihrer Vielseitigkeit und ihrem Engagement mir immer Bewunderung abverlangt hat: Helga Rabl-Stadler. Ich habe sie in vielen Rollen erlebt, als Journalistin, Unternehmerin, Kammerpräsidentin, Abgeordnete und schließlich als Präsidentin der Salzburger Festspiele. Sie ist mir in ihren verschiedenen Positionen immer eine spannende Partnerin gewesen, manchmal schwer kalkulierbar, aber immer interessant und herausfordernd. Sie hat sich nie mit dem Erreichten zufriedengegeben, war immer auf der Suche nach den richtigen Inhalten, durchaus auch ein Talent der Präsentation der eigenen Person, und gleichzeitig selbstkritisch – beide Eigenschaften sind in ihren Funktionen sehr wichtig. Es ist ein Vergnügen, mit ihr zu streiten und anderer Meinung zu sein, weil sie durchaus emotional ist, aber nicht in dem Sinn, dass sie jemanden verdammt, der die Dinge nun einmal anders sieht.

An dieser Stelle wären sicher auch eine Reihe von Sozialdemokraten zu erwähnen, denen ich mich freundschaftlich verbunden fühle, nicht nur aus der gemeinsamen Zeit des Bundesjugendringes, sondern weil sich bei aller Unterschiedlichkeit doch auch das Gefühl der Gemeinsamkeit entwickelt hat. Später sind noch viele dazugekommen, wie etwa bei der Initiative „Demokratie jetzt", bei der wir mit einem Volksbegehren grandios gescheitert sind, ich aber etwa mit Dr. Wolfgang Radlegger, Dr. Friedhelm Frischenschlager und Johannes Voggenhuber eigentlich Freunde gewonnen habe, die ganz selbstverständlich in der Sache zusammengearbeitet haben, ohne dabei zu glauben, den anderen entweder distanzieren oder diskreditieren zu müssen. Auch das ist ein Erlebnis einer positiven Entwicklung des politischen Stils und der Demokratie.

Den Bundesparteiobmännern nach mir, wie etwa Willi Molterer und Josef Pröll, habe ich mich sehr verbunden gefühlt.

Zu den Freunden gehören auch die Nicht-Freunde. Michael Spindelegger hat sich zunächst einmal aus Reaktion auf Kritik durch mich sehr distanziert, später aber den Medien anvertraut, dass er immer schon gegen mich gewesen sei. Wolfgang Schüssel hat mir in Erinnerung gerufen, dass Spindelegger als Kabinettschef von Verteidigungsminister Robert Lichal, des herausragenden „Stahlhelm"-Mitglieds, Leiter des „Maria Plain-Kreises" war, der auch zum Ziel hatte, mich aus der Politik zu entfernen. Ähnliches habe ich vorher in Wien durch Hannes Prochaska erlebt, der eine Gruppe leitete: „Die Zeit nach Busek", die er nach 13 Jahren meiner Tätigkeit mit Erfolg eingeleitet hat, die aber bislang so ziemlich eine politische Katastrophe geblieben ist.

Natürlich habe ich auch Freunde außerhalb der politischen Landschaft – es würde zu weit führen, sie alle zu erwähnen. Unbedingt möchte ich aber Gesine „Gexi" Tostmann nennen, der ich wichtige politische Einsichten verdanke. Als die Grünbewegung noch lange keine Partei, aber eine beachtliche Initiative in der zivilen Gesellschaft war, hat sie mich mit einer Reihe von Repräsentanten bekannt gemacht, vor allem aber auch mit deren Gedankengut. Das alles hat damals ziemlich informell in ihrem Geschäft im Melkerhof stattgefunden. Es gelang ihr sogar, mich zur Tracht zu bekehren und

diesbezügliche Vorurteile abzulegen. Sie ist auch heute noch ein unendlich belebendes Element in der kulturellen Landschaft, mit einer
ungeheuren Fähigkeit, Vernetzungen herzustellen. Letztlich ist sie
indirekt dafür verantwortlich, dass ich drei Jahre lange Präsident des
Österreichischen Volksliedwerks war – eine Erfahrung, die ich nicht
missen möchte. Sie hat es geschafft, den Geruch der Vergangenheit
des Volksliedes im Hinblick auf die „tausend Jahre" zu beseitigen, als
Volkskundlerin weiß sie von der Notwendigkeit solch innerer Bindungen sehr viel.

Einem Freund möchte ich abschließende Gedanken widmen:
Wolfgang Schüssel. Wir sind seit den Zeiten der Katholischen Mittelschuljugend Österreichs einen gemeinsamen Weg gegangen. Er ist
vier Jahre jünger als ich. Eines Tages vertraute er mir an, dass er
doch gerne in die Politik gehen wolle. Ich machte ihn aufmerksam,
dass er zum Unterschied von mir rechtzeitig der ÖVP beitreten sollte, was er auch tat. Mir ist es dann gelungen, ihn im Parlamentsklub
der ÖVP, später im Österreichischen Wirtschaftsbund als mein Nachfolger durchzusetzen. Gemeinsam sind wir in die Regierung an der
Seite von Joschi Riegler eingetreten und aus tiefer Überzeugung habe ich dafür gekämpft, dass er als Bundesparteiobmann mein Nachfolger wurde. Was uns wirklich auseinandergebracht hat, weiß ich
eigentlich nicht so genau. Wahrscheinlich war ich zu empfindlich der
Tatsache wegen, dass man mich nach dem Ausscheiden aus der Regierung nicht mehr richtig brauchen konnte. Sicher hat er mir auch
meine Kritik an der schwarz-blauen Koalition übelgenommen, wenngleich ich mich aus Überzeugung nach wie vor dazu bekenne. Wo-
runter ich heute noch leide, ist die Tatsache, dass nie ein klärendes
Gespräch zustande gekommen ist – und das bis heute. Er hat mich bis
in meine letzten Tage in Bundes-ÖVP und Regierung tadellos unterstützt, nur nachher hatte ich das Gefühl, dass diese Beziehung wie
abgerissen war. Ich geniere mich nicht dafür, einzubekennen, dass
ich darunter leide, weil es eine tiefe Freundschaft war, die nichts mit
der Politik zu tun hatte, sondern ein Ergebnis von hoffentlich gegen-
seitiger Sympathie war. Ich gestehe: Diese Beziehung zu Wolfgang

Schüssel ist der einzige Schmerz, der mir aus der politischen Zeit geblieben ist. Abgesehen davon: Mein Dank gilt allen Freunden von Herzen!

Brief an alle, die einen Politiker als Freund haben

Liebe Freundin bzw. lieber Freund eines Politikers!

Eine redliche, ehrliche und offene Freundschaft für einen Politiker zu empfinden, ist anstrengend. Im politischen Leben wird man von den Dingen des Tages aufgefressen, vergisst dann womöglich auf Geburtstage und geht nicht mit der besten Sorgsamkeit in der Beziehung um, aber Politiker brauchen Freunde! Aus meiner Erfahrung vor allem, um klar gesagt zu bekommen, was gut und was schlecht ist. Natürlich sind die Reaktionen dann etwas grantig oder aggressiv, weil sich der Politiker wieder einmal nicht verstanden fühlt. Außerdem vermutet man immer, dass alle anderen, die nicht direkt in der Politik sind, die Vorgänge nicht so richtig verstehen und auch nicht begreifen können. Das verlangt eine Fähigkeit, alle diese Schwierigkeiten zu überwölben und dennoch in einer Beziehung zu bleiben. Das ist wichtig für den Bestand von Freundschaft, vor allem ist es wichtig für die Politiker. Wenn sie Freundschaft empfinden, hilft ihnen das bei ihrer wichtigen Tätigkeit, weil sie noch ein Gefühl der Verankerung bei anderen Menschen haben und dieses Gefühl brauchen. Daher ersuche ich, eine solche Freundschaft beizubehalten bei allen Schwierigkeiten, mit allem Verständnis, gleichzeitig aber auch mit aller Offenheit, die notwendig ist. Und: Verzeihen tut not! Das zu verlangen ist meines Erachtens berechtigt, denn die Aufgabe der Politik wird immer schwieriger, ja in den privaten und persönlichen Beziehungen eigentlich mörderischer. Man muss sich immer vor Augen halten, dass man ständig in der Öffentlichkeit ist, beschimpft wird, berechtigt oder unberechtigt dauernd Defizite vorgehalten bekommt und letztlich ganz selten Anerkennung erntet – vielleicht einmal später in der Geschichte, aber davon kann man aktuell nicht leben. Bitte um die freundschaftliche Beziehung kämpfen! Mehr noch gilt das für die jeweiligen Partner der Politiker, denn diese bezahlen einen ungeheuren Preis, vor allem durch die Abwesenheit räumlicher, zeitlicher und mentaler Art! Nochmals: Politiker brauchen Freunde! Das möchte ich gerne weitergeben, aus einer selbst erlebten Notwendigkeit heraus.

Danksagung

Jedem, der das Buch bis hierher gelesen hat, sei Dank gesagt für die Geduld. Ich habe es nicht aus Eitelkeit geschrieben, mehr aufgrund wiederholter Nachfrage, wofür ich Barbara Köszegi vom Verlag Kremayr & Scheriau zu herzlichem Dank verpflichtet bin. Auch für die Betreuung, die sie wiederholt meinen Produkten angedeihen ließ. Gleiches gilt für die unendliche Geduld von Gabriele Buchinger, die mir nicht nur seit 1991 in irgendeiner Form seit meiner Vizekanzlerschaft assistiert hat, sondern mir in Treue verbunden ist. Dass sie auch dieses Manuskript in eine lesbare Form gebracht hat, habe ich ihr von Herzen zu danken. Die Liste jener, die mir Anregung gegeben haben, ist unendlich, besonders aber habe ich Heide Pils zu erwähnen, die mir so manchen Hinweis, wie etwa Briefe an bestimmte Adressaten, gegeben hat. Für die Durchsicht aus zeitgeschichtlichen Perspektiven danke ich Dr. Helmut Wohnout, den als gelernten Historiker aufgrund der chaotischen Darstellung wahrscheinlich das volle Grauen erfasst haben muss. Aber schließlich sollen später Historiker auch noch etwas zu tun haben, wenn es von Interesse ist. Jetzt käme die Liste der Freunde, die aber den Rahmen sprengen würde. Allen sei von Herzen Dank gesagt!

Vor allem danke ich meiner Frau, die es fast ein halbes Jahrhundert mit mir ausgehalten hat – sie sagt, es waren aber bestenfalls sechs bis sieben Jahre, die wir mit einander verbrachten.

Dann gibt es auch noch eine lange Liste von Menschen, die durchaus nicht genannt werden wollen, denen ich aber innerlich sehr verpflichtet bin. Meine Bitte an sie alle: Nehmt mir meine Freundschaft, Liebe und Bindung zu euch ab! Eigentlich sollte ich geloben, nicht wieder ein Buch zu schreiben. Ich wollte Erfahrungen weitergeben, hoffentlich kann sie jemand gebrauchen. Außerdem möchte ich sagen: Für den Reichtum des Erlebten bin ich dankbar – meinen Mitmenschen, dem Schicksal und Gott!

Erhard Busek

Lebenslauf

PERSÖNLICHES

Name:	Erhard Busek
Geboren:	25. März 1941, Wien (Österreich)
Staatsbürgerschaft:	Österreich
Status:	verheiratet

AUSBILDUNG

Matura im Gymnasium, Wien XIX.

1959–1963
Studium an der Universität Wien, Juridische Fakultät, Abschluss mit
Doktorat, gleichzeitig Werkstudent

AKTUELLE FUNKTIONEN

seit 15. Juli 1995
Vorsitzender des Instituts für den Donauraum und
Mitteleuropa (IDM)
www.idm.at

seit 1996
Präsident des „Gustav Mahler Jugendorchesters"
www.gmjo.at

seit November 1996
Koordinator der „Southeast European Cooperative Initiative" (SECI)
www.secinet.info

seit August 1997
Präsident und wissenschaftlicher Leiter des „Herbert-Batliner-Europainstituts"
www.europainstitut.co.at

....

seit Juni 2005
Vorsitzender des Advisory Boards der „ERSTE Stiftung"
www.erstestiftung.org

....

seit 2004
Präsident des „Vienna Economic Forum" (VEF)
www.vienna-economic-forum.com

....

seit 22. Oktober 2007
Präsident des „Senats der Wirtschaft Österreich"
www.senat-der-wirtschaft.at

....

seit März 2008
Vorsitzender des Universitätsrates der Medizinischen Universität Wien
www.meduniwien.ac.at/homepage/content/organisation/gremien/universitaetsrat/

....

seit Oktober 2008
Jean Monnet Chair ad personam (Fachhochschule Salzburg und Universität Graz)
https://online.uni-graz.at/kfu_online/wblv.wbShowLvDetail?pStpS pNr=354281&pSpracheNr=1&pMUISuche=FALSE

....

seit März 2010
Präsident des EU-Russia Centre
www.eu-russiacentre.org

....

seit März 2010
Gründungsmitglied und Präsident von ICEUR – International
Center for Advanced and Comparative EU-Russia (NIS) Research
www.iceur-vienna.at
....

seit September 2013
Obmann des Kammermusikfestes Lockenhaus
www.kammermusikfest.at

....

WEITERE AUFGABEN

Mitglied des Vorstandes der „Gottfried von Einem Stiftung"
www.einem.org/de/stif_vo.htm
....

Präsident des „Center for Democracy and Reconciliation in Southeast Europe"
www.cdsee.org
....

Gastprofessor an der Duke University in North Carolina, am Institut
für Public Policy seit 1995
sanford.duke.edu/
....

Mitglied des Supervisory Boards der „IEDC-Bled School of
Management"
www.iedc.si
....

Vorsitzender des Beirates der „Österreichisch-Kroatischen
Gesellschaft"
www.oekg.at
....

Vorsitzender des Vereins „Kammermusikfest Lockenhaus"
www.kammermusikfest.at
....

Mitglied des Beirats der Konferenz „Europa eine Seele geben"
www.asoulforeurope.eu/

....

Ehrenpräsident des Europäischen Forums Alpbach
www.alpbach.org

....

Mitglied des Ehrenpräsidiums des József Antall Politik- und
Gesellschaftswissenschaftlichen Wissenszentrums
www.ajtk.uni-corvinus.hu

....

BISHERIGE FUNKTIONEN

1959–1961
Zentralsekretär der Katholischen Mittelschuljugend Österreich

....

1962–1966
Zentralführer der Katholischen Mittelschuljugend Österreich

....

1962–1963
Bundessekretär der Katholischen Jugend Österreich

....

1964–1966
Generalsekretär des Katholischen Akademikerverbandes Österreich

....

1966–1969
Vorsitzender des Österreichischen Bundesjugendringes

....

1964–1968
2. Klubsekretär im Österreichischen Nationalrat

....

1972–1976
Generalsekretär des Österreichischen Wirtschaftsbundes

....

1975–1976
Generalsekretär der Österreichischen Volkspartei

....

1976–1978 und 1987–1989
Stadtrat in Wien

....

1976–1989
Landesparteiobmann der Wiener Volkspartei

....

1978–1987
Landeshauptmann-Stellvertreter und Vizebürgermeister von Wien

....

24.4.1989–29.11.1994
Minister für Wissenschaft und Forschung

....

29.11.1994–4.5.1995
Bundesminister für Unterricht und kulturelle Angelegenheiten

....

1991–1995
Vizekanzler der Republik Österreich und Bundesparteiobmann der
Österreichischen Volkspartei

....

2000–2001
Regierungsbeauftragter der österreichischen Bundesregierung für
EU-Erweiterungsfragen

....

April 2000–20. März 2012
Präsident des Europäischen Forums Alpbach (EFA)
www.alpbach.org

....

2002–2008
Sonderkoordinator des Stabilitätspaktes für Südosteuropa
www.stabilitypact.org

....

Oktober 2004–September 2011
Rektor der Fachhochschule Salzburg
www.fh-salzburg.ac.at
....

2008–2009
Berater des Außenministers der Tschechischen Regierung
in Fragen des westlichen Balkans während der EU-Präsidentschaft
1. Hälfte 2009
http://www.eu2009.cz/en/

Publikationen

Zahlreiche Bücher und Artikel, unter anderem *„Die unvollendete Republik – Österreich ohne Phrase 1"* gemeinsam mit Meinrad Peterlik, Verlag für Geschichte und Politik (Wien 1968)

....

„Demokratiekritik – Demokratiereform", gemeinsam mit Gerhard Wilflinger (Wien 1969)

....

„Auf dem Weg zur Qualitativen Marktwirtschaft – Versuch einer Neuorientierung", gemeinsam mit Christian Festa und Inge Görner, Verlag für Geschichte und Politik Wien (Wien 1975)

....

„Die kranken Riesen – Krise des Zentralismus", Franz Deuticke Verlag (1981)

....

„Projekt Mitteleuropa", gemeinsam mit E. Brix, C. Ueberreuter (Wien 1986)

....

„Aufbruch nach Mitteleuropa" gemeinsam mit G. Wilflinger, Edition Atelier (Wien 1986)

....

„Wissenschaft, Ethik und Politik", gemeinsam mit M. Peterlik, Verlag für Geschichte und Politik (Wien 1987)

....

„Wissenschaft und Freiheit – Ideen zu Universität und Universalität", gemeinsam mit W. Mantl und M. Peterlik, Verlag für Geschichte und Politik (1989)

....

„Brücken in die Zukunft – Weltausstellung Wien-Budapest 1995", Herausgeber, Edition Atelier (1989)

....

„Heimat – Politik mit Sitz im Leben", Braintrust Verlag (1994)

„*Mensch im Wort*“, Edition Atelier (1994)

....

„*Mitteleuropa – Eine Spurensicherung*“, Verlag Kremayr & Scheriau (1997)

....

„*Politik am Gängelband der Medien*“, Verlag Jugend & Volk (1998)

....

„*Österreich und der Balkan – Vom Umgang mit dem Pulverfaß Europas*“, Verlag Molden (1999)

....

„*Eine Reise ins Innere Europas – Protokoll eines Österreichers*“, Wieser Verlag (2001)

....

„*Offenes Tor nach Osten*“, Molden Verlag (2003); („Otvorena kapija ka Istoku“, Clio Verlag)

....

„*Die Europäische Union auf dem Weg nach Osten*“, gemeinsam mit W. Mikulitsch, Wieser Verlag (2003)

....

„*Zu wenig, zu spät – Europa braucht ein besseres Krisenmanagement*“, Edition Körber-Stiftung (2007)

....

„*Eine Seele für Europa – Aufgaben für einen Kontinent*“, Verlag Kremayr & Scheriau (2008)

....

„*Erhard Busek und Anton Pelinka – Unsere Zeit: Vorwärts gedacht. Rückwärts verstanden*“, Verlag Galila (2014)

Herausgeber folgender Bücher

„Die EU-Präsidentschaft Österreichs. Eine umfassende Analyse und Dokumentation des zweiten Halbjahres 1998. Ergebnisse – Bewertungen – Schlussfolgerungen", Alexander Schallenberg und Christoph Thun-Hohenstein, Herausgeber der Schriftenreihe: Herbert Batliner und Erhard Busek, MANZ-Verlag (Wien 1999)

....

„Europa im Zeitalter der Globalisierung. Probleme – Analysen – Lösungen.Vorträge des 1. DDr.-Herbert-Batliner Symposiums", Hrsg. v. Carl Baudenbacher und Erhard Busek, MANZ-Verlag (Wien 2000)

....

„Drinnen oder draußen? Die öffentliche österreichische EU-Beitrittsdebatte vor der Volksabstimmung 1994", Franz Heschl, Herausgeber der Schriftenreihe: Herbert Batliner und Erhard Busek, Böhlau-Verlag (Wien 2002)

....

„Europa und die Globalisierung. Referate des Zweiten Wiener Globalisierungs-Symposiums", Hrsg. v. Carl Baudenbacher und Erhard Busek, Verlag Österreich (Wien 2002)

....

„Paradigmenwechsel im Völkerrecht zur Jahrtausendwende. Beiträge zu aktuellen Völkerrechtsfragen", Waldemar Hummer, Herausgeber der Schriftenreihe: Herbert Batliner und Erhard Busek, MANZ-Verlag (Wien 2002)

....

„Eine europäische Erregung. Die ‚Sanktionen‘ der Vierzehn gegen Österreich im Jahr 2000", Hrsg. v. Erhard Busek und Martin Schauer, Böhlau-Verlag (Wien 2003)

....

„Europa und die Globalisierung III. Referate des Dritten Wiener Globalisierungs-Symposiums", Hrsg. v. Carl Baudenbacher und Erhard Busek, Verlag Österreich (Wien 2003)

....

„Etappen am Weg zu einer Europäischen Verfassung", Hrsg. v. Erhard Busek und Waldemar Hummer, Böhlau-Verlag (Wien 2004)

....

„Der Europäische Konvent und sein Ergebnis. Eine Europäische Verfassung", Hrsg. v. Erhard Busek und Waldemar Hummer, Böhlau-Verlag (Wien 2004)

....

„Europa und die Globalisierung, IV. Referate des Vierten Wiener Globalisierungs-Symposiums", Hrsg. v. Carl Baudenbacher und Erhard Busek, Verlag Österreich (Wien 2004)

....

„Alpenquerender und inneralpiner Transitverkehr", Hrsg. v. Erhard Busek und Waldemar Hummer, LIT-Verlag (Wien 2005)

....

„Tabubruch. Österreichs Entscheidung für die Europäische Union", von Manfred Scheich, Herausgeber der Schriftenreihe: Herbert Batliner und Erhard Busek, Böhlau-Verlag (Wien 2005)

....

„Aspekte der Globalisierung. Terrorbekämpfung, Steuerwettbewerb, Gentechnik. Referate des Fünften Wiener Globalisierungs-Symposiums", Hrsg. v. Carl Baudenbacher und Erhard Busek, Verlag Österreich (Wien 2005)

....

„Der Kleinstaat als Akteur in den Internationalen Beziehungen", Hrsg. v. Erhard Busek und Waldemar Hummer, Verlag der Liechtensteinischen Akademischen Gesellschaft (2005)

....

„10 Years Southeast European Cooperative Initiative. From Dayton to Brussels", Hrsg. v. Erhard Busek, Springer WienNewYork (2006)

....

„Die Konstitutionalisierung der Verbandsgewalt in der (neuen) Europäischen Union. Rechtliche, politische und ökonomische Konsequenzen der neuen Verfassung der EU", Hrsg. v. Erhard Busek und Waldemar Hummer, Böhlau-Verlag (Wien 2006)

....

„Aspekte der Globalisierung. Beiträge des Sechsten Wiener Globalisierungssymposiums", Hrsg. v. Carl Baudenbacher und Erhard Busek, Verlag Österreich (Wien 2006)

....

„Aspekte der Globalisierung. Internationale Kriegsverbrecher-tribunale – Migration – Energie- China. Referate des Siebenten Wiener Globalisierungs-Symposiums", Hrsg. von Erhard Busek und Carl Baudenbacher, Verlag Österreich (Wien 2007)

....

„Zentraleuropäische Präsidententreffen. Mitteleuropa mit Klestil am Runden Tisch", Tobias Gamper, Hrsg. von Erhard Busek und Herbert Batliner, Böhlau-Verlag (Wien 2007)

....

„Der christlich-muslimische Dialog. Voraussetzungen – Erfahrungen – Probleme", Heinrich Schneider, Hrsg. von Erhard Busek und Herbert Batliner, Böhlau-Verlag (Wien 2007)

....

„From Stabilisation to Integration – The Stability Pact for South Eastern Europe", Böhlau-Verlag (2010)

....

„Was haben wir falsch gemacht? Eine Generation nimmt Stellung", Hrsg. Von Erhard Busek, Verlag Kremayr & Scheriau (2010)

....

„Kultur–Religion–Wissenschaft", Hrsg. Dr. Claudia Schmidt-Hahn, Erhard Busek, Studienverlag (2014)

....

Namenregister

283

284

288